중국 역사 이야기 유머

중국 역사 이야기 유머

임유진 엮음

미래문화사

책 머리에

역사 속의 지혜

누군가 '현대는 사람은 많아도 인물이 없다'고 말했다. 이 말의 뜻을 새겨 보면 인물은 있어도 영웅이 없다는 말이 아닌가 싶다.

물론 보는 관점에 따라 다르겠지만 현대인들은 인물을 몰라보고 영웅을 볼 줄 모르는 자만에 빠져 있다.

그런데 2천여 년 전 중국에서는 나름대로 인물을 평가하고 영웅으로 키워내는 지도자 상을 비교적 상세히 기록해 놓고 있다.

그때에 이미 문화가 발달하고 언론의 자유가 신장되었으며 사상도 자유로워 '백가쟁명(百家爭鳴)'의 시대를 열었다. 따라서 인물에 대한 평도 자유로웠고 윤리와 철학, 논리학도 발전하여 사회적으로 상당한 수준에 이르렀다.

따라서 이론이 자유로운 만큼 상대방을 몰아세우는 모략 중상과 정보의 독점 등 그에 대한 반작용인 폐해도 적지 않았다. 그래서 상대방을 딛고 올라서야 하는 지략과 권모술수가 난무하여 혼란을 초래하기도 했으며, 그 중에는 한나라를 휘감고 흥망성쇠를 좌우하기도 했다.

이 틈에 자연스럽게 '왕후 장상의 씨가 따로 없다'는 사상이 싹텄으며, 그 때문에 저마다 왕후가 되기 위해 피비린내 나는 살육전이 끊이지 않았다. 그러다 보니 자연히 사람을 보면 그 속을 꿰뚫어보는 인간 심리학과 관상술 등이 성행해 인물을 논하고 평하는 일이 중요한 자리를 차지하게 되었다.

그래서 왕후 장상은 인물을 통찰하는 눈을 가져야 했고, 그런 감별법을 나름대로 터득해야만 마음놓고 사람을 쓸 수 있었다. 이런 인물 감별법이 일반화되자 나중에는 자신의 사람됨을 상대방에게 알리고 어떻게 하면 인정받을 수 있는가 하는 데까지 발전했다.

《중국 역사 이야기 유머》는 5천 년의 긴 중국 역사를 통해 숱하게 영멸한 인물들을 등장시켜 나름대로 그 사람을 감별해 볼 수 있는 유형을 실었다. 그리고 그 인물을 현대에 사는 인물에 비겨 볼 때 '아하' 하고 혼잣말을 하는 인물이 있을 것을 확신한다.

현대를 살아가는 사람들이 과거의 인물을 통해 배우고 익혀 지금 눈앞에 직면한 문제를 어떻게 처리할 것인가를 판단하는 데 많은 도움이 되리라 믿는다.

현대는 첨단 과학문명이 극도로 발달된 세계화·정보화·다원화 시대다. 따라서 사람으로 구성된 조직과 그 운영에 대한 체계적인 내용을 알고 있지 않으면 뒤처질 수밖에 없다.

하이테크와 뉴글로벌 시대를 맞이하여 앉아서 세계의 구석구석을 감시하지만, 사람에 대한 인물평은 이미 살고 간 역사 속에서 찾을 수밖에 없다.

여기에 실린 한 편 한 편은 그런 의미에서 표본적인 인물상이라 해도 과언이 아닐 만큼 중요한 사료다. 특히 우리와 인접해 있으면서 역사적으로 필연적 관계에 있었던 중국 대륙의 속내의 한 부분을 보면서 새삼스럽게 심지를 세워 본다.

현대와 같은 과학 시대에 살면서 자칫 소홀히 할 수 있는 인간 내부의 심리적인 부분을 비교해 보고 짚어 볼 수 있는 좋은 자료적인 내용이라 생각된다.

그런 의미에서 이 책은 중국 역사 속으로 탐방해 들어가는 자세로 읽는다면 더욱 흥미진진하리라 믿는다.

살아 남아야만 하고 또 앞서가야 하는 시대적 상황하에서 이 책은 길잡이가 되고 귀감이 되리라 믿어 의심치 않는 바이다.

2000년 10월
엮은이

차례
역사 이야기 유머/임유진 엮음

제2부 중국인의 풍습과 문화의식

제3부 중국인의 인간관계와 처세

제4부 중국인의 정치의식과 철학관

제5부 중국인의 만만디 역사의식

제1부
중국인의 논리적 사고의식

101

바라는 것이 많은 농부 《사기》

제나라가 초나라의 공격을 받고 위기에 몰리자 제나라의 왕은 순우곤(淳于髡)을 조나라에 보내 구원을 요청했다. 조나라에 줄 선물로는 황금 100근과 4두 마차 10량이었다.

이를 본 순우곤이 박장대소를 했다. 그러자 왕이 물었다.

"아니 대감, 왜 그러시오? 너무 약소해서 그러는 거요?"

"아닙니다. 그게 아니라 제가 오늘 여기 오는 도중에 길바닥에 주저앉아 풍년을 빌고 있는 한 농부를 보았습니다."

그러면서 왕에게 다음과 같이 아뢰었다.

"그는 돼지 발톱 하나와 술 한 잔을 차려 놓고 빌고 있었습니다. 손바닥만한 논에서는 짊어질 수 없을 정도로 많은 곡식이 나게 해 주시고 오곡이 무르익어 저의 집 곳간에 가득하게 채워 달라고 말입니다. 그는 차려 놓은 제물은 별것이 아닌데 바라는 것이 너무 많았습니다. 지금 그것을 생각하고 웃었던 것입니다."

이 말에 왕은 뜨끔했던지 황금을 천 근으로 늘이고 마차를 100량으로 했다.

순우곤이 그것을 가지고 조나라로 가자 조나라 왕은 즉석에서 10만 군사와 중무장한 전차 천 대를 쾌히 내주었다. 이 소식을 들은 초나라 군사는 부랴부랴 철수하고 말았다.

102

폐하께 악명을 짓게 했으니 죽어 마땅 《설원》

제나라 경공의 말이 사육자의 잘못으로 죽고 말았다. 그러자 경공이 화가 나 사육을 담당했던 사람을 죽이려고 했다. 이때 재상 안영이 왕에게 아뢰었다.

"저자는 자신의 죄가 무엇인지도 모르고 죽게 된 것으로 생각할 것입니다. 신이 그 죄를 낱낱이 고하고 나서 처형하도록 하는 것이 어떻겠습니까?"

왕이 허락하자 안영이 사육사를 노려보며 말했다.

"이놈, 듣거라. 너는 비록 실수라고는 하지만 폐하가 아끼시는 말을 죽게 했다. 그 죄 죽어 마땅하다. 너는 그 소중한 말을 죽임으로써 우리 폐하께 사람을 죽이게 하는 악명을 짓게 했다. 그 죄 또한 죽어 마땅하다. 너의 죄는 백 번 죽어도 가실 길이 없다. 이제 너의 죄를 알겠느냐?"

그리고 나서 안영이 검을 뽑아 그를 치려고 했다. 그러자 경공이 당황하여 안영을 말렸다. 이렇게 해서 경공은 자기의 잘못을 뉘우치고 참수를 중지하였으며 사육사를 사면시켰다.

103

왕의 수레와 복숭아 《한비자》

미자가(彌子瑕)라는 소년은 위나라 왕의 총애를 한몸에 받고 있었다. 당시 위나라 법률엔 허가 없이 왕의 수레를 타는 자는 이유 여하를 불문하고 다리를 자르게 되어 있었다.

그런데 어느 날 밤 미자가가 어머니가 위독하다는 전갈을 받게 되었다. 그래서 급한 나머지 허락을 받았다고 거짓말하고는 왕의 수레를 끌고 궁전을 빠져 나가 어머니의 병을 간호했다.

나중에야 이 사실을 알게 된 왕이 죄를 묻기는커녕 오히려 기특하게 생각하며 칭찬했다.

"얼마나 효심이 깊은가. 다리가 잘릴 것도 생각 않고 짐의 수레를 썼으니 말이다.”

그러던 어느 날 또 왕과 함께 과수원에 간 미자가가 복숭아를 따서 먹어 보니 그 맛이 기가 막히게 좋아서 먹다 말고 그것을 왕에게 바쳤다. 그러자 왕이 기뻐하며 말했다.

“이렇게 맛있는 것을 다 먹지 않고 내게 주다니…….”

그런데 세월이 흘러 어느덧 아름답던 미자가의 용색이 미워지고 뼈마디가 굵어져 귀여움이 사라지자 왕의 총애도 식어 갔다.

그러던 어느 날 미자가가 사소한 잘못을 저지르게 되었다. 그러자 이를 본 왕이 꾸짖으며 말했다.

“저놈은 감히 나를 속이고 나의 수레를 훔쳐 탄 놈이다. 그리고 먹다 남은 과일을 짐에게 준 불충한 놈이다.”

이에 대해 한비자는 이렇게 덧붙였다.

“미자가의 행위는 변함이 없는데 전에는 칭찬을 듣고 나중에는 죄가 되었다. 이것은 위나라 왕의 애정이 변한 때문이다. 즉 상대에게 애정을 느낄 때는 모든 것이 마음에 들어 미운 것도 예뻐 보였는데, 애정이 식어지면 아무리 좋은 소리를 해도 그것이 좋게 들리지 않았다. 그러므로 의견을 말할 때는 상대가 자기를 어떻게 보고 있는가를 먼저 헤아려야 한다.”

104
·

장군이 뛰어야 병졸도 뛴다 《설원》

전국시대에 제나라가 연나라의 공격을 받아 국토의 태반을 점령당하는 비운을 겪게 되었다. 이때 전단(田單)은 화우(火牛) 전술을 써서 연나라 군사를 격파하고 그 여세를 몰아 잃었던 땅을 회복하여 나라를 위급에서 구했다. 전단은 그에 힘입어 계속 적(북방민족)을 공격했으나 3개월이 지나도 함락시키지 못했다. 이를 본 노중련(魯仲連)이라는 현자가 전단에게 충고했다.

"장군이 일찍이 풍전등화처럼 되어 있던 즉묵성에 계실 때 나라는 백척간두에 밀리고, 그야말로 단말마적인 처지에 몰렸는데, 그때 장군께서는 죽음을 각오하셨고 사졸들도 살아 남기를 포기하고 결사적인 분전으로 적을 분쇄할 의기로 불타고 있었습니다. 이것이 승리로 이끈 이유입니다."

그러면서 전단의 의중을 떠보고 있다가 말을 이었다.

"그런데 지금 장군께서는 지난날의 전공으로 안평군(安平君)에 봉해지셨고 게다가 만호(萬戶)의 영지까지 얻으셨으니, 오래오래 살으시기를 바라고 계십니다. 대장의 마음이 이럴진대 어찌 사병들이 그에 따르지 않겠습니까?"

잠시 말을 끊었다가 노중련은 전단을 향해 다음과 같이 말했다.

"장군의 마음은 곧 사졸들의 마음이요, 사졸들은 장군의 손과 발입니다. 마음을 정하지 못하고 우왕좌왕하다가는 손발을 움직일 수가 없습니다. 이것이 적성(狄城)을 함락시키지 못하는 까닭입니다."

전단은 이 말을 듣고 크게 뉘우쳐 당장 스스로의 기력을 가다듬고 적진을 손수 정찰하며, 최전선에 서서 장병을 호령했다. 그래서 모든 장병들의 사기가 오르고 얼마 뒤에 적성을 함락시켰다.

105

관은 머리에 쓰고 신발은 끌어야

비중(費仲)이 유세가 은나라 주왕에게 간하여 말했다.

"서백창(주나라 문왕)은 현인입니다. 백성들은 그를 따르고 제후들도 그의 편입니다. 그러므로 그를 그대로 놓아 두어서는 안 됩니다. 당장 없애지 않으면 틀림없이 나중에 큰 화근이 될 것입니다."

그러자 주왕이 말했다.

"그대가 말한 것으로 보아서는 서백창은 정의로운 사람이 아닌가? 그런데 죽이라니, 그게 무슨 말인가?"

"아닙니다. 관(冠)은 아무리 낡았다고 해도 머리에 써야 하고, 신발은 아무리 새것이라 해도 발에 신고 끌어야 합니다. 지금은 비록 서백창이 한 나라 왕의 신하로 있지만 그가 의를 닦고 있으므로 사람들이 모두 주목하고 있습니다. 두고 보십시오. 틀림없이 천하를 화로 몰고 갈 것입니다. 무릇 인간이란 누구나 현인을 주인으로 삼으려 합니다. 그러므로 죽여 없애야 합니다. 게다가 왕으로서 신하를 죽인다는 것은 결코 대의 명분에 어긋나는 일이 아니지 않습니까?"

"하지만 인의라는 것은 위에 있는 자가 아래에 있는 자에게 장려해야 할 덕목이거늘, 서백창이 인의를 즐긴다고 해서 어찌 그를 죽일 수 있겠는가?"

비중이 물러서지 않고 거듭 설득했으나 주왕은 끝내 들어주지 않았다. 그래서 결국 주나라에 의해 멸망하고 말았다. 그리고 서백창

은 주나라에 의해 왕으로 추대되었으며 문왕으로 등극하여 천하를
다스리게 되었다.

106

호랑이 위세를 업은 여우 《전국책》

전국시대 초나라의 선왕이 여러 신하들에게 물었다.

"북방에 있는 나라들은 우리 재상 소혜휼(昭傒恤)을 모두 두려워하
겠지?"

그러자 강을(江乙)이 대답했다.

"아닙니다, 폐하. 북방 나라들이 무엇 때문에 한낱 재상을 두려워
하겠습니까? 이런 이야기가 있습니다.

'옛날에 호랑이
가 여우를 잡아먹
으려고 하자 여우
가 말했습니다. 천
제(天帝)께서 여우
를 짐승들의 왕으
로 정하셨으니 나
를 잡아먹으면 천
제의 명령을 어기 

는 것이 된다. 내 말이 거짓말이라면 어디 한번 내 뒤를 따라와 보
라구. 나를 보고 도망치지 않는 짐승이 있는지……'

그래서 호랑이는 여우가 하자는 대로 했는데, 과연 모든 짐승들이
겁에 질려 꽁무니를 뺐습니다. 그러자 호랑이가 과연 네 말이 옳구
나 하면서 여우를 놓아 주었다 합니다. 그런데 짐승들이 두려워한
것은 여우가 아니라 그 뒤를 따라오는 호랑이 때문이었습니다. 이와

같이 북방 나라들이 두려워하는 것은 소혜휼이 아니라 그 배후에 있
는 초나라의 강한 군세, 즉 폐하의 강한 군사 때문입니다.”
　신하 강을의 말에 선왕은 고개를 끄덕였다.

107

사곡이 직을 이긴다 《사기》

　주나라의 무왕이 은나라 주왕의 학정을 보다 못해 도탄에 허덕이
는 백성들을 위해 혁명을 생각했다. 그래서 그것을 태공망과 상의하
자 태공망이 말했다.
　“은나라의 형편을 보면 백성들은 모두 불안에 떨며 유언비어가 난
무하고 서로를 믿지 못하며 왕은 주색에 빠져 어떻게 살아갈지 생각
할 수 없게 되었습니다. 이것이야말로 망국 직전의 양상입니다.
　신은 이 나라의 농촌을 살펴보았는데, 논밭에는 잡초만 무성하고
곡식이라고는 볼 수가 없었습니다. 사악하고 무정한 자들이 성실한
자를 괴롭히고 있었습니다. 이는 사곡이 직(直)을 이긴다는 말과 같
습니다. 그리고 벼슬아치들은 포학하고 잔혹해서 무법 천지가 되어
있는데, 모두가 그것을 당연하게 생각하고 있습니다. 망하지 않는다
면 하늘이 있다 하겠습니까? 그러니까 망국의 왕은 자신이 불러온
것인데도 망국이라는 현실을 모르고 있습니다.”
　그래서였겠지만 주왕은 죽을 때까지 끝내 깨닫지 못하고 태연할
수 있었다. 이러한 망국의 왕은 은나라 주왕뿐만 아니라 동서고금을
막론하고 모두 그렇다고 할 수 있다.

108
•

내가 닳아야 남도 닳는다 《사기》

손자는 온 힘을 다해 싸우지 않으면 죽게 되는 것을 사지(死地)라고 했다. 인간은 사지에서는 분전하지 않을 수 없게 된다. 싸우지 않으면 죽게 되고 살려면 싸워서 그 사지에서 빠져 나와야 한다.

그래서 태공망은 '전쟁에서는 오히려 이런 사지를 의도적으로 만들어야 할 때가 있다'고 말했다. 방비가 엄중한 적을 공격했다가 역습 당하는 경우가 그것이다. 역습을 받게 되는 그 자체가 이미 위기지만, 거기에 아군의 군량이나 보급품을 태워 없애고, 사지를 일부러 만들어 병사들에게 용감하게 싸우게 하고, 싸우지 않으면 그대로 죽을 수밖에 없다는 인식을 갖게 함으로써 난관을 뚫고 나가게 한다는 것이 태공망의 주장이다.

조간자가 위나라 성을 포위했을 때의 일이다. 성 안에서 돌과 화살이 쉴 새 없이 날아왔으나 조간자는 튼튼한 갑옷과 투구로 감싸고 화살이나 돌의 사정거리 밖에 서서 돌격 신호의 북을 울리며 독전했다. 그러나 병사들은 일체 움직이지 않았다. 이를 보고 조간자가 지휘 부채를 내던지며 한탄했다.

"아아, 우리 병사들도 이제 힘이 다 된 모양이구나!"

그러자 행인(行人, 외국의 사절단을 접대하는 자)인 촉과(燭過)가 투구를 벗으며 말했다.

"그것은 병사들의 힘이 다 된 것이 아니라 주군께 잘못이 있어서 그런 것입니다. 옛날 우리 선조이신 헌공께서는 나라를 합병하시기를 17번, 나라를 굴복받으신 것이 30개국입니다. 그런데 헌공께서 서거하시고 혜공이 즉위하시자 주색에 빠졌으므로 진(秦)나라는 마음놓고 우리 나라를 침공하여 서울인 강(絳)의 10리 밖까지 쳐들어온 일이 있었습니다. 그러던 것이 혜왕 다음에 문공이 그 뒤를 잇자 위(衛)나라를 포위해 업을 빼앗고 성복 싸움에서 5회에 걸쳐 초나라 군사를 대파함으로써 천하의 패자가 되셨습니다. 이것은 모두가 진(晉)나라 백성들을 잘 다스렸기 때문입니다."

조간자는 이 말을 듣고 갑옷과 투구를 벗어던지고 화살과 돌이 비오듯이 쏟아지는 가운데 서서 북을 울리며 돌격을 명령했다. 그리하여 병사들이 용전하여 대승을 거두었다.

109
·

고조는 10만을 통솔하나 한신은 100만을 통솔한다

한나라의 고조가 천하를 통일한 지 얼마 안 되어 여러 신하들에게 잔치를 베풀면서 이런 질문을 했다.

"나의 경쟁자였던 초나라 항우는 용기와 군사 지식과 무용에 모두 뛰어난 장군으로서, 어느 모로 보나 나보다 훌륭했다. 그런데도 항우는 천하를 차지하지 못하고 내가 차지했다. 그 이유가 무엇인가?"

그러자 먼저 고기(高起)와 왕릉(王陵)이 대답했다.

"폐하께서는 성을 함락시키고 토지를 공략한 자에게 그 성과 토지를 그대로 그자에게 넘겨주셨고, 이익을 부하들과 함께 나누셨습니다. 이에 반해 항우는 현능(賢能)을 시세움하고 공이 있는 자를 싫

어하며 지혜 있는 자를 미워했습니다. 그리고 싸움에 이겨도 상을 주지 않고 토지도 주지 않았습니다. 이것이 양자의 득실이 갈라진 까닭입니다."

그러자 고조가 웃으면서 또 물었다.

"그럼 내가 몇만쯤의 군사

를 통솔할 수 있을까?"

이에 한신이 아뢰었다.

"폐하께서는 10만쯤은 간단하게 지휘하실 수 있을 것입니다."

"그러면 한신, 그대는?"

"저야 많으면 많을수록 좋습니다. 다다익선이지요."

"하하하……."

고조는 껄껄 웃으면서 말했다.

"어허, 그대들은 하나는 알고 둘은 모르는 모양이다. 계략은 영내에서 꾀하고 승리는 천리 밖에서 얻는다는 점에서는 나는 장량을 이길 수 없다. 그리고 나라를 안정시키고 백성을 달래 병참에 만전을 기하는 점에서 나는 소하를 당하지 못한다. 그리고 또 백만 대군을 이끌고 백전백승하는 점에서 나는 한신을 당할 수가 없다. 그런데 이 세 사람을 다루어 그들의 능력을 발휘시켰다. 이것이 내가 천하를 얻은 비결이다. 그러나 항우는 단 한 사람의 유능한 신하인 범증조차도 다루지 못했다. 이것이 바로 그가 실패한 까닭이다."

110

청렴이 알려지기를 바라지 않는 지(質) 《삼국지》

위나라의 호위(胡威)는 아버지 지(質)와 함께 2대에 걸쳐 청렴하기로 유명했다. 호위는 형주자사가 되었는데, 자사라고 하면 상당히 높은 벼슬이다. 그런데도 워낙 청렴해서 언제나 가난에 시달렸다.

어느 날 오랜만에 부모를 찾아뵈려고 귀향하게 되었는데, 그때도 그는 따르는 자도 없이 혼자서 말을 타고 왔다.

며칠 후 호위가 입지로 돌아가려 하자 아버지 지가 그에게 명주 한 필을 내주었다. 당시로서는 매우 값비싼 것이었다. 그래서 그가 아버지에게 물었다.

"청렴하기로 이름난 아버지께서 이 비싼 명주를 어디서 사셨는지요?"

"걱정하지 말아라. 내 봉급에서 남은 것이다."

그는 그 말에 안심하고 받기는 했지만, 도중에서 그것을 아버지의 부하에게 건네주며 아버지를 잘 모시도록 부탁했다.

그러던 어느 날 위나라 부제가 그에게 물었다.

"청렴하기로는 그대와 그대 부친과는 누가 더 위인가?"

그러자 호위가 대답했다.

"예, 아버지께서는 자신의 청렴함이 남에게 알려질까 걱정하고 계신데, 저는 남에게 알려지지 않음을 걱정하고 있습니다. 그러므로 어찌 제가 아버지를 따르겠습니까."

111
·

조카 살해범을 풀어 준 곽해 《사기》

한나라 무제 때 곽해(郭解)라는 협객이 있었다. 그는 매우 난폭해서 못된 짓을 많이 했으나 나이가 듦에 따라 차차 사람됨이 달라졌다. 그래서 사무치는 원한은 덕으로 갚고 은혜를 베풀면서도 그 보답은 일체 바라지 않았다.

그런데 곽해의 누이의 아들이 곽해가 협객이라는 것을 기화로 횡포를 부렸다. 어느 날 싫다고 사양하는 상대를 술집으로 끌고 가서 억지로 술을 퍼먹이자 그 사람이 마침내 화가 나서 비수를 꺼내 그를 찔러 죽이고 도망쳐 버렸다. 그러자 곽해의 누이가 펄쩍펄쩍 뛰며 곽해에게 그놈을 잡아 원한을 풀어야 한다고 대들었다.

"이것은 네가 당한 거나 마찬가진데, 글쎄 이대로 가만히 있기만 할 거냐?"

곽해의 누이는 아들의 시체를 길바닥에 내놓고 장례도 치르지 않

았다. 곽해는 체면이 말이 아니었다. 그래서 사방으로 사람을 풀어 살인자를 찾게 했다. 그러자 도망칠 곳이 없어진 그 사람이 곽해 앞에 나타나 범행 일체와 자초지종을 털어놓았다. 이에 곽해가 말했다.

"과연 그렇겠다. 그대가 내 생질을 죽인 것은 무리가 아니다. 나쁜 사람은 내 생질이다."

곽해는 솔직하게 생질의 잘못을 인정하고 그 사람을 사면해 주었다. 이 이야기가 세상에 전해지자 곽해의 명성이 더욱 높아졌다.

112
·

시장에 갈 때와 나올 때가 다르다 《사기》

제나라의 재상 맹상군은 식객 3천 명을 거느릴 정도로 손님 맞이를 좋아했다. 그래서 그 위세가 한창일 때는 굉장히 많은 식객들이 모여들었다.

그런데 제나라 왕이 맹상군을 재상에서 파직시키자 식객들이 하나 둘 떠나가더니 나중에는 외톨이가 되고 말았다.

그 후 제나라 왕이 그를 다시 재상에 임명하자 떠났던 식객들이 또 모여들어 대성황을 이루었다. 이를 보고 기분이 나빠진 맹상군이 말했다.

"나는 평소에 사람을 좋아해서 그대들을 서운하게 대하지는 않았다. 그럼에도 불구하고 그대들은 나를 버리고 떠나갔다. 그런데 지금 다시 재상에 오르니 뻔뻔스럽게도 다시 찾아왔다. 그대들의 낯짝에 침이라도 뱉고 싶다. 이 못된 것들!"

이 말을 듣고 식객 풍훤이 큰절을 했다. 그러자 맹상군이 말했다.

"아니, 당신이 식객들을 대표해서 사과하려는 것이오?"

"아닙니다. 대감의 말씀이 틀렸다고 생각하기 때문입니다. 모든 일에는 반드시 결과가 있는 것이며 또 일에는 당연한 이치가 있는 것입니다. 이래도 모르시겠습니까?"

"목숨이 있는 것은 언젠가는 죽게 마련이고 달도 차면 기우는 법입니다. 이것은 사물의 필연적인 결과이며, 부귀하면 따르는 선비가 많고 빈천하면 벗이 적어지는 것은 당연한 이치입니다. 아침에 시장에 모여드는 사람을 보십시오. 서로 앞다투어 시장 문을 들어가는데, 저녁때 시장에서 떠나는 사람들은 뒤도 돌아보지 않습니다. 그것은 아침을 좋아하고 저녁때가 싫어서가 아니라, 아침에는 필요한 물건들이 있기 때문이며 저녁때는 필요한 물건들이 없기 때문입니다. 대감께서 재상 자리에서 물러나셨을 때 식객들이 떠난 것이나 재임되셨을 때 다시 몰려드는 것은 모두 인지상정입니다. 섭섭하게 생각하시면 안 됩니다. 그것은 사람으로서 당연한 일입니다."

맹상군은 풍훤의 말에 감명받은 듯 다시 식객들을 반갑게 맞이했다.

113

개는 주인 외의 사람을 보면 짖는다 《사기》

한나라 건국에 큰 공을 세운 한신은 한제국이 세워진 뒤로 반란을 꾀했다고 하여 고조에 의해 살해되었다. 죽음에 임하여 한신은 '교토(狡兔, 날쌘 토끼)가 죽으니 주구(走狗, 사냥개)도 삶겨진다'는 유명한 말을 남겼다.

또 '괴통의 말을 들었더라면 좋았을 것을…' 하면서 형장의 이슬로 사라졌다. 괴통은 제나라의 언론가로서 고조가 항우와 천하를 놓고 다투고 있을 때, 한신에게 독립하기를 권한 일이 있었다. 그 말을 들은 고조는 괴통을 체포했다. 그리고 끌려나온 괴통에게 고조가 말했다.

"너는 한신에게 반란하기를 권했으렷다?"

"예, 그렇습니다. 그러나 그 애숭이는 제 말을 듣지 않았습니다. 그러니까 그와 같은 최후를 맞이하게 된 것입니다. 만약 그때 제 말을 들었더라면 폐하께서도 그리 쉽게 천하를 평정하시지는 못했을 것입니다."

괴통이 이렇게 서슴없이 대답하자 고조는 더욱 화가 났다.

"여봐라, 이놈을 당장 끌어내다가 삶아 죽여라!"

그러자 괴통이 고조를 노려보며 말했다.

"그것은 무고한 사람을 죽이는 것입니다. 제가 죽을 이유는 없습니다."

그러자 고조가 발을 동동 구르며 소릴 질렀다.

"뭐라고, 네 이놈! 너는 한신에게 모반하라고 충동질을 했다. 그래도 죄다 없다고?"

그러나 괴통은 태연하게 말했다.

"아닙니다, 폐하. 잘 들어 보십시오. 당시 천하는 극도로 어지러워 걷잡을 수가 없었으며, 각처에 군웅이 할거했습니다. 그 중에서도 폐하가 가장 훌륭했기에 천하가 폐하의 수중으로 들어온 것입니다.

그런데 그 다음이 문제였습니다. 악당 도척(盜跖)이 기르는 개가 성인인 요 임금을 물어뜯었다고 가정한다면, 그것은 요 임금이 나빠서가 아닙니다. 개라는 것은 원래 주인 이외의 사람을 보면 짖게 마련입니다. 당시 저에게는 한신밖에 없었고 폐하에 대해서는 생각할 겨를이 없었습니다. 그래서 한신 곁에 서서 폐하께 짖어댄 것입니다. 천하가 시끄러우면 이를 통일해서 천자가 되려고 하는 영걸이 많습니다. 역시 폐하도 그랬습니다. 그러나 다른 사람들은 역부족으로 못했을 뿐입니다. 그런데 천하가 폐하에 의해 평정된 오늘날 과거를 이유로 모두 삶아 죽이시려 하신다면 어찌 되겠습니까? 소신은 그 이유를 모르겠습니다."

고조는 그 말을 듣고 난 뒤 괴통을 용서할 수밖에 없었다.

114

수프 한 그릇으로 나라를 잃다 《사기》

중산(中山)이라는 작은 나라의 왕이 전국의 명사를 초대해서 연회를 베풀었다. 그때 양고기의 수프가 모자라서 참석자 모두에게 돌아가지 못했다. 그러자 먹을 기회를 놓친 한 남자가 그 일에 앙심을 품고 이웃 나라로 도망쳐 이웃 나라의 왕을 부추겨 중산을 공격하게 했다.

그래서 중산이 맥없이 패하고 구사일생으로 국외로 탈출을 꾀했다. 그러자 그때 창을 든 남자 둘이 뒤를 쫓아왔다. 그래서 왕이 뒤돌아보고 누구냐고 소리지르자 그들이 말했다.

"지난날 왕께서 한 그릇의 식사를 베풀어 주셨기에 아사를 모면한 자가 있었습니다. 저희는 그자의 자식들이옵니다. 저의 부친은 임종 때 '중산에 일이 있을 때는 죽음으로써 그 은혜에 보답하라'는 말을 남기고 세상을 떠났습니다. 지금이야말로 은혜에 보답할 때라고 생각되어 이렇게 급히 달려온 것입니다."

그러자 중산이 자기도 모르게 탄식하며 말했다.

"사소한 베풂이라도 상대가 곤란을 당하고 있을 때 하면 효과가 크게 나타난다. 그런데 사소한 원한이라도 상대의 마음에 상처를 주면 혹독한 보복을 받는다. 나는 한 그릇의 수프로 나라를 잃었고 한 사발의 음식으로 두 사람의 용사를 얻었다."

115

일곱 번 잡아 용서한 공명 《사기》

공명이 채용한 것은 유명한 '칠종칠금(일곱 번 놓아 주고 일곱 번 사로잡는다)'이라는 작전이었다. 그 반란군의 수령은 맹획(孟獲)이라는 자였다. 정세를 탐지한 결과 현지의 사람들은 모두가 그에게 심복하고 있다는 사실이 입수되었다. 공명이 전군에 지시했다.

"맹획과 싸워 이기거든 죽이지 말고 사로잡아 오너라."

이윽고 맹획이 패하여 공명 앞에 꿇어앉았다. 그러자 공명이 맹획을 거느리고 자기 군대의 진영을 샅샅이 보여주고 나서 그의 의견을 물었다.

"어떻게 생각하나, 이 포진을?"

그러자 맹획이 대답했다.

"이제까지는 어디가 허술한지를 알지 못했기 때문에 고배를 마셨습니다. 덕분에 전부 알게 되었습니다. 이런 정도라면 아주 쉽게 이

길 수 있습니다."

공명은 웃으면서 맹획을 놓아 주고 또 한번 싸워서 또 사로잡았다. 이 일이 일곱 번이나 되풀이되었다. 그리고 또 놓아 주려고 하자 맹획이 떠나려 하지 않고 말했다.

"승상님의 위광(威光)은 참으로 하늘에나 비할 수 있습니다."

그리고는 공명 앞에 깊이 머리를 숙였다. 이것이 마음을 공략한 것으로 일컬어지는 공명의 용병이었다.

116

자고의 발을 자른 벌 《논어》

공자(孔子)가 위(威)나라의 재상으로 있을 때의 일이다. 자고(子皐)라는 제자가 재판관에 임명되자 어떤 남자를 발을 베는 형에 처했다.

당시 이 형을 받은 자는 수형 후 성문의 문지기가 되는 경우가 많았는데, 이 남자도 궁성의 문지기가 되었다.

그 후의 일로 위나라의 군주에게 공자를 중상한 자가 있었다.

"공자가 반란을 꾀하고 있습니다."

그러자 군주가 즉각 공자를 체포하려고 했다. 이 말을 들은 공자가 달아나자 그의 제자들도 도망쳤다. 자고도 탈출하려고 성문으로 갔다. 그러자 참족형을 받았던 문지기가 자고를 불러 세우고는 성문의 지하실로 안내하여 숨겨 주었다. 그 덕분에 자고는 추적자들을 피할 수가 있었다.

그날 밤 자고가 문지기에게 물었다.

"나는 국법을 어길 수가 없어 그대를 참족형에 처했소. 지금이야말로 그때의 원한을 갚을 기회가 아닌가. 그런데 어째서 나를 숨겨 주었는가? 무슨 은혜라도 입을 이유가 있단 말인가?"

그러자 문지기가 대답했다.

"제가 참족형을 받은 것은 그럴만한 죄를 범했기 때문입니다. 그런데 나리께서는 취조하실 때에 저에게 이리저리 법령을 확인해 보시면서 이러하지는 않았느냐, 저러하지는 않았느냐고 물으시면서, 어떻게 해서라도 죄를 면하도록 해 주시려고 열심히 애를 쓰셨습니다. 저는 그것을 잘 알 수가 있었습니다. 그리고 죄상이 확정되어 판결을 언도하실 때는 무척 괴로워하시는 심정이 나리의 얼굴에 역력했습니다. 그것은 아마 저를 두둔하셔서가 아니라, 천성적으로 인정이 많으셔서 그렇게 하셨겠지요. 제가 나리를 덕을 갖춘 분이라고 생각하고 있는 것은 그러한 이유에서입니다."

117

고생하면 돈이 아깝다 《사기》

오나라 왕 부차를 쳐서 월나라 왕 구천으로 하여금 '회계(會稽)의 치욕'에 대한 한을 풀게 한 공신 범려는 월나라를 떠나 제나라로 가서 도주공(陶朱公)이라는 이름으로 상업에 종사해 큰 부자가 되었다.

그러던 어느 날 그의 차남이 초나라 사람을 죽이고 살인죄로 체포되었다. 주공은 돈을 써서 그를 빼내려고 막내아들에게 많은 돈을 주어 초나라로 가도록 했다. 그러자 장남이 자기가 가겠다고 나섰다. 그래서 주공은 할 수 없이 장남을 보내기로 했다.

그런데 장남은 돈 쓰기를 아까워했기 때문에 모처럼의 금력도 소용이 없게 되었다. 그래서 끝내 차남이 사형에 처해지고 말았다. 그래서 모두들 비통에 젖어 있었는데 도주공만은 태연하게 말했다.

"장남을 초나라로 보내면서 난 이미 차남의 목숨을 건지지 못할 것을 알았다. 왜냐하면 장남은 어렸을 때부터 나와 함께 모진 고생을 했기 때문에 돈의 고마움을 알고 있으므로, 그가 초나라에 가면 틀림없이 돈 쓰기가 아까워 구출할 기회를 놓칠 것이라고 생각했기 때문이다. 처음에 막내를 보내려고 했던 이유는 그 때문이었다.

막내는 태어날 때부터 집안이 부유해서 돈의 고마움을 모르고 살아왔다. 따라서 초나라에 가서도 돈을 물쓰듯 하여 차남의 목숨을 구했을 것이다. 그런데 그것을 하지 못한 장남이 갔으니 일이 그렇게 되리라는 것을 미리 알고 있었다."

118
·

왕비를 고르는 설공의 마음 《한비자》

제나라 재상 설공(薛公)이 얼마 전부터 팔짱을 끼고 눈을 감은 채 무엇인가 생각에 잠기는 일이 많아졌다.

실은 얼마 전에 이 나라의 왕비가 죽었다. 그래서 멀지 않아 새로운 왕비를 세우기로 되어 있는데, 설공은 어떻게 하면 왕의 의중의 사람을 찾아낼지 골똘히 생각 중이었던 것이다.

'옳지!'

설공은 눈을 떴다. 그리고는 부하를 불러 분부했다.

"서둘러서 열 벌의 옥이(玉珥)를 마련하라. 그리고 그 가운데 한 벌은 특별히 아름다운 것으로 해야 한다."

옥이란 보옥으로 만든 귀고리다. 열 벌의 귀고리는 곧 헌상되었다.

다음날 입궐한 설공은 특별히 아름다운 귀고리가 누구의 귀에 장식되어 있는가를 알아보았다. 왕은 그 아름다운 귀고리를 가장 총애하는 여자에게 줄 것이 틀림없었기 때문이었다.

마침내 설공은 뜻대로 그 여자를 왕에게 추천했다. 그래서 얼마 안 가서 설공의 생각대로 일이 잘 풀렸다.

119

가난한 자가 당당하다 《사기》

전국시대 초 명군으로 이름난 위나라 문후에게 격(擊)이라는 태자가 있었다. 이는 나중에 무후(武侯)가 된 사람이다.

그가 어느 날 서울의 대로에서 마차를 타고 달리다가 아버지 문후의 현명한 신하 전자방을 만났다. 격은 평소에 아버지가 가르친 대로 마차에서 내려 공손히 절을 했다. 그러나 전자방은 잠깐 돌아볼 뿐 아무 대답도 없었다. 그래서 격은 화가 나서 전자방에게 대들었다.

"이럴 수가 있습니까? 저는 깍듯이 경의를 표했는데 대감께서는 모른 체하시다니……. 도대체 부귀 영화를 누리는 자는 빈천하고 이름없는 자에게 교만해도 되는 것입니까?"

전자방은 격의 속셈을 알고도 남았다.

'아직 젊어서 그렇겠지만 이런 생각을 고쳐 주지 않으면 문후의 뒤를 잇기란 곤란할 것 같군.'

이렇게 생각한 전자방은 웃으며 말했다.

"빈천한 자만이 존경받을 수 있습니다. 부귀한 자가 어찌 오만할 수 있겠습니까? 생각해 보십시오. 한 나라의 왕이 오만하면 당장 백성들의 신용을 잃게 되어 마침내는 나라를 망치게 될 것이며, 대부가 오만하다면 아랫사람들이 반발할 것이므로 결국 자리를 잃게 됩니다. 그에 비하면 뜻이 고결하고 빈천한 자는 싫으면 그 나라를 떠나가면 됩니다. 헌신짝 버리듯 말입니다. 그러나 지위나 재산이 있는 자는 그렇게 하지 못합니다. 이제 빈천한 자가 존귀하다는 까닭을 아시겠습니까?”

120

말에서 내려 뛴다고 빠른가 《한비자》

제나라의 경공이 바닷가에서 노닐고 있을 때 서울로부터 급히 사자가 와서 알렸다.

“안영 대감께서 넘어지셨습니다. 어서 빨리 돌아가십시오.”

나라의 기둥인 재상이 병들어 누웠다는 말을 듣고 경공은 당장 돌아가려고 했다. 그러던 중에 또 급보가 들어왔다.

“대감이 위독합니다. 한시가 급합니다. 어서 빨리 돌아가십시오.”

경공은 당황하여 말했다.

“그래 알았다. 가장 빠른 말을 대령시켜라. 그리고 가장 뛰어난 마부도…….”

이렇게 해서 얼만큼을 가다가 경공이 마음이 급해서 말했다.

“안 되겠다. 이렇게 서툴게 말을 몰아서야…….”

하며 손수 말고삐를 잡고 또 얼만큼을 가다가는 말에서 내려 뛰어가는 것이었다.

121

유능한 목수는 나무를 가려 쓴다 《공총자》

공자의 손자이자 《중용(中庸)》을 쓴 자사(子思)는 위나라의 왕 밑에서 벼슬하고 있었는데, 어느 날 왕에게 이렇게 진언했다.

"구변(苟變)이라는 인물은 장수가 될 만한 그릇입니다. 중용하심이 어떻겠습니까?"

그러나 왕은 고개를 가로저었다.

"글쎄, 그는 과연 장수가 될 만한 그릇이오. 그러나 그자는 과거에 관리로 있을 때 백성 한 사람 앞에 달걀 두 개씩을 징수하여 먹은 적이 있었소. 그런 자를 장수로 임명할 수는 없소."

"아닙니다. 그것은 조금 짧으신 생각입니다. 달걀을 징수하여 먹은 것은 물론 잘못한 짓입니다. 그러나 성인이 사람을 부리는 것은 목수가 재목을 쓰는 것과 꼭 같습니다. 목수는 재목의 나쁜 부분은 버리고 좋은 부분만 골라

서 씁니다. 그런데 재목이 아무리 좋아도 흠이 있게 마련입니다. 그 많은 재목에 설사 사소한 흠이 있다고 해도 솜씨 있는 목수는 그것을 버리지는 않습니다. 흠만 도려내면 얼마든지 다시 쓸 수 있기 때문입니다. 바야흐로 세상이 어지러워 인재가 수없이 필요한 상황인데, 주군께서는 불과 달걀 두 개를 가지고 나라의 간성인 명장을 버리려고 하십니까? 아니 됩니다. 만약 이런 사실을 이웃 나라에서 알기라도 한다면 이것은 위나라의 큰 수치가 됩니다."

자사가 체면 불구하고 이렇게 간했지만 위나라 왕은 끝내 받아들

이지 않았다.

122
·

기상 천외한 곤 이야기 《장자》

"북쪽 바다에 큰 고기가 있다. 그 고기의 이름은 곤이다. 곤의 크기는 몇천 리나 되는지 알 수가 없다. 그 곤이 변해서 새가 되었는데 그 이름을 붕이라고 한다. 붕의 몸집은 몇천 리나 되는지 알 수가 없다. 힘차게 날아오르면 그 날개가 하늘을 드리운 구름과 같다. 이 새의 날개짓엔 파도가 일고 또 큰 바람을 일으키며 날개를 펴며 남쪽 바다로 날아가려고 한다. 그 남쪽 바다는 천지(天池)이다."

이 소유소의 이야기는 속박된 인간의 한계를 벗어나게 하는 자유를 말하고 있다. 그래서 한없이 자유로운 자기 자신을 발견하게 한다.

사람들은 땅에서 하늘을 올려다본다. 맑고 푸른 하늘을 보면서 한없는 상상의 날개를 편다.

여기에 장자의 이야기가 깃든다. 장자는 큰 것과 작은 것을 이렇게 이야기한다.

"붕이라는 새가 남쪽 바다로 날아갈 때는 파도를 삼천 리나 일으키고 구만 리 높이 오른 다음 유월의 큰 바람을 타고 날아간다."

그러나 비둘기는 있는 힘을 다해 날아올라 보았자 느릅나무에 머문다. 그런데 어째서 구만 리나 올라서 남쪽으로 가려고 하는가?

작은 지혜는 큰 지혜에 미치지 못한다. 짧은 수명은 긴 수명에 미치지 못한다. 하루살이는 밤과 새벽을 모르고 매미는 봄과 가을을 모른다. 이것이 짧은 수명이다.

초나라에 명령(冥靈)이란 나무가 있는데, 오백 년의 봄과 오백 년의 가을을 맞이하였다. 아득한 옛날에는 팔천 년 동안 봄을 보내고 팔천 년 동안 가을을 보냈던 대춘(大椿)이란 나무가 있었다. 그런데 지금 팽조(彭祖)는 아주 오래 산 사람으로 유명하다며 사람들은 이에 필적하려고 한다. 이 어찌 슬픈 일이 아니겠는가."

123

악담자를 알 필요는 없다 《송사》

송나라 태종 때 여몽정(呂蒙正)이 처음으로 사(事, 부재상)에 기용되어 조회에 참석하려고 하자, 곁에 있는 신하가 비꼬며 말했다.

"저런 애송이가 부재상이라고?"

그러나 여몽정은 못 들은 체했다. 그러자 곁에 있던 동료가 화가 나서 그런 소리를 지껄인 자의 관등성명을 밝히려고 했다. 그러자 여몽정이 말했다.

"아닐세. 알 필요 없네. 나도 인간인 이상 이름을 알게 되면 미워하게 마련이지. 모른다고 해서 그다지 손해 볼 것도 없잖은가."

이 말을 들은 사람들은 모두 그 도량의 넓음에 감탄했다.

또 한번은 변강(汴江)의 수운업자(水運業者)가 관에서 수송하는 물건을 횡령한다는 정보가 있자 태종이 말했다.

"어느 세상에나 단물만 빨아먹는 자가 있게 마련이다. 그것은 마치 쥐구멍을 완전히 막아 버리기가 어려운 것과 같다. 그자들이 다소 가로챘다고 해서 여러 사람에게 영향이 없는 한 그냥 놓아 두어라. 그래도 많은 물자들이 수송된다면 그것으로 족하다."

그러자 여몽정도 이에 찬성하면서 말했다.

"물이 너무 맑으면 물고기가 들지 않는 것처럼 인간도 너무 꼬치 꼬치 캐묻게 되면 오히려 역효과를 나타냅니다. 군자가 볼 때 소인 들이 하는 일은 다 시원치 않은 것들뿐입니다. 큰 도량으로 대처해 야만 모든 일이 원만하게 해결됩니다. 이번 사건도 그러한 내용만 알고 긁어서 부스럼 만드는 격이 되지 않도록 하는 것이 타당하다고 봅니다."

124
·

방탕으로 써야 할 신하를 가려내다 《사기》

목왕의 뒤를 이어 왕이 된 초나라의 장왕은 왕위에 오르자마자 이 렇게 포고했다.

"나에게 간언하는 자는 사형에 처하리라!"

그리고는 국정은 돌보지 않고 밤낮 환락에만 빠졌다. 이를 보다 못한 오거(伍擧)라는 신하가 간하려고 했으나, 그 포고 때문에 직언 은 피하고 하나의 수수께끼를 예로 들어 간했다.

"새 한 마리가 언덕 위에 앉아 있는데 3년 동안이나 날지도 않고 울지도 않았다 고 합니다. 도대체 그 새는 어떤 새일까요?"

그러자 왕이 그 자리에서 대답했다.

"3년 동안이나 날지도 않 고 울지도 않았다. 음, 그것 은 한번 날았다 하면 하늘에 이를 것이고 한번 울었다 하면 천하를 놀라게 하는 새이겠지."

그러면서 왕이 그 말이 무엇을 뜻하는지 잘 알고 있다는 듯이 대하자 오거는 그대로 물러나왔다. 그런데 그로부터 몇 달이 지났으나 왕의 난행이 점점 더해지는 것이었다.

그래서 신하들이 각기 재미있는 놀이를 연구하여 왕에게 권하면서 왕의 뜻을 받들려고 애를 썼다. 그러자 자연히 국정이 엉망이 되고 말았다.

그런데 이와는 달리 왕의 방탕에 가담하지 않고 자기 임무에만 충실한 신하도 있었다. 보다 못해 대부인 소종(蘇從)이 죽음을 무릅쓰고 왕 앞에 나아가 간했다. 그러자 왕이 말했다.

"그대는 내가 내린 포고를 알고 있으렷다?"

"예, 알고 있습니다. 그러나 폐하께서 마음만 고치신다면 신은 죽어도 한이 없겠습니다."

"오냐, 알았다."

그로부터 장왕은 일체 난행을 중지했다. 그리고 소종과 오거를 중용하여 왕의 방탕에 가담하지 않은 청렴결백한 신하를 골라 국정에 참여케 하고 가담했던 아첨배들은 모조리 추방해 버렸다.

장왕은 2년 동안의 방탕생활에서 써야 할 신하와 써서는 안 될 신하를 분간했던 것이다. 방탕은 왕의 계획적인 사전 공작이었다.

장왕이 춘추오패의 한 사람으로 떠오른 것은 그로부터 조금 뒤의 일이다.

125
·

법대로 친구를 처단한 소장 《후한서》

후한의 순제(順帝) 때 조정은 황후의 오빠인 양씨와 환관들이 정치를 휘둘러 중앙정치의 부패가 극에 이르고 있었다. 그러나 지방에는 아직도 청렴한 선비가 많았다. 기주 목사에 소장(蘇章)이라는 자가 있었는데, 하루는 관내를 순시하다가 청하군(淸河郡)까지 왔다. 이 고을 태수는 그의 옛 친구였다. 친구이자 상사인 소장이 왔다고 하자 태수는 곧 주연을 베풀어 소장을 환대하면서 술자리에서 이렇게 말했다.

"다른 자에게는 하늘이 하나밖에 없는데 나에게는 둘이 있네. 옛정을 생각해서 다소 눈에 거슬리는 일이 있다 하더라도 관대히 봐 줄 것으로 생각해서 기쁘기 한량이 없네."

그러자 소장이 정색을 하며 나무랐다.

"지금 내가 옛 친구인 자네와 술을 마시고 있는 것은 사사로운 사정(私情)일세. 내일은 주(洲)의 장관으로서 태수인 귀공의 비리를 살펴야겠네. 그것은 공무일세. 공사를 혼동해서는 곤란하지 않은가?"

다음날 소장은 태수의 행정을 엄격히 조사하여 수뢰와 부정을 샅샅이 들춰 법대로 처단했다.

126
·

등용하지 않으려면 온순하게 대해야 《관양현형기》

청나라의 장요(張曜)는 산동순무(山東巡撫)로서 많은 치적을 올렸다. 그는 자기에게 벼슬을 부탁한 사람이 있을 경우, 등용하고자 하는 사람에게는 특히 엄한 얼굴로 대하면서 나중에 알려주겠다고 약속을 한다. 반대로 등용할 수 없는 사람에게는 온순한 얼굴로 대해 주었다. 그래서 어떤 사람이 그 까닭을 묻자 그가 말했다.

"채용하지도 않으면서 엄한 얼굴을 하면 상대는 의욕을 상실할 뿐만 아니라 나를 원망하기까지 한다. 그런데 온순하게 대하면 비록 채용하지 않아도 나를 원망하지는 않을 것이 아닌가."

127

·

신하는 군주가 알고 자식은 아비가 안다 《한비자》

춘추오패의 우두머리인 제나라 환공을 보필하던 재상 관중이 늙어서 조정에 나가지 못하고 집에서 쉬고 있자 환공이 몸소 찾아와서 말했다.

"혹시 그대에게 불행한 일이 생기기라도 하면 누구에게 이 정치를 맡겨야 하겠소?"

"신은 이미 늙어 잘 모르겠습니다. 신하를 알기로는 군주만 못하고 그 자식을 알기로는 그 아비만 못하다는 말이 있습니다. 주군의 뜻대로 하십시오."

"그렇게 말씀하시지 말고 그대의 의견을 말해 보시오. 어떻겠소, 그대의 친구인 포숙아(鮑叔牙)는?"

"글쎄올시다. 친구라는 것은 사정이고 정치는 공사입니다. 사정을 물리친다면 그는 정치에는 맞지 않습니다. 사람됨이 너무 강직하고 오만하여 고삐 없는 말과 같습니다. 너무 강직하면 백성을 다스리는 데 흉포하기 쉽고 오만하면 민심을 잃게 됩니다. 그러므로 패자(覇者)를 보필하는 데는 적임자가 못 됩니다."

"음, 그렇다면 수작(竪勺)은 어떠한가?"

"예, 그 사람도 아니 됩니다. 자신을 사랑하는 것은 인지상정입니다. 그런데 주군께서 여색을 좋아하신 기회를 노려 스스로 궁(宮, 남근을 잘라냄)하여 마마의 의심을 받지 않고 궁궐에 들어온 자입니다. 자기를 사랑하지 않는 자가 어찌 주군을 경애할 수 있겠습니까?"

"그렇다면 위나라에 있는 공자 방(方)은?"

"그도 안 됩니다. 제나라 서울과 위나라와는 불과 10일 거리로 주군께서는 단 하루도 그를 잊지 못해 안타까워하셨습니다. 그런데 15년 동안이나 한번도 안부차 주군을 찾아오지 않았습니다. 부모를 소중히 하지 않는 사람이 어찌 주군을 소중히 하겠습니까?"

"어허…… 그럼 역아(易牙)는 어떨까?"

"그도 역시 적임자가 못 됩니다. 주군께서 좋은 음식을 즐기신다고 하자, 자기 자식을 삶아 바친 사나이가 아닙니까? 그는 자기 자식조차도 귀엽게 여기지 못한 자입니다."

"그렇다면 도대체 누가 좋단 말이오?"

"예, 역시 습붕(隰朋)이 좋을 듯합니다."

관중의 말에 환공도 그 자리에서는 그렇게 하기로 수긍했으나 나중에 관중이 죽자 수작을 재상으로 임명했다. 그런데 그로부터 3년 뒤 환공이 수렵차 남쪽으로 간 사이에 수작이 반란을 일으켜 환공을 시해하고 말았다.

128

문지기에게 당한 대신 《한비자》

제나라의 왕궁에서 내정(內廷)의 문지기를 하는 남자가 있었다.

어느 날 밤 어전에서 주연이 벌어졌는데 잔치가 한창일 때 대신 하나가 비틀거리며 뜰로 나와 회랑 문에 기대었다. 너무 취했기 때문에 술을 좀 깨려고 나온 것 같았다.

그를 보자 문지기는 좀 아니꼽다는 생각이 들었다.

'나는 어둡고 추운 데서 이렇게 서 있는데 저렇게 술만 마시는 사람도 있다니……'

문지기는 자기도 모르게 말을 걸었다.

"나리, 남아 도는 술이 있으면 한 방울이라도 얻어 마실 수 없겠습니까?"

그러자 대신이 눈을 부라리며 소리쳤다.

"닥쳐라 이놈아! 아랫것인 주제에 대신에게 술을 청하다니, 그게 무슨 수작이냐?"

이 말에 문지기는 화가 치밀었다. 어쩔 수 없이 물러서기는 했지만 아무래도 속이 뒤틀려 견딜 수가 없었다. 하지만 낮은 신분으로 앙갚음을 할 수는 없었다.

문지기는 대신이 사라지는 것을 기다렸다가 회랑 문의 물받이께에 물을 살짝 뿌려 놓았다.

이튿날 아침 뜰로 나온 왕이 이것을 발견하고는 물었다.

"누군가, 여기서 소변을 본 사람이?"

그러자 문지기가 대답했다.

"아무도 보지 못했습니다. 다만 어젯밤에 대신 나리께서 여기에 서 계셨을 뿐입니다."

왕궁 내에서의 무례한 짓은 엄벌에 처하게 되어 있었다. 그래서 대신은 사형에 처해지고 말았다.

129
·

본 것도 믿을 수 없다 《여씨춘추》

공자가 여러 나라를 두루 돌아다니다가 진(陳)나라와 초나라 두 나라에서 오해를 받았다. 그를 죽이려고 군사를 풀어 뒤쫓는 바람에 궁지에 몰린 때가 있었다. 그래서 7일 동안 식사를 한 끼도 하지 못했다. 이렇게 허기에 지친 공자가 낮잠을 자고 있을 때 제자 안회가 어디서 구했는지 쌀로 죽을 쑤고 있었다.

죽이 다 쑤어졌을 무렵 안회가 죽 냄비에 손가락을 넣어 죽을 찍어 맛보았다. 공자가 이를 보고 못된 놈이라고 생각했지만 못 본 체했다.

안회는 먼저 한 사발을 떠서 공자에게로 가지고 왔다. 이때 공자가 일어나 앉으며 말했다.

"방금 돌아가신 아버지의 꿈을 꾸었다. 그러니까 먼저 아버지께 바쳐야겠다."

그러자 안회가 당황하여 말했다.

"안 됩니다, 선생님. 조상께 바치려면 청결해야 하는데 조금 전에 냄비 속에 숯의 그을음이 빠졌습니다. 그래서 제가 손을 넣어 건져내기는 했습니다만, 버리기도 그렇고 해서 제가 먹었습니다. 그러니 부정이 탔습니다."

이 말을 듣고 공자가 크게 탄식하며 말했다.

"내가 이제까지 눈으로 본 것은 모두 믿을 수 있다고 생각해 왔다. 그런데 지금 그 눈도 믿을 수 없고 그 마음마저 믿을 수 없다는 것을 알았다. 잘 기억해 두어라. 사람을 안다는 것은 여간 어려운 일이 아니라는 것을 말이다."

130

한 가지 재주가 나라를 구한다 《회남자》

초나라의 장군 자발이 한 가지의 기능을 가지고 있는 선비를 널리 모집했다. 그러던 어느 날 좀도둑의 명수라고 자칭하는 한 남자가 찾아와서 말했다. 이 말을 들은 자발이 반갑게 맞이하였다.

"장군께서 한 가지 재주를 가진 자를 모집하신다기에 멀리서 이렇게 찾아왔습니다. 저 같은 놈도 어디에 쓸 데가 있을는지요?"

그러자 곁에 있던 부하가 어이없어 하며 장군을 탓했다.

"아니 장군님, 그따위 도둑놈을 어디에 쓰시려고 그럽니까?"

"아니다. 너희들은 내 뜻을 모른다."

얼마 뒤에 제나라 군사가 전면 공격해 왔다. 자발은 곧 이에 맞서 싸웠으나 제나라 군사가 워낙 강해서 번번이 패하고 말았다. 자발을 비롯하여 모든 군사들은 사기가 저하되었다. 그때 그 좀도둑의 명수가 앞으로 나왔다.

"별로 자랑할 것은 못 되지만 저에게 한 가지 재주가 있습니다. 이것을 한번 시험해 보고 은혜에 보답하고자 합니다."

그러자 자발이 자세히 물어보지도 않고 명했다.

"좋다, 해 봐라."

좀도둑은 어둠을 타고 적의 진지로 숨어들어가 제나라 군사의 사령관 침소에 있는 문짝을 떼어가지고 돌아왔다. 그러자 자발이 크게 기뻐하며 그 문짝을 적장에게 되돌려주면서 말했다.

"내 부하가 나무를 하러 갔다가 길을 잘못 들어 장군의 침소에 들어가 이 문짝을 떼어가지고 왔으니 돌려보냅니다. 아무쪼록 그 무례함을 용서하십시오."

좀도둑은 다음날 저녁에도 또 적진에 기어들어가 이번에는 적장의 베개를 가지고 왔다. 자발은 더욱 흥이 나서 그 베개를 돌려보내면서 말했다.

"거듭되는 실례를 용서하시오."

또 다음날 밤에는 좀도둑이 적장의 동곳(상투 트는 데 쓰는 도구)을 훔쳐왔고, 자발은 또 그것을 돌려보냈다.

그러자 제나라 장군은 심각해졌다.

"이대로 가다가는 나중에는 내 목까지 가져가겠구나."

오싹해진 적장은 서둘러 군사를 철수시켰다.

131
·

은혜엔 보답하고 원한은 갚은 범저 《사기》

장녹, 즉 범저가 재상으로 등용되었을 때 '한 술의 밥을 베푸는 정도의 작은 은덕에도 반드시 보답했으며, 눈 한번 쏘아본 정도의 작은 원한에도 반드시 보복한다'는 것을 실천했다.

그가 위(緯)나라에 있을 때 자기를 모함하여 죽을 지경의 고통과 수모를 겪게 했던 수가(須賈)가 공교롭게도 수호사절로 진나라에 왔다.

장녹이 새로 진나라 재상으로 등용되었다는 사실은 널리 알려져 있었으나, 그가 범저라는 사실을 아는 사람은 아무도 없었다.

어느 날 수가의 숙소에 남루한 옷차림의 남자가 찾아왔다. 그를 본 수가는 몹시 놀랐다. 그는 죽은 줄로만 알았던 남자였다.

"무사했었는가, 범저?"

놀라움에서 깨어난 수가가 물었다.

"지금 어떻게 지내고 있는가?"

"날품팔이를 하고 있습니다."

수가는 몰락한 몰골을 가엾이 생각하여 함께 음식을 나누고 나서 자기의 솜옷을 꺼내 주었다. 그리고는 말했다.

"장녹 재상은 왕의 신임이 두터워서 무슨 일이든 재상의 진언 하나로 결정된다고 들었네. 나의 사명이 성취되는가의 여부도 재상의 뜻에 달려 있다고 생각되는데 재상에게 연줄은 없겠는가?"

"제 주인이 재상과 친근한 사이입니다. 재상을 만나시도록 한번 주선해 보겠습니다."

범저는 일단 돌아갔다가 잠시 후에 4두 마차를 끌고 와서 수가를 태우고 재상의 관저로 안내했다. 관저로 가는 길에 마주치는 사람들이 모두 길을 피하였으므로 수가는 미심쩍게 생각했다. 재상의 관저에 도착하자 범저가 말했다.

"여기서 기다려 주십시오. 재상께 오셨다고 전하겠습니다."

그런데 문 앞에 마차를 세우고 오랫동안 기다렸으나 범저는 나올 기미가 없었다. 그래서 문지기에게 물었다.

"범저가 나오지 않는데 웬일이오?"

그러자 문지기가 말했다.

"범저라는 분은 계시지 않습니다만…."

"그럼 조금 전에 나와 함께 타고 온 사람은 누구시오?"

"그분은 재상이신 장녹님이십니다."

그 말에 수가는 깜짝 놀람과 동시에 속았다는 것을 깨달았다. 그래서 윗옷을 벗은 모습으로 무릎 걸음으로 나아가 문지기를 통해 범저에게 사죄했다.

범저는 장막을 둘러치고 많은 부하를 배석시킨 가운데 수가를 인견하였다. 저두평신(低頭平身)하여 오직 황송해 하며 사죄하는 수가를 보고 범저가 말했다.

"네 죄는 얼마나 되는가?"

"머리털의 수효로도 미치지 못할 정도입니다."

그러자 범저가 말했다.

"네 죄는 셋이다. 나는 선조의 분묘가 위(魏)나라에 있기 때문에 위나라를 배반할 생각은 없었다. 그런데 너는 내가 제(齊)나라에 내통하고 있다고 위제(魏齊)에게 모함하였다. 그것이 죄의 첫째이다. 그리고 위제가 나를 뒷간에 처넣어 능욕하려 했을 때 너는 전혀 제지하려고도 하지 않았다. 이것이 죄과의 둘째다. 또 술취한 자들이

교대로 들락거리며 내게 오줌을 갈겼는데도 너는 못 본 체했다. 그 것이 셋째이다.

그러나 네가 죽음을 면하게 된 것은 내게 솜옷을 주는 사이에 정 이 깊이 담겨져 있었기 때문이다.”

범저는 수가의 죄를 용서하고 진의 소왕에게 상주하여 수가의 사 명을 처리해 주었다. 수가가 작별 인사차 왔을 때 범저가 말했다.

“돌아가서 위왕에게 말하라. 지체없이 그의 목을 가져오라고. 그렇 잖으면 대량(大梁, 위의 수도)을 쑥밭으로 만들어 버리겠다.”

수가는 귀국하여 위제에게 알렸다. 위제는 조(趙)나라로 달아났으 나 결국 스스로 목을 베어 자결했다.

범저는 재상이 된 후, 지난날에 은혜를 입은 사람에게는 보은을 하였으며 또한 원한을 받은 상대는 철저히 괴롭히고 보복하였다.

132
•

싸우지 않고 굴복시킨다 《육조》

주나라 문왕의 동생 주공단이 은나라와 싸워 이기고 나서 상개(商 蓋)를 공격하려고 했다. 그러자 신공갑(辛公甲)이 말했다.

“큰 것은 공격하기가 쉽고, 작은 것은 굴복시키기가 쉽다고 합니 다. 그러므로 작은 집단들을 굴복시켜서 큰 나라를 위협하는 것이 좋습니다.”

그래서 주공단은 구이(九夷)를 공략했다. 그러자 상개도 항복했다.

또 전국시대 위나라 문후가 중산국을 공격하기 위해 주나라 영지 를 통과하게 길을 열어달라고 요구했다. 그때 조나라 왕 숙후(肅侯) 가 이를 거절하려고 하자 조각(趙刻)이 말리며 말했다.

“그것은 안 됩니다. 위나라가 중산국을 공략하게 되면 반드시 국 력 소모로 조나라는 피폐하게 됩니다. 피폐해지면 두려울 게 없습니

다. 그리고 설사 중산국을 공략했다 해도 우리 조나라를 넘어서 중
산국 영토를 가져가지는 못합
니다. 그렇게 되면 싸움은 위
나라가 하고 땅을 얻는 것은
조나라입니다. 위나라 군사들
의 영지 통과를 허락하십시
오. 모른 체하고 기꺼이 허가
하시면 저들은 우리들이 뭔가
이익을 노리고 있다는 것을
알게 될 것입니다. 그러면 위
나라가 중산국 공격을 중지할

지도 모릅니다. 그러므로 마지못해 허가하는 듯하십시오."
　이렇게 하여 소기의 목적을 쉽게 달성할 수 있었다.
　손자는 병법에서 이렇게 말했다.
　"백전 백승하는 것은 최고의 선(善)이 아니다. 싸우지 않고 상대를
굴복시키는 것이 최고의 선이다."
　그리고 오자도 이렇게 말했다.
　"자주 싸워서 천하를 차지하는 자는 적고 오히려 망하는 자가 더
많다."
　물론 일단 싸움이 시작되었으면 싸우지 않을 수 없다. 그러므로
싸움이 시작되기 전에 이기도록 해야 한다. 이것을 무형(無形)으로
이긴다고 한다. 모양이 생기기 전에 부수어야 한다. 그러나 이것은
쉬운 일이 아니다. 그래서 이에 대한 여러 가지 방법이 제시되고 또
읽혀지는 것이다.

133
원수를 천거한 조무

진(晉)나라 중모(中牟) 지방의 장관이 죽었다. 중모는 진나라의 요지였으므로 후임자도 당연히 유능한 자를 골라야 했다. 그래서 평공(平公)이 조무(趙武)를 불러 물었다.

"중모는 서울인 한단에 버금가는 요지이다. 그곳을 맡을 사람은 누가 좋겠는가?"

"예, 형백(刑伯)의 자식이 좋을 듯합니다. 그 사람이라면 맡은 일을 충분히 해낼 것입니다."

이 말에 평공은 적잖이 놀랐다.

"아니, 형백은 그대와 사이가 나쁘지 않은가? 그 원수와 같은 자의 자식을 천거하다니?"

"아닙니다. 사이가 나쁜 것은 어디까지나 사사로운 일이고 중모 지방의 장관을 누구로 할 것인가는 공적인 일입니다. 어찌 사적인 감정을 공무에 관여시킬 수 있겠습니까?"

그래서 마침내 형백의 아들이 중모의 장관에 임명되었다. 그 아버지 형백은 여태까지 조무와 사이가 나빴던 것을 후회하며 조무를 찾았다. 그러자 조무가 화살을 겨누면서 형백에게 욕설을 퍼부었다.

"내가 자네를 싫어하는 것은 지금도 변함이 없네!"

134

궐유를 죽이려던 초나라 왕 《좌전》

초(楚)나라가 오(吳)나라를 치다가 도리어 패전을 했다. 그래서 오나라의 임금이 자기의 아우 궐유(瘚由)를 초나라에 보내 위문케 했다. 오나라로서는 큰 도량을 보이려 했던 것이지만 초나라로서는 더욱 비위에 거슬렸다.

초나라의 임금은 궐유를 붙잡아 죽이려 했다. 마침내 궐유가 초나라 왕 앞에 끌려왔다.

"너는 이곳에 올 때에 아마 점을 쳐 보니까 좋을 것이라고 해서 왔겠지?"

"물론 좋았습니다. 당신이 기분 좋게 나를 무사히 돌려보내 주신다면, 오나라는 안심하고 방비를 하지 않을 것입니다. 그러나 당신이 나를 죽이신다면 오나라는 더욱 방비를 튼튼히 하게 될 것입니다. 그러니까 제가 죽는다 할지라도 오나라를 위해서는 좋은 결과가 될 것입니다."

궐유의 말에 초나라 왕은 그를 죽이려던 마음을 고쳐 먹고 그대로 연금해 두었다.

그러나 초나라 왕은 생각하면 할수록 궐유의 일이 마음에 걸렸다. 그를 당장 없애버렸어야 했는데 그놈의 꾀에 넘어가서 지금까지 살려 두었다고 분해 했다.

이때 영윤의 아들 자가가 말했다.

"이번 일은 궐유에게는 아무 죄도 없는 일입니다. 나쁘다면 오히려 초나라가 나쁩니다. 속담에 '아내에게 화나서 밖에 나와 외도한다'는 말이 있습니다. 초나라는 전에 오나라에게서 공격받았던 그 원한을 풀기 위해 이번에 오나라를 쳤던 것이지만 지난 일은 잊어버리는 것이 좋을 것입니다."

자가의 말에 초나라 왕은 궐유를 용서하고 오나라로 돌려보냈다.

135
·

화복은 군주의 뜻이다 《사기》

주나라 문왕은 무엇이든 스승인 태공망에게 물어서 처리했다.

"세상은 평화가 계속되는가 하면 전란이 터지기도 하니 도대체 그 이유가 무엇입니까?"

그러자 태공망이 정치의 행태를 들어 시원스럽게 말해 주었다.

"군주가 어리석으면 나라는 위기를 맞게 되고 백성이 반란을 일으키기 쉬우며, 군주가 현명하면 나라가 태평하고 백성도 만족합니다. 즉 화복은 군주에 달린 것이지 하늘의 뜻이 아닙니다."

136
·

입장을 알아내는 반찰법 《한비자》

한(韓)나라의 희후(僖侯)가 목욕탕에 들어가자 욕조에 자갈들이 뒹굴고 있었다. 그래서 시종을 불러 물어보았다.

"목욕탕의 책임자가 면직되면 그 후임이 될 사람은 정해져 있느냐?"

"예, 정해져 있습니다."

"그 사람을 이리 오게 하여라."

희후는 엄하게 문책하였다.
"어째서 내 욕조에 자갈을 넣었느냐?"
그 남자는 견디다 못해 마침내 털어놓았다.
"책임자가 물러나면 제가 출세를 할 수 있을까 해서 그만……."

137
·
정치란 뿌리가 깊어야 《육도》

문왕이 태공망을 만났을 때 태공망은 띠풀을 깔고 앉아 낚시를 드리우고 있었다.
문왕이 태공에게 정중히 인사를 하고 물었다.
"지금 낚시를 즐기십니까?"
그러자 태공이 대답했다.
"군자는 자신의 뜻 얻는 것을 즐기고, 소인은 자신의 일 얻는 것을 즐긴다는 말을 들었습니다. 제가 낚시를 하고 있는 것도 그와 같은 것으로 꼭 낚시만을 즐기고 있는 것은 아닙니다."
"무엇이 그와 같다는 것입니까?"
"낚시에는 세 가지 방편이 있습니다. 미끼로 고기를 낚는 것은 녹봉(祿俸)으로 사람을 취하여 쓰는 것과 같은 것이요, 향기로운 미끼에 반드시 죽어지는 고기가 있는 것은 두터운 녹봉 아래 목숨을 아끼지 않는 선비가 있는 것과 같은 것입니다. 고기의 크고 작음에 따라 그 미끼의 쓰임을 달리하는 것은 인재(人材)의 크고 작음에 따라 각각 그 맡기는 관직을 달리하는 것과 같은 것입니다. 대체로 낚시질하는 것은 고기를 잡으려는 것으로서 언뜻 보아 작은 일 같습니다만, 사실은 여간 깊은 정취(情趣)가 있지 않으며, 낚시질 이외의 천하의 일까지도 볼 수 있는 것입니다."
이에 문왕이 또 물었다.

"그 깊은 정취라는 것이 무엇인지 들려주십시오."

이에 태공이 말했다.

"물은 근원이 깊어야 흐르고, 물이 흘러야 그곳에서 고기가 생장하게 마련이니, 그것이 이치입니다. 나무는 뿌리가 깊어야 무성하게 자라고, 나무가 무성하게 자라야 과실을 맺게 되니 그것이 세상의 이치입니다."

태공망의 의미 깊은 말에 문왕은 고개를 끄덕였다.

138

인정 있고 겸손하게 살아야 《후한서》

후한의 광무제를 보필하던 장군 마원(馬援)이 어느 날 영내에서 아들들에게 편지를 써서 이렇게 타일렀다.

'용고백(龍高佰)이란 사람은 인정이 많고 결코 쓸데없는 말을 하지 않으며 겸손하게 살고 있다. 나는 그를 존경하고 있다. 너희들도 그분을 따르도록 하여라.

또 두계량(杜季良)이라는 사람은 의리가 두텁고 의협심이 강해서 남의 걱정을 내 일처럼 여기고 남의 기쁨 또한 내 기쁨인 양 한다. 그래서 그분의 선친의 장례 때에는 먼 곳에서 많은 사람들이 찾아와서 조문을 했다. 나는 그분도 또한 존경하고 있다.

그러나 너희들은 두계량을 따라서는 안 된다. 왜냐하면, 용고백을 따르면 비록 그와 같이는 되지 못하더라도 매사에 조심하고 인정 많은 사람이 될 수 있다. 백조를 조각하다가 잘못된다고 해도 거위는 될 것이니 큰 실패는 없게 된다. 그러나 만약 두계량을 따르다가 실패하면 경박한 인간이 되어 버린다. 말하자면, 범을 그리다가 실패하면 개가 될 수도 있다는 말이다.'

139
·

웃는 사람의 속은 모른다 《신당서》

당(唐)나라 숙종(肅宗) 때 조은(朝恩)이란 사람은 하찮은 미직으로부터 관군용사가 되었다가, 다음에 천하관군용선위처치사(天下官軍容宣慰處置使)라는 어마어마한 자리에 앉았다.

그 후 다시 국자감(國子監)의 윗자리에 올랐다. 국자감이란 선비들이 있는 곳이다.

하루는 조은이 국자감에 나와 대신들을 모아 놓고 주역을 강의하고 있었다.

"솥에는 발이 세 개 있어 서로 괴고 서 있게 마련인데, 대신이 임금을 괴는 것도 이와 똑같다. 그런데 솥발이 부러져서 솥 속에 있는 음식이 엎질러졌다면 그 솥발은 책임을 다하지 못한 것이다. 대신들이 그래가지고서는 나라가 엎어지고 말 것이다."

여기까지 듣고 있던 대신들은 낯빛이 달라졌다. 그런데 유독 원재(元載)라는 사람은 조금도 낯빛이 달라지지 않았을 뿐 아니라 빙그레 웃고 있었다.

그래서 조은이 마음속으로 생각하며 원재야말로 인물이라고 느꼈다. 성을 낼 때 성을 내지 않고 빙그레 웃는 사람의 속은 알 길이 없다.

다음 대종(代宗) 때 원재는 대종과 짜고 조은을 궁중으로 불러들여 죽이고 말았다. 조은이 두려워했던 대로 원재는 그 속을 알 수 없는 무서운 인물이었다.

140

잃은 활은 초나라 사람이 가질 게다 《설원》

초나라의 공왕(共王)이 사냥을 갔다가 활을 잃고 돌아왔다. 그러자 한 신하가 말했다.

"신이 가서 찾아오겠습니다."

그런데 왕이 말리며 말했다.

"그냥 두어라. 초나라 사람이 잃어버린 활은 초나라 사람이 습득하지 않겠느냐? 구태여 찾으러 갈 필요는 없다."

이 말을 듣고 공자가 말했다.

"그 얼마나 좁은 소견인가? 사람이 잃은 활을 사람이 습득한다고 말했으면 얼마나 좋았겠는가? 그런데 초나라 사람이라고 굳이 강조했으니……."

141

사람은 녹봉에 따른다 《육도》

태공이 어느 날 문왕에게 말했다.

"왕이시여, 말과 언어는 이치의 표면을 장식할 뿐입니다. 지극한 뜻을 말하는 것은 일의 궁극적인 것입니다. 그러나 왕께서 그 말의 뜻을 마음에 두지 않는다면 쓸모가 없습니다."

이에 문왕이 말했다.

"오직 어진 사람만이 바른 간언(諫言)을 받아들이고 지극한 뜻이 담긴 말을 싫어하지 않는 것입니다. 내 어찌 태공망의 진실이 담긴 충언(忠言)을 싫어하겠습니까."

그러자 태공이 말했다.

"낚싯줄이 가늘고 미끼가 분명하면 작은 고기가 걸리고, 낚싯줄이 약간 굵으며 미끼가 향기로우면 중간 정도의 고기가 걸리며, 낚싯줄이 굵고 미끼가 크면 큰 고기가 걸립니다. 무릇 그 고기는 그 미끼를 먹으려고 물다가 낚싯줄에 걸려 올라옵니다. 마찬가지로 사람은 녹봉(祿俸)을 받아먹으려고 그 군주에게 복종하게 되는 것입니다.

그러므로 그 미끼에 따라 어떠한 고기라도 잡아서 죽일 수 있듯이, 녹봉 여하에 따라 어떠한 인물이든지 다 취하여 부릴 수 있는 것입니다. 이 녹봉에 의해 사람을 쓰는 이치를 발전시키면 대부(大夫)의 몸으로서 제후(諸侯)가 되어 나라를 발전시킬 수 있고, 제후로서 천하를 취하여 천하를 다스릴 수도 있는 것입니다.

천하의 모든 사물이 덩굴을 뻗고 뿌리를 내려 아무리 융성하게 보이더라도, 군주가 백성의 마음을 얻지 못한다면 백성은 반드시 흩어지고 말 것이며, 말없이 어두운 듯해도 군주에게 덕이 내포되어 있으면 그 덕의 광채는 반드시 멀리에까지 이를 것입니다. 성인의 덕은 미묘하여 보통 사람에게는 보이지 않으나, 홀로 저절로 드러나 언제인지 모르게 모든 사람의 마음을 끌어당겨 모두 돌아와 복종하는 것입니다. 성인의 생각은 즐겁게 해 주는 것으로, 모두가 마치 자기 집으로 돌아가듯이 그 성덕(聖德)에 귀의하게 하여 사람의 마음을 자기에게 거두어들여 공경하고 사모하게 하는 것입니다."

태공의 말에 문왕은 과연 그렇겠다고 생각했다.

142

선비는 보상을 받지 않는다 《사기》

전국시대 말기에 진(秦)나라가 조나라를 공격했다. 그때 위나라가 조나라의 요청으로 구원군을 보내려 하자 진나라로부터 협박 통첩이 있었다.

"만약 조나라를 원조하는 나라가 있으면 조나라를 평정한 뒤 바로 군대를 그 나라로 진격시킬 것이다."

그래서 구원하기를 망설였다. 진나라의 국력은 이미 그 정도로 강대해져 있었다.

그러자 위나라가 조나라의 원조를 망설였을 뿐만 아니라 오히려 진나라에 아첨하기 시작했다.

"차라리 이 기회에 진나라에 사신을 보내어 진나라 왕을 천자로 불러 주면 어떻겠습니까? 그렇게 하면 진나라는 군사를 철수시킬 것입니다."

그러자 이 말을 듣고 때마침 조나라에 와 있던 제나라 출신의 선비 노중련(魯仲連)이 화를 냈다. 중련은 당장 위나라로 가서 진나라에 항복하지 말 것을 일렀다.

"동등한 자격을 가진 당당한 위나라가 야만족인 진나라 왕을 천자라고 불러 상전으로 모신다는 것은 더할 수 없이 부끄러운 일입니다. 그리고 인간의 자존심과 국가의 독립, 게다가 남자로서도 체면이 말이 아닙니다."

이러한 그의 웅변은 위나라 사람들의 마음을 움직였다.

"그의 말이 맞다. 다시는 진나라에 항복한다는 말을 입 밖에 내지 말라. 비록 국토가 초토화된다 하더라도 함께 일어나 진나라를 치도록 하라."

이렇게 해서 위나라 왕은 조나라에 구원군을 보냈다. 이 소식을 듣고 진나라는 군사를 철수시켰다.

조나라 왕은 이에 보답하여 노중련을 제후에 봉하려고 했으나 중련은 사양했다. 그래서 하다 못해 돈 천금만이라도 받아 달라고 내놓았으나 그것도 사양했다.

"선비가 존귀하다는 것은 보상을 받지 않는 데 있습니다. 그것을 받는다면 장사치와 다를 바가 없습니다."

중련은 이렇게 모든 것을 털어 버리고 조나라를 떠났다.

143

세 가지 허물을 적어 계명으로 삼는다 《한씨좌전》

공자가 이 나라 저 나라를 유랑하고 있을 때 한 곳에서 슬피 우는 한 남자를 만났다. 그래서 왜 우느냐고 물었더니 그 남자가 말했다.

"저는 세 가지 큰 허물을 저질렀습니다. 젊어서 글 배우기를 좋아하여 스승을 찾아 천하를 두루 돌아다니다가, 고향에 돌아와 보니 이미 양친은 돌아가시고 안 계셨습니다. 이것이 첫째 죄를 진 것입니다. 그리고 제가 일자리를 얻어 주인을 위해 정성껏 일을 보았으나, 주인이 하도 교만해서 저는 거기를 뛰쳐 나오고 말았습니다. 이것이 둘째의 허물입니다.

그 다음에 저에게 아주 친한 친구가 있었습니다. 그런데 마지 못할 사정이 있어 그 친구와 절교를 하고 말았습니다. 이것이 셋째번 허물이옵니다.

나무는 고요하려 해도 바람이 그치지 않고 부모를 뫼시려 해도 부모가 기다려 주지 않으니 세월은 가고 못 오는 것, 가신 어버이를 다시 뵈올 길이 없습니다. 이제 더 살 생각이 없습니다."

하면서 그 남자가 물 속에 몸을 던져 버렸다. 공자는 마음에 깊이 느끼는 바가 있어 제자들에게 일렀다.

"이 일을 적어 두어라. 계명으로 삼을 만하니라."

이 말을 들은 제자 중에 열세 명이 그 자리에서 고향으로 돌아갔다.

144

생사를 초월한 아이의 아버지 《장자》

칠순의 노부부가 아들을 몹시 갖고 싶어했다. 그래서 그들은 밤낮으로 산신에게 아들을 하나 점지해 달라고 빌었다. 그러자 산신이 그들에게 아들을 낳게 하였다.

그 아들이 세 살이 되어 재잘거리며 아장아장 걷기 시작하자 노부부는 산신에게 더욱 감사함을 느꼈다.

그런데 세 살이 지나자 아이가 시름시름 앓다가 그만 죽어 버렸다. 그러자 늙은 어머니는 통곡하면서 산신을 원망하였고 늙은 아버지는 반대로 감사하다고 노래를 불렀다. 그래서 통곡하며 원망하던 아내가 남편의 얼굴을 할퀴면서 자식이 죽었는데 어떻게 노래가 나오느냐고 화를 냈다. 남편의 얼굴에선 금세 새빨간 피가 흘렀다. 그러나 그의 입은 여전히 미소를 머금고 산신에게 감사의 노래를 부르고 있었다.

"만나는 것을 싫어하고 헤어지는 것을 싫어한다면 안 되오. 아들보다 우리가 먼저 태어났을 뿐이오. 그러나 죽기는 아들이 먼저 하고 우리가 뒤에 하는 셈이오. 본래 태어나고 죽는 것은 순서가 없는 법이오. 그리고 얼만큼 한다는 한계도 없는 법이니 그것을 어찌겠소. 그대가 아무리 통곡을 해도 떠난 아이는 돌아오지 못하오. 무엇이나 한번 왔으면 한번은 가는 게요. 이것이 명(命)인데 그것은 사람이 어떻게 하는 게 아니오. 아이의 생을 보았으니 그 생을 잊으면 그만이고, 아이의 사를 보았으니 또한 그 사를 잊으면 그만이오. 그렇다고 아이를 모두 잊자는 것은 아니오. 있었던 아이와 없어진 아이를 갖게 되어 우리에겐 아이가 둘이 된 셈이오. 그러니 그대는 살았던 아이를 키우고 나는 죽은 아이를 키우기로 합시다. 그리고 아들을 둘이나 준 산신에게 감사합시다. 그래서 나는 노래를 부르고 있는 것이오. 다만 그대는 살았던 아이를 키우는 방법으로 대엿새나 통곡을 해서 목이 쉬었소. 그러니 그대가 더 열심히 노래를 부른 셈이오. 내가 죽은 아이를 잘 키워서 그대의 가슴에 안겨 줄 테니 내 얼굴을 할퀴지 마시오. 피가 흐른다고 생이 있고 사가 없는 것은 아니오. 생사는 하나요. 그러니 산 아이와 죽은 아이를 나누지 말고 둘을 하나로 본다면 그대도 나처럼 산신에게 감사할 수 있을 것이오."

145

승리 뒤에 조심해야 번영한다 《회남자》

전국시대 조(趙)나라의 양왕(襄王)은 적(翟)을 쳐서 성 두 곳을 떨어뜨리고 많은 군사를 포로로 했다. 그런데 웬일인지 양왕은 좋아하는 기색이 없었다.

좌우에 모시고 있던 신하가 의아해서 물었다.

"하루아침에 두 성을 함락시킨 큰 전과를 올리고, 모든 사람들이 다 기뻐하고 있는데, 왕은 어찌하여 조금도 좋아하시지를 않습니까?"

이렇게 묻자 양왕이 말했다.

"아무리 큰 강도 사흘이면 물이 주는 것이다. 태풍이나 폭풍은 아침나절 사이에 끝나고, 하루를 계속하지 않는다."

이렇게 말한 양왕은 주위를 둘러보면서 말을 이었다.

"졸지에 세력이 강해지면 그만큼 쇠퇴하는 것도 빠르다. 그런데 하루아침에 두 성을 함락시켰으니, 이 세력이 오래 갈 것 같지가 않다."

공자는 양왕의 이 말을 듣고 속으로 감탄했다.

'조나라는 번영할 것이다.'

옛말에 걱정은 번영할 징조, 기쁨은 망할 징조라고 했다. 승리했다는 일을 보전하기란 어려운 법이다.

제(齊)나라와 초(楚)나라, 오(吳)나라와 월(越)나라는 모두 승리를 거두기는 했어도 종내는 망하고 말았다. 그것은 승리를 지속하는 방법을 몰랐던 때문이다.

146
·

군주가 해야 할 일 《육도》

어느 날 문왕이 태공에게 말했다.

"옛날의 현명한 군주에 대해서 좀 들려 주십시오."

이에 태공이 말했다.

"옛날 요(堯) 임금이 천하의 왕자가 된 것은 상고 시대의 현군이라 이를 것입니다."

그러자 문왕이 또 물었다.

"그의 정치는 어떠했습니까?"

"요 임금이 천하의 왕자가 되었을 때에는 몸에 금은이나 주옥 따위로 장식하지 않고, 비단에 수놓은 옷이나 무늬 있는 고운 곳을 입지 않았으며, 진기한 것이나 이상한 것도 절대로 보지 않고, 실제 이용에 필요하지 않은 골동품이나 완구 따위를 보배로 여기지 않았습니다. 또 음란한 음악 따위도 듣지 않고 궁전의 담이나 방의 벽에다가 희게 칠하는 일도 없었으며, 대들보나 기둥 같은 것을 깎아서

다듬거나 조각하는 등의 일도 하지 않고 띠풀이나 가시나무 따위가 마당에 무성해도 베어 버리는 일이 없었습니다.

그리고 사슴의 가죽으로 추위를 막고 거친 천으로 만든 의복을 몸에 걸쳤으며, 현미나 좁쌀로 지은 밥에 명아주나 콩잎을 끓인 국 등 거친 음식으로 만족했으며, 계획 없이 건축 사업을 벌여 아무 때에나 백성을 부려 백성의 경작이나 길쌈할 시기를 놓치게 하는 따위의 일은 하지 않았습니다. 그리고 자기 마음속의 욕망이나 감정 따위를 힘써 억제하며, 하고자 해서 하지 않고 저절로 다스려지도록 하는 무위(無爲)의 정치를 했습니다.

요 임금 자신의 의식주 생활은 지극히 소박하고 검소하였으며, 백성에게 세금이나 부역을 매기는 일은 매우 적었습니다. 따라서 만백성은 부유하고 번영하며 생업을 즐겼고, 굶주림이나 추위로 괴로움을 겪는 일이 없었습니다. 그 백성들은 군주를 해와 달같이 우러러 공경하였고, 그 군주를 부모처럼 친근하게 여겼습니다."

이 이야기를 들은 문왕은 감탄하며 말했다.

"현명한 군주의 인덕(仁德)은 참으로 위대하구나."

147

·

인물됨을 시험한 태종 《사기》

명나라에 장은교라는 사람은 〈태보잘〉이라는 의견서를 태종에게 보여 인정을 받았다.

'천자 된 자는 일과 사물에 탐닉해 버려 시야가 좁게 되어서는 안된다. 그렇다고 해서 자질구레한 일까지 하나하나 주목하는 것도 좋지 않다. 면류(冕旒)는 천자가 일을 너무 세밀히 보지 않기 위한 것인데 이는 형태로 나타나지 않는 것을 잘 봐야 한다. 주광(黈纊)은 천자가 일을 너무 듣지 않도록 하기 위한 것인데, 이는 소리없는 소리를 잘 들어야 한다.'

매우 대담한 의견서였으나 태종은 몹시 기뻐했다.

이런 명군에게도 이윽고 죽음이 임박해 왔다. 그래서 걱정하며 말했다.

"내가 죽은 후에는 누구를 재상으로 하면 좋을까? 태자를 잘 보좌해야 할 텐데……."

그래서 여러 늙은 군신들이 숙의하였으나 이렇다 할 인물이 떠오르지 않았다. 이때 태종의 마음에 이세적(李世勣)이라는 사람이 떠올랐다. 그래서 태종은 태자 치에게 말했다.

"저 사람은 재능과 지식이 너무 많은 인물이다. 침착하고 말수도 적고 공적을 자랑하지도 않고 남을 헐뜯지도 않고 남에게 이용당해도 태연하다. 그러나 충성심이 있는지는 알 수 없다. 너는 그를 총애하는 일 없이, 감싸는 일도 없이 관계하라."

"명심하겠습니다. 부왕의 총신의 한 사람인 그가 재능이 많고 인간됨이 좋다는 말을 들었지만 친밀하게 이야기를 나눈 적은 없습니다."

"그리고 내게 한 가지 생각이 있다. 지금 그를 좌천시킬 테니 내가 죽고 난 다음 그를 다시 불러 재상에 임명해 중요하게 쓰도록 해라. 그러나 태도를 잘 살피고 그의 신변에 첩자를 두어서 좌천시킨 일에 불평을 하거나 불평 분자와 교제하는 일이 있다면 즉시 없애 버려라."

“예, 잘 알겠습니다.”

다음날 이세적은 돌연히 아무 설명도 없이 관직에서 쫓겨나 첩주(疊州)의 도독(都督)이란 관리로 좌천당하게 되었다. 그러자 친구들이 몰려와 위로했다.

“일을 잘하고 또 여러 가지 공적도 쌓은 자네가 왜 일없이 첩주 같은 벽지로 쫓겨나?”

그러나 이세적은 아무 말도 하지 않고 사령을 받자 곧 임지로 향했다.

그리고 첩자로부터 가끔씩 보고가 들어왔다.

“이세적은 임지에 도착하자 그날로부터 전심전력하며 불평의 모습은 전혀 없습니다.”

태종이 붕어하고 태자인 치가 즉위하였는데, 고종 황제는 곧바로 이세적을 불러들여 재상으로 임명했다.

148
·

반대말을 해서 마음을 읽는 도언법 《한비자》

연(燕)나라의 재상으로 자지(子之)라는 인물이 있었다. 그가 어느 날 부하들과 이야기를 나누고 있던 중 갑자기 이렇게 말했다.

“아니, 지금 문 밖으로 나간 건 하얀 말이 아니었느냐?”

물론 거짓말이었다. 그

러자 모두들 입을 모아 부정했다.

"그럴 리가 있습니까. 말 같은 건 나간 일이 없는데요."

"몰랐는데요."

그런데 그 가운데 한 사람이 문 밖까지 달려갔다 와서는 보고했다.

"틀림없이 하얀 말이었습니다."

자지는 이로써 누가 거짓말을 하는지를 알게 되었다.

149

천하를 다스릴 수 있는 정치란 《육도》

문왕이 태공에게 물었다.

"어떻게 인심을 수렴(收斂)하면 천하의 백성들이 돌아와 복종하겠습니까?"

그러자 태공이 말했다.

"천하는 군주 한 사람의 천하가 아닙니다. 천하 만백성을 위한 천하입니다. 천하의 이익을 만백성과 함께 하고자 하는 자는 천하를 얻고, 천하의 이익을 독단으로 하고자 하는 자는 천하를 잃습니다.

하늘에는 춘하추동의 네 계절이 있어 항상 질서 정연하게 운행하여, 만물이 생성하고 땅에는 무한한 자원과 재산이 감춰져 있어 백성을 육성하는 것입니다. 이 하늘의 때와 땅의 재물을 백성들과 함께 가져서 조금이라도 사사로운 마음이 없는 것을 인(仁)이라고 합니다. 이러한 인이 있는 곳으로 천하의 사람들이 모두 돌아가 복종하는 것입니다.

그리고 사람들이 근심하는 것을 함께 근심하고, 즐거워하고 좋아하는 것을 함께 좋아하며, 싫어하는 것을 함께 싫어하여 자기를 주장하지 않는 것이 의입니다. 의가 있는 곳에 천하의 만백성이 따라와 귀의하는 것입니다. 무릇 사람은 모두 죽는 것을 싫어하고 사는 것을 즐거워하며, 덕을 좋아하고 이득을 추구하는 것입니다. 힘써 진정한 삶, 진정한 이(利)를 도모하는 것을 도라고 합니다. 도가 있는 곳으로 천하의 사람들이 돌아가 복종하는 것입니다."

문왕은 태공의 이야기를 듣고 두 번 절하면서 말했다.

"신실(信實)하십니다. 그러니 어찌하여 하늘의 소명을 받지 않을 까닭이 있겠습니까."

그리고는 태공을 자신의 사냥 수레에 동승시켜 함께 도읍으로 돌아와 스승으로 삼았다.

150

빈둥거리느니 골패라도 두어라 《논어》

성인 군자인 공자라 할지라도 사시장철 제자들에게 인이니 예니 하며 딱딱한 것만 가르친 것은 아니었다. 때로는 유머도 있었고 긴장을 푸는 이야기도 했다.

삼천 제자라고 불리우는 제자들 중에는 틈만 나면 빈둥거리며 노는 자도 있었다. 그러자 공자가 그들에게 다음과 같이 충고했다.

"배불리 먹고 하루종일 멍청하게 있다면 곤란한 일이다. 거기에 쌍육(双六)이나 골패도 있지 않느냐. 그런 놀음이라도 하는 것이 낫다. 그냥 빈둥거리는 것은 본인에게도 남에게도 좋지 않다."

151
·

논쟁보다 듣기만 한다 《전국책》

진(秦)나라 왕이 재상 감무(甘茂)에게 말했다.

"초나라에서 오는 사신은 모두 논객들인 모양인데 정면으로 대결하면 내가 지게 마련이다. 뭔가 좋은 방법이 없겠는가?"

이에 감무가 대답했다.

"혹시 상당한 논객이 오게 되면 아예 처음부터 별 관심이 없는 듯이 한 말씀도 하지 마시고, 만약 웬만한 논객이 오게 되면 열심히 듣고 있는 체하시면 됩니다. 그렇게 하시면 상당한 논객은 오지 않고 웬만한 논객들만 찾아올 것입니다. 그때 가서는 정면으로 대결하셔서 그 콧대를 꺾으시면 됩니다."

152
·

쉽게 속마음을 보이지 않은 이연 《사기》

당나라의 고조 이연(李淵)은 수양제 때 홍화군(弘化郡)의 유수(留守)에 임명되었다.

그는 부하나 영민(嶺民)에 대해 관대하였고 행동에도 결단력과 선견지명이 있어 인심을 수합하였다. 더구나 인품이 더없이 착하고 언행도 깔끔했기 때문에 모두들 큰 인물이 될 것이라고 생각했다.

이러한 그에 대해 질투하는 자가 있었다. 환관과 친한 자로 '이(李)씨 성을 가진 자가 천하를 누릴 운이 있다'라고 환관을 통해 황제에게 무고하였다.

그러나 그는 인물도 뛰어났지만 보신의 술책도 알고 있었다. 이윽고 그는 산서·하동 양군의 무위대사(撫尉大使)에 임명되어 불평으로 각지에서 봉기한 사람들을 진정시키는 일을 맡았다.

이연은 임무를 성공리에 마쳤으며 또 무슨 일이나 양제에게 자세히 아뢰었다.

이연의 친구 중에는 전교(田爻)라는 사람이 있었는데, 그는 여러 학문을 통해 스스로 이연의 참모역을 자처하고 있었다. 하루는 전교가 말했다.

"아직 때가 아니야. 앞으로 몇 년 기다려야 하네. 기다리는 일에 초조해 하지 않으면 천하는 자네 것이 되네."

"아니야. 자네 곁에 있는데 그 정도는 알고 있어. 나는 일찍부터 알고 있었기에 자네 곁을 떠나지 않는 것이야. 자네는 기다리는 일이 얼마나 어려운지도 알고 있고 기다리는 것의 효과도 충분히 알고 있는 사람이네. 자네의 인물을 감별한다면, 자네에게 기대하는 것이 크네."

이연은 전교에게 자신의 본심을 간파당한 것 같아 깜짝 놀랐으나 태연하게 말했다.

"나는 겁이 많고 나약한 사람이야. 그리고 작은 일을 성취하는 것에 만족하는 사람이야. 자네의 인물 감정은 틀렸네."

"바로 나는 그 말을 기대하고 있었어. 만약 자네가 자신의 마음을 잘 통찰하고 있다고 털어놓았다면 그렇게 큰 인물은 아니라고 낙담했을 텐데, 먼저 부인하는 자네에게 점점 기대가 커지네."

전교가 이렇게 말하자 이연이 침묵한 채 화제를 바꿔 버렸다.

이처럼 이연은 오랜 친구에게도 자신의 속마음을 내보이지 않는 사람이었다.

153

공자의 제자 이극의 사람 보는 눈 《사기》

　공자의 제자 중에 이극(李克)은 위나라 문후(文候)에게 벼슬했는데 온후하고 청렴 공평했다. 문후는 이극을 중요시 여겨 정치 고문으로 여러 가지를 상담했다.

　특히 이극은 인사에 대해 공평한 의견을 말했다.

　어느 날 오랫동안 재상을 하던 사람이 죽어 문후가 이극에게 후임에 관해 물었다.

　"후임의 재상으로는 적황(翟璜)과 위성자(魏成子) 둘밖에는 없다고 생각하는데, 선생은 누구를 적임자로 생각하시오?"

　"국가에 있어서 중대한 인사인데, 어찌 제가 감히 말씀드릴 수 있겠습니까."

　"그러니까 상담하는 것입니다."

　"곤란한 질문입니다. 누구도 훌륭한 인물이라서……."

　"염려 말고 이야기하시오. 국가 백년의 계획을 결정하는 중대 인사입니다."

　"그러면 말씀 올리겠습니다. 재상으로서 어울리는 인물에는 다음 다섯 가지의 기준이 있다고 생각합니다.

　첫째, 그 사람이 불우할 때 어떠한 사람들과 친하게 지냈는가. 불우한 사람들과 서로 불평 불만을 털어놓았던 사람은 안 됩니다. 불우할 때에도 마음이 바르며 청렴을 좋아하는 사람들과 친하게 지냈던 인물이어야 나라를 이끌 인물입니다.

　두 번째는 그 사람이 부유하게 되었을 때 그 재물을 누구와 나누었는가. 뇌물을 주는 인물 같으면 곤란합니다. 또 자신보다 위의 사람에게 잘 보이려고 선물하는 것도 좋지 않습니다. 돈이 있다면 돈이 없는 인물을 양성하는 데 쓰고, 자선을 위해 돈을 내놓는 사람이어야 한다고 생각합니다."

셋째, 고위직에 있을 때 누구를 등용했는가입니다. 믿음직스럽지 못한 사람을 등용했는가, 아니면 지혜롭고 청렴한 인물을 등용했는가에 의해 그의 인품이 결정됩니다.

그리고 넷째는 그 사람이 궁지에 몰렸을 때 부정을 하지 않았는가입니다. 사람은 어려운 때에는 지푸라기라도 잡으려 하기 때문에 정·부정에 관계없이 온갖 수단을 사용하는 것입니다. 이러한 때의 태도와 행동을 잘 생각해 봐야 합니다.

다섯째는 그 사람이 가난했을 때 굶주렸던 것을 보는 일입니다. 가난하고 굶주리기 때문에 영리한 사람도 어리석게 됩니다. 또 가난해서 부자에게 아첨하는 수도 있습니다. 이러한 때 어떻게 행동했는가를 잘 살펴야 합니다. 이상의 다섯 가지 조건에 비추어 보아 적절한 인물을 선택하면 좋을 것이라 생각합니다. 그렇다면 제가 말씀드리지 않아도 누가 좋을지 알게 될 것입니다."

"과연 잘 알았소. 덕분에 누구를 결정할지 결심했소."

하고 문후가 말했다.

이극은 외출해서 돌아와 적황의 집에 들렀다. 적황은 후임의 재상에 관해서 왕이 이극에게 하문한 것을 듣고 있었기 때문에 재빨리 물어 왔다.

"주군이 귀공에게 재상 인사에 대해 하문하셨소? 도대체 누가 결정될 것 같소?"

"그렇습니다만, 저는 누구라는 것을 아뢰지는 않았습니다만. 다만 먼저 위성자가 물망에 오르게 되지 않을까 싶습니다."

"그것 참 이상하네. 아무리 생각해도 내가 위성자에게 뒤진다고는 생각하지 않는데……."

적황은 금방 성난 기색을 나타냈다.

154

천명은 어쩔수 없다 《논어》

한(漢)의 고조 유방은 일개 서민에서 입신하여 천하를 쟁취한 영걸이다. 그런데 황제의 지위에 오르고 난 뒤 반란군을 토벌하는 전투에서, 유시(流矢)에 맞아 그 상처가 악화되어 죽음의 병상에 눕게 되었다. 그래서 천하의 명의가 차출되어 진찰과 치료를 담당하게 되었다.

대충 진찰을 끝낸 의원에게 유방이 물었다.

"어떻소, 내 병세는?"

"예, 이 상태라면 틀림없이 회복되실 것입니다."

그러자 유방이 거친 목소리로 말했다.

"나는 서민으로서 석자의 칼을 손에 잡고 천하를 빼앗았소. 이것은 천명이 아니었겠는가. 인명은 재천인데 편작인들 어찌 나를 살릴 수 있겠는가."

천하를 쟁취할 수 있었던 것이 천명이라면 이제 임종을 맞게 된 것도 천명이다. 이 천명만은 어찌 할 수 없을 것이 아니겠는가?

그래서 유방은 치료를 거부하고 의원에게 상을 내린 뒤 물리쳤다. 그처럼 이름난 영걸도 죽음을 맞음에 있어서는 천명을 자각하였던 것이다.

155
·

술이 약보다 낫다는 백약지장 《후한서》

전한과 후한 사이에 신(新)이라는 나라가 있었다. 이때의 황제 왕망(王莽)은 경제정책을 철저히 하려고 백성들에게 조서(詔書)를 내렸다. 그 허두에 보면 이런 구절이 나와 있다.

'소금은 식효의 장(食肴之將)이요, 술은 백약의 장(百藥之長)이자 연회의 기호품이며, 쇠는 농사의 근본이니라.'

그는 소금과 술과 쇠를 정부 사업으로 삼았기에 그 물건들의 요긴함을 가르치고 있는 셈이었다.

그렇다면 그의 나라는 어찌하여 14년간의 통치로 막을 내렸을까?

애제(哀帝)가 죽자 그의 외척들에 의해 조정을 쫓겨났던 왕망이 다시금 대사마(大司馬)의 자리에 앉았다. 그래서 군사와 정사의 대권을 쥔 최고관으로서 어린 평제(平帝)를 제위에 올렸다.

왕망은 이윽고 자기의 딸을 평제의 아내가 되게 했다. 그런데 불로장생(不老長生)한다는 초주(椒酒)라는 약주를 평제에게 올려 독살하고 보다 조종하기 쉬운 두 살 난 아기를 내세워 스스로 가황제(假皇帝)라 하더니 드디어 야망을 이루어 황제가 되었던 것이다.

그는 유교의 성인인 주공(周公)을 이상으로 하여 신성한 정치를 펴려 했으나 관리들이 장사치들과 결탁하여 제도를 악용해 돈을 벌려고 날뛰어 백성들은 더욱 고통을 겪게 되었다. 그래서 앞서 인용한 조서를 내려 백성들의 소득을 늘리려 했지만 백성들의 생활이 악화되기만 하여 난리가 꼬리를 물더니 기어이 실각하고 말았다.

그는 술만 마시면 공자의 말씀을 입에 올렸고, 그러면서도 재앙을 가려 주는 기적이 나타나기를 고대하다가 마침내 온몸을 난도질당하여 죽었던 것이다.

천하의 애주가들이 곧잘 내세우는 '백약지장' 설에는 이상과 같은 피비린내 나는 고사가 깃들어 있다.

156
·

장단점은 소인에게 있다 《세설》

당나라 고조의 아들 원집(元執)은 곽왕(藿王)으로 서주(徐州) 태수가 되어 재야에 있는 고매한 선비 유원평(劉元平)과 친교를 맺고 있었다. 어떤 사람이 유원평에게 곽왕에 대한 장점을 묻자 원평이 대답했다.

"글쎄요, 이렇다 할 장점은 발견하지 못했습니다."

"그러나 사람에게는 모두 장점이 있는 법인데, 그래도 어딘가 장점이 있을 것이 아닙니까? 당신과 같은 달식구안(達識具眼, 지식이 많아 눈이 밝음)하신 분이 전혀 장점이 없는 사람과 깊은 친교를 맺을 리는 없을 것 아닙니까?"

그러자 원평이 웃으면서 대답했다.

"사람에게 단점이 있으면 장점 또한 나타납니다. 그러므로 단점이 눈에 띄는 사람일수록 그 장점 또한 눈에 띄기 쉽습니다. 그런데 워낙 훌륭한 인물에겐 특별히 이렇다 할 단점이 눈에 띄지 않으니, 따라서 장점도 있는지 없는지 분간이 되지 않습니다. 말하자면, 모두가 장점이라고나 할까요. 그래서 나는 곽왕에게는 별로 이렇다 할 장점이 없다고 말한 것입니다."

157
·

급암과 공손홍의 의사 《사기》

공손홍은 민간에서 뽑혀 관에 올라 무제에게 중용되어 승상이 되고, 평진후(平津候)에 봉해진 출세한 사람이었다. 그는 조정의 회의에서는 언제나 자기 의견의 한 면만을 말하고, 뒤는 주군의 선택에 맡겨 정면을 향해 결점을 들어 반대하는 일이 없었다.

또 그는 무제가 동의할 것 같지 않으면 회의 석상에서 그 일을 주장하지 않고 급암에게 미루곤 했다. 그러다 급암이 먼저 발언하면 공손홍이 뒤를 받는 것이 습관처럼 되었다.

한번은 급암이 이러한 공손홍을 황제 앞에서 비난한 일이 있었다.

"자네가 나서서 이 안을 작성했으면서, 이렇게 도망치는 것은 불충일세."

그러자 공손홍이 변명하듯 말했다.

"나라는 인간을 잘 이해하는 사람은 나를 충의 있는 인물이라 생각하나, 나를 이해하지 못하는 사람은 불충하다고 생각하는 것이오."

158

·

모략에 변명하지 않고 대하다

한나라 문제 밑에서 장군이 된 직불의(直不疑)가 아직 재야에 있을 때의 일이다. 어느 날 함께 묵고 있던 동료가 급히 고향에 갈 일이 생겨 서두르는 바람에 잘못되어 남의 돈을 가지고 가버렸다. 그러자 그 돈의 임자는 직불의를 의심했다. 그런데 직불의는 아무런 변명도 하지 않고 그 돈을 변상해 주었다.

나중에 고향에 갔던 그 친구가 돌아옴으로써 그 진상이 밝혀지자 사람들이 직불의에게 사과하고 그의 넓은 도량에 감탄했다.

문제가 이 말을 듣고 그를 태중대부로 발탁했다. 그러자 이를 질투하는 자가 말했다.

"저 사내는 겉보기는 그럴 듯한데 속은 더러운 놈이야. 그의 형수와 정을 통한 놈이라니까."

직불의가 그 말을 들었으나 그는 웃으면서 굳이 변명하려고 하지 않았다. 그는 장남으로서 형수는 있지도 않았던 것이다.

159
·

아홉 마리 소 중에 뽑은 털 하나 구우일모 《사기》

무제(武帝)의 장수 이능(李陵)이 불과 오천의 병력을 이끌고 흉노를 무찌르러 나섰다. 그런데 기마조차 변변히 받지 못했다. 그래서 수십 배의 적군과 싸우기를 십여 일, 그 동안에 유리한 전황을 알리는 사자가 올 때마다 천자를 비롯해 대신들이 축배를 들어 경하했다. 그러나 결론에 참패를 보고 말았다.

그런데 그 이듬해에 죽은 줄 알았던 이능이 흉노에게 투항하여 후한 대접을 받고 있다는 것이 알려졌다. 이에 무제가 크게 노하여 이능의 일족을 몰살하려 했다. 그러자 신하들도 감히 만류하지 못하고 있었는데, 유독 사마천(司馬遷)만이 사학자로서의 안목으로 대담하게 변호하고 나섰다.

"이능은 목숨을 걸고 국난 극복에 나선 명장이었으나 인간의 능력으로서의 극한 점에 다다른 셈이올시다. 그가 흉노에게 항복한 것도 미상불 훗날 한나라에 보답코자 하는 뜻이었을 겁니다. 그런즉 차라리 이능의 공훈을 천하에 표창하심이 타당할 줄로 아뢰오."

이 말에 화가 난 무제는 이 당돌한 사학자를 옥에 가두고 마침내는 궁형(宮刑)에 처하고 말았다. 궁형이란 남성으로서의 기능을 박탈하는 형벌이었다. 이 형벌을 받으면 수염이 절로 빠지고 얼굴이 매끄러워질 뿐 아니라 성격조차 변하게 된다. 하지만 사마천은 치욕을 참고 견디며 선친인 사마담(司馬談)의 유언대로 《사기(史記)》 130권을 완성하였다. 그때 그가 한 말 중에 이런 말이 있다.

"세상 사람들은 내가 궁형을 당한 노릇쯤은 소 아홉 마리에서 털 하나가 빠진 정도로밖에 여기지 않을 테지."

160

싸우지 않고 승리하는 것이 최상의 승리다 《사기》

전국시대에 공수반(公輸盤)이라는 장군이 초나라를 위해 성을 공격할 때 쓰는 운제(雲梯)라는 것을 만들었다. 그리고 초나라 왕을 부추겨서 송나라를 치려고 했다. 이 소문을 들은 묵자(墨子)가 초나라의 서울인 영(郢)으로 달려가 공수반을 만났다.

"듣자하니 장군께서 운제라는 것을 만들어 송나라를 치려고 한다는데, 도대체 송나라에 무슨 잘못이 있길래 그러는 것입니까? 초나라는 지금 넓은 영토를 가지고 있고, 게다가 인구가 적어서 그것만으로도 모자랄 것이 없는데, 송나라 같은 작은 나라를 친다는 것은 현명한 일이 아닙니다. 그리고 죄없는 나라를 친다는 것은 불인(不仁)이 아니겠습니까?"

그러자 공수반이 대답했다.

"말씀은 일리가 있으나 원정계획은 이미 폐하의 윤허가 내렸습니다. 이제 와서 계획을 번복할 수는 없습니다."

"정 그렇다면 폐하를 만나게 해 주십시오."

그리하여 묵자는 초왕을 만났다.

"어떤 좋은 수레를 가지고 있는 자가 이웃집 수레를 훔쳤다면 폐하께서는 어떻게 하시겠습니까?"

"도둑이니 마땅히 엄히 다스려야지."

"그렇다면 지금 초나라와 송나라는 어느 쪽이 더 강대합니까?"
"송나라는 우리 초나라에 비교할 것이 못 되지."
"그렇다면 지금 초나라가 송나라를 친다면 수레를 훔친 자와 다를 바가 없습니다."
"그대의 말에 일리가 있네. 그러나 모처럼 운제까지 만든 공수반의 체면도 있으니 이제 와서 원정계획을 그만둘 수는 없는 일이다."

그러자 할 수 없이 묵자는 공수반에게 모의전을 해보자고 제의했다. 묵자는 혁대를 풀어 성벽처럼 만들고 공수반에게 나무막대기를 가지고 공격해 보라고 말했다. 공수반이 몇 번이나 공격했지만 묵자는 그때마다 기묘하게 방비했다. 그러는 동안 나무막대기가 바닥이 났다. 그러자 화가 머리 끝까지 치민 공수반이 중얼거렸다.

"내가 졌소. 그러나 나에게도 생각이 있소!"
그것을 지켜보던 초왕이 묵자에게 물었다.
"그것은 무슨 뜻이오?"
혁대를 다시 매면서 묵자는 담담한 어조로 말했다.
"아마 공수반 장군은 저를 죽이면 모든 일이 잘 될 것으로 생각하고 있는 모양입니다. 그러나 그렇게는 안 됩니다. 저의 제자 300명은 이미 제가 고안한 방어용 무기를 익혀 송나라 성에서 초나라 군사가 쳐들어오기를 기다리고 있습니다. 그러므로 제 한 몸이 죽는다고 해서 송나라를 멸망시킬 수 있으리라고 생각하는 것은 큰 오산입니다."
이 말을 듣고 초왕은 송나라를 공격할 계획을 철회하고 말았다.
한편 송나라의 위기를 교묘하게 구원한 묵자가 돌아오는 길에 송

나라에 들렀는데, 때마침 억수 같은 비를 만나 어떤 집 처마 밑에서
비가 그치기를 기다리고 있다가 그 집의 청지기로부터 호통을 받고
쫓겨났다. 송나라 사람들은 자기들을 구한 은인을 몰라본 것이다.
그때 묵자는 이런 말을 남겼다.

"남이 알지 못하게 위기를 구해 주면 사람들은 그것을 깨닫지 못
한다. 하지만 떠들며 자랑하면 공적이 알려지지."

161
·

상대방의 의중 《한비자》

위(衛)나라의 재상 산양군(山陽君)은 불안해서 견딜 수가 없었다.
아무래도 왕이 자기를 의심하고 있는 것 같아서였다. 그렇다고 해서
왕에게 직접 물어볼 수도 없는 일이었다. 잘못했다가는 잠자는 사자
를 건드리는 격이 될지도 모르기 때문이었다.

왕의 총신으로 규수(樛竪)라는 남자가 있었는데 그 남자라면 왕으
로부터 들어서 알고 있을 테지만, 그렇다고 정면으로 물어본다 해도
말해 줄 리는 없었다. 그리하여 산양군은 한 꾀를 생각해 내서 규수
를 만나자마자 그에게 마구 욕설을 퍼부었다.

그러자 규수가 발끈해서 대꾸를 했다.

"뭐라고 욕하든 좋아요. 어차피 당신은 왕으로부터 신임을 받고 있
지 못하니까."

일부러 화나게 하여 그가 왕으로부터 들은 것을 말하게 한 것이
다. 산양군은 이로써 왕의 본심을 알게 되었다.

162
·

군자는 궁해도 몸가짐이 흐트러지지 않아 《설원》

공자와 그 제자 일행이 어느 날 진(陳)나라와 채나라의 국경에서 주민들의 오해를 받고 포위된 적이 있었다. 그들은 가지고 있던 식량마저 바닥이 나서 굶주림으로 병든 자도 생겼다. 그래서 일행이 모두 지쳐 있었는데, 공자만은 평소와 다름없이 시(詩)와 서(書)·예(禮)를 가르치며 예를 깍듯이 지키고 있었다.

사제가 모두 어렵게 지내는 것을 보다 못한 자로는 원래 성품이 단순하고 솔직한 만큼 더 참을 수가 없었다.

"하늘은 선을 행하는 자에 대하여 복을 주시고, 악을 행하는 자에게는 화를 내린다고 선생님은 늘 말씀하셨다. 그런데 선생님은 덕행을 쌓으시고 선행을 지키신 지 이미 오래인데 왜 이토록 고생해야 한단 말인가!"

공자는 자로가 화를 내는 것을 충분히 이해할 수 있었다. 그래서 상냥한 얼굴로 달래며 말하기 시작했다.

"자, 여기 앉아라. 내가 그것을 가르쳐 주마. 어찌 지자(知者)라고 해서 모든 것을 다 알겠는가. 비간(比干)은 어째서 은나라 주왕에게 죽임을 당했던가? 간하는 자의 말이 어찌 번번이 받아들여지겠느냐? 어째서 오자서(伍子胥)는 오나라 왕 부차에게 죽임을 당했던가? 청렴결백한 선비라고 모두 등용되겠는가? 백이·숙제와 같은 청렴결백한 사람들도 수양산에서 굶어 죽지 않았던가? 그리고 충신이면 다 소중하게 대접받는가? 진(晉)나라 문공을 보필하던 충신 개자추(介子椎)는 왜 불태워 죽임을 당했던가?

학문이 깊고 뜻이 높은 사람이라도 때를 만나지 못하면 등용되지 못하는 것이다. 나도 역시 그 예외는 아니다. '현불초(賢不肖)는 재(才)이고, 하고 안하는 것은 사람이며, 우불우(遇不遇)는 때(時)이며, 사생(死生)은 명(命)이다'라는 말이 있지 않느냐.

그러므로 순이 천자가 된 것은 요를 만났기 때문이며, 이윤이 재상이 된 것은 은나라 탕왕을 만났기 때문이다. 또 여상이 천자의 스승이 된 것은 주나라 문왕에게 발견되었기 때문이다. 관중이 중부로 대접을 받은 것도 제나라 환공을 만났기 때문이다.

또 오자서가 처음에는 칭찬받다가 나중에 처형된 것은 그의 재능이 없어졌기 때문이 아니다. 처음에는 오나라 왕 합려를 만났고, 나중에는 그의 아들인 부차를 섬겼기 때문이다. 천리를 달리던 명마가 불행하게도 소금 달구지를 끌어야 하는 것은 그 말을 알아주는 자가 없기 때문이다. 만약 왕량(王良)이나 조보(趙父) 같은 훌륭한 마부가 있었다면 명마로서 훌륭하게 구실했을 것이다.

즉 최고의 지성과 교양을 갖춘 군자라도 궁할 때가 있는 것은 이상과 같은 이유 때문이다. 다만 군자는 궁하고 괴로워도 몸가짐을 흐트러뜨리지 않는다. 그것은 화복에 따라 오는 까닭을 알고 있기 때문이다. 그러므로 군자는 항상 도를 찾고 학문에 열중하며 몸을 닦고 행동을 바르게 하여 때를 기다리는 것이다."

공자의 말에 자로는 고개를 끄덕였다.

맹상군과 빙환의 만남 《사기》

　전국 말기 제나라의 왕족으로 설(薛)의 영주였던 맹상군은 식객을 잘 대접해 그 수가 수천 명에 달했다.

　어느 날 빙환이라는 꾀죄죄한 사람이 식객으로 묵고 싶다며 찾아왔다. 특별한 재능이 있는 것 같아 보이진 않았으나 태도나 말씨가 의젓했기 때문에 식객으로 두기로 했다. 그리고 열흘이나 지나 관리인을 불러 물어 보았다.

　"그 동안 빙선생은 어떻게 하고 있나?"

　"그 사람의 궁상에 대해서는 그 유례를 찾아보기 힘듭니다. 소지품이라곤 칼 하나뿐인데 그것도 자루를 새끼줄로 묶은 변변치 못한 것입니다. 그 칼을 두드리며 '장검아, 돌아갈까? 내게는 생선도 안 주는구나' 하며 노래를 부릅니다."

　그러자 맹상군이 말했다.

　"방법이 없다. 생선이 나오는 2등 숙사로 옮겨 줘라."

　그로부터 또 5일이 지나 맹상군이 물었다.

　"이번에는 즐거워하던가?"

　"아뇨. 아직도 칼을 두드리며 노래를 합니다. '장검아, 돌아갈까? 가족과 지내지 못한다면 ……' 하면서 말입니다."

　얼마만큼의 시간이 지나 맹상군이 제나라 재상으로 있으면서, 1만호의 영지였으나 3천 명의 식객을 거느리다 보니 조세 수입만으로는 어려웠다. 그래서 특별한 수입의 방법으로 주민에게 돈을 빌려주어 이자를 받아 수입을 올리려고 했다. 그러나 맹상군은 인정이 많아 이자는 고사하고 원금도 제대로 받지 못하게 되었다. 이 일로 대부금 회수의 책임자로 누구를 쓸까 하고 고심하고 있는데 식객 숙사의 관리인이 말했다.

"빙선생이 어떨까요? 이렇다 할 재능은 없으나 말재간만큼은 어지간히 뛰어난 사람입니다."

그래서 빙선생을 불렀더니 히죽 웃으며 승낙했다.

빙환은 마을로 내려가 돈을 빌려간 사람들을 한자리에 불렀다. 마을 사람들은 빙환의 심상치 않은 모습에 두려움을 느끼며 금방 이자를 가지고 왔다. 그러자 빙환은 그 돈으로 사람들을 모아 술잔치를 했다. 술이 충분히 돌자 증서를 꺼내 이자를 지불한 사람들에게는 며칠까지 원금을 반환하도록 기한을 정하고, 이자를 지불하지 않은 사람의 증서는 불태워 버렸다. 그러자 모두들 머리를 조아리며 감사했다.

맹상군은 빙환이 증서를 태워 없애고 더군다나 받아들인 이자로 모두 먹고 마셨다는 이야기를 듣고는 격노했다. 그래서 속히 빙환을 불러들인 후 힐문했다. 그러자 빙환이 말했다.

"빌려간 사람의 지불 능력을 확인하기 위해 연회를 벌였습니다. 제가 가서 쏘아보아도 이자를 갚지 않는 자는 10년을 재촉해도 갚지 못할 자들입니다. 무리하게 받으려 한다면 다른 나라로 야밤에 도주해 버릴 것입니다. 그러면 영주님의 명성도 떨어집니다. 그것보다도 지불 능력이 있는 자들로부터 하루빨리 원금을 반환시키도록 해야 합니다. 그리고 지불 능력이 없는 자들에게는 은의를 베풀어 명군의 이름을 높이 해 두면, 백성은 의욕이 생겨 이후 조세에도 좋은 영향을 줄 것입니다. 눈앞의 대금이나 이자의 일은 잊어버려 주십시오."

이런 빙환의 생각에서 나온 영민회유책에 맹상군은 이렇게 생각했다.

'아, 저 사람은 쓸만하구나. 저런 사람은 정말이지 구하기 힘든 인물이다.'

그리고는 빙환의 얼굴을 찬찬히 보았다. 그리고 인물이라는 것도 겉으로만은 알 수 없다고 느꼈다.

빙환이 식객이 되고 싶다고 온 날, 평소처럼 맹상군은 휘장 뒤에 측근을 두고 빙환의 인물을 시험했다.

"선생은 멀리서 오셨는데, 무엇을 배우셨습니까?"

맹상군이 묻자 그는 솔직하게 말했다.

"가난한 이 몸을 맡겼으면 합니다."

"이렇다 할 재능도 없는 것 같고 소개장도 없으니 전사 3등 숙사가 좋을 듯싶은데, 어떻소?"

"전사로도 충분합니다."

그래서 전사에 묵게 했던 빙환이었다. 이런 그가 이처럼 생각이 뛰어난 것엔 놀라지 않을 수 없었다.

164

손해와 이익의 분기점 계산 《한비자》

위군(魏軍)이 중산(中山)이라는 나라를 공격하기 위해 조(趙)나라 의 영토를 통과하고자 했다. 그래서 위왕이 조왕에게 사신을 보내어 신청했다.

"우리 군대의 귀국 통과를 인정해 주시기 바랍니다. 목적은 중산 공격이지 결코 귀국에 대해서 영토적 야심을 가지고 있는 것은 아닙 니다."

이에 조왕이 이를 거부하려 하자 신하인 조각(趙刻)이 진언하였다.

"그것은 서투른 방법입니다."

"통과를 허락하십시오. 위나라가 중산을 공격했다가 만일 점령하지 못한다면, 전력을 소모하게 되어 그만큼 우리 조나라에 있어서는 유 리하지 않습니까. 만일 그렇지 않고 계획대로 점령할 수 있다고 하더라도 우리 나라를 지나지 않으면 본국과 왕래할 수 없고, 피를 흘리는 것은 위나라 사람이므로 수확을 얻게 되는 쪽은 우리입니다.

그러나 기꺼이 통과를 허락한 것처럼 보여서는 안 됩니다. 사신을 환영하든가 하면 상대방은 우리들의 진의를 꿰뚫어보고 중산 공격을 중지할 것이 틀림없습니다. 마지못해 통과를 허락하는 듯이 보이게 해야 합니다."

조각은 이렇게 꿰뚫어보는 눈이 정확했다.

165

언로는 물길과 같이 둬야 《사기》

주나라가 여왕(厲王) 무렵이 되면서부터는 그 세력이 쇠퇴해져서 제후들이 왕명을 따르지 않게 되었다. 여왕은 그 이름처럼 극악무도해서 백성들의 원성이 높았다.

그러자 왕이 많은 밀정들을 파견하여 자기를 비방하는 자를 닥치는 대로 처단했다. 그래서 백성들은 아무도 왕을 비난하지 못하고 서로 눈짓으로 이야기하게 되었다. 그러자 자연히 왕에 대한 여러 가지 말이 없어지게 되어 왕은 매우 기뻐했다.

"이제야 나에 대한 백성들의 비방을 막게 되었구나."

그때 재상 소공(召公)이 왕에게 간했다.

"그것이 아닙니다. 주군께서 막은 것이 아니라 백성들의 입이 막혀진 것입니다. 백성들의 입을 막는 것은 물을 막는 것보다 더 위험합니다. 만약 물을 막는다면 반드시 다른 곳에 돌파구를 찾아 흘러가게 마련이며, 홍수를 일으켜 인명을 상하게 한다거나 전답을 소실케 합니다. 백성도 이와 같습니다. 그러므로 물을 다스리는 자는 반드시 출구를 만들어 흘려 보내고, 백성을 다스리는 왕은 백성들로 하여금 충분히 말을 하게 해야 합니다."

그러나 왕은 듣지 않고 더욱 심하게 악행을 저지르고 밀정을 파견하여 억눌렀다.

그러자 3년 뒤에 드디어 내란이 일어났다. 그래서 왕은 겨우 목숨만 건져 다른 나라로 망명했다가 비참하게 죽고 말았다.

166

적을 앉아서 괴멸시키려면 《육도》

문왕이 태공에게 자문했다.

"무력을 쓰지 않고 문덕(文德)에 의해 적을 치는 방법은 어떤 것이 있겠습니까?"

그러자 태공이 말했다.

"문덕에 의해 적을 토벌하는 데는 열두 가지 방법이 있습니다.

첫째, 적의 군주가 좋아하고 바라는 대로 그의 뜻에 순종하여 다투는 일이 없으면, 그는 반드시 교만한 마음이 생겨 더욱 자신이 좋아하는 것에 탐닉하게 되어 흉한 일이 있을 것입니다. 그의 성향을 이용하여 계략을 꾸며 치면 반드시 적을 제거할 수 있을 것입니다.

둘째, 적 군주가 총애하는 신하를 가까이하여 친하게 지내면서 그 신하의 위세와 권력을 군주와 양분시켜 총애받는 신하가 두 마음을 품게 하면, 그 나라는 반드시 쇠약해질 것이며 조정에는 충신이 없게 될 것이니 그 나라는 반드시 위태로워질 것입니다.

셋째, 비밀리에 적 군주의 측근 신하에게 뇌물을 주어 그의 마음을 매수해 두면, 그의 몸은 적국 안에 있으면서 마음은 우리 나라로 기울고 있을 것이므로 그 나라에는 반드시 해로운 일이 생겨 망할 것입니다.

넷째, 적국의 군주로 하여금 음란한 짓을 좋아하게 조장하여 그 정욕을 더하도록 많은 주옥을 보내고, 미인을 바쳐 정치를 잊도록 하며, 말씨를 정중하게 하여 거스르지 말며 하라는 대로 따라 주면 그는 싸울 것도 없이 스스로 멸망의 악운을 부를 것입니다.

다섯째, 사자로 온 적국의 충신을 후하게 대우하며 그 군주에게 보낼 예물은 도리어 적게 함으로써, 군주로 하여금 충신이 예물을 빼돌리지 않았나 하는 의심을 품게 하고, 그 사자를 되도록 오래 머물러 있게 하여 돌려보내지 않으며, 짐짓 그의 제의를 들어주지 않고 적국의 군주로 하여금 사자를 무능하다고 여기게 합니다. 그리하여 다른 사자를 속히 파견하도록 하며 새 사자에게는 이쪽의 성의를 전하도록 하여 친밀하고도 신의가 있는 듯이 보이면, 적국의 군주는 더욱 먼저 보낸 사자를 의심하고 새로운 사자를 신임하게 될 것입니다. 이와 같이 적의 충신을 후하게 대우하면서 우리의 계략에 빠지게 할 수 있다면 계략으로 적국을 차지할 수 있을 것입니다.

여섯째, 적국의 내신을 매수하여 회유하고 외신을 이간시켜, 재능과 지혜가 있는 관리는 밖에 있으면서 비밀리에 우리 나라를 돕게 해 적국을 내부로부터 침략한다면 멸망하지 않는 나라가 없습니다.

일곱째로 적국 군주의 마음을 사로잡아 움직이지 못하게 하고자 하면, 후한 뇌물을 보내 그 충군애국(忠君愛國)하는 측근 신하를 비밀리에 이(利)로써 매수하여, 그들이 각자 그 본업을 가벼이 여기게 하고, 나아가 그들의 축적(蓄積)마저도 다 없애게 하는 것입니다.

여덟째, 적에게 국가의 중요한 보물을 예물로 보내 그것으로 그와 서로 계략을 통하고, 계략으로는 그에게 이익을 주는 듯이 합니다. 이익을 주는 듯이 하면 그는 반드시 이쪽을 믿습니다. 이것을 친밀을 쌓는 것이라고 합니다. 이러한 친밀이 쌓이고 거듭되면 그는 반드시 우리를 위하여 움직이게 됩니다. 한 국가를 소유하는 군주이면서 외국을 위해 마음을 기울이게 된다면, 그 나라는 반드시 패망할 것입니다.

아홉째, 적국의 군주를 허영과 허명(虛名)으로 치켜세움으로써 안심시키고, 그 위세의 광대(廣大)함을 들려주면서 그의 마음에 들도록 순종한다면, 그는 반드시 우리를 믿을 것입니다. 그의 허영과 허명을 치켜세워 교만한 마음을 일으키게 하고 얼마만큼 자기를 성인인 듯이 생각하도록 하면, 그는 나라의 정사를 게을리하여 점차로 쇠망의 길을 걷게 될 것입니다.

열 번째로 그에게 몸을 낮춰 겸손함으로 신용을 얻고 다시 그의 마음을 얻어, 모든 일을 그의 뜻에 따라 순응하여 생사를 함께 하려는 사람으로 생각하게 만듭니다.

신용을 얻었으면 그가 깨닫지 못하도록 비밀리에 적국을 빼앗을 계략을 짜놓고 기다리는 것입니다. 그러다가 때가 오면 하늘이 그를 멸망시킨 것처럼 하여, 우리의 힘을 수고롭게 하는 일도 없이 하늘이 적을 쓰러뜨릴 수 있는 것입니다.

열한 번째로는 적국의 군주를 속박하여 적을 치는 것입니다. 남의 신하 된 자는 누구나 부귀를 중히 여기고 죽음과 재난을 싫어하지 않는 자가 없습니다. 이 같은 약점을 이용하여 비밀리에 그와 같은 신하에게 존귀한 미끼를 보이고 남모르게 많은 보배를 보내 그 나라의 호걸들과 친해 두는 것입니다. 그리고 국내의 저축이 충분하더라도 외국에게는 무척 궁핍한 것처럼 보여 적을 안심시키고, 그 동안에 슬그머니 지모(智謀) 있는 사람을 보내 모략을 꾸미게 하고, 용사(勇士)를 보내 적의 기풍(氣風)을 고만(高慢)하게 만드는 것입니다. 적의 호걸이 항상 호화롭게 지내기에 충분한 부귀에 만족하게 된다면 적국 안에 우리와 한패가 되는 무리가 있는 것이 됩니다. 이것을 적을 막히게 하는 것이라 합니다. 한 국가의 군주임에도 불구하고 이와 같이 막혀 버린다면 어떻게 국가를 보전해 가겠습니까.

열두 번째, 적국의 난신(亂臣)을 양성하여 그 군주의 마음이 미혹되게 하고, 미인이나 음란한 음악을 진헌(進獻)하여 그 군주의 마음을 어지럽게 하고, 좋은 개와 좋은 말을 보내 노는 것과 사냥하기에 지치게 하고, 때로는 권세와 위력을 갖도록 하여 적이 안심하도록 유도해 두었다가, 위로는 천시(天時)의 도래(到來)를 살피고, 아래로는 천하의 모든 사람과 한뜻이 되어 적 토벌을 도모하는 것입니다. 이상의 열두 가지 방법이 충분히 갖추어진 뒤에야 비로소 무력을 사용합니다. 곧 위로 천시(天時)를 살피고 아래로 지리(地利)를 살펴 적이 멸망할 조짐이 분명하게 나타난 뒤에 토벌하면, 반드시 적을 멸망시킬 수 있습니다."

167

병서에 없는 강물 등지고 싸운 배수진 《후한서》

한의 고조가 제위에 오르기 2년 전의 일이다. 한신(韓信)이 위(魏)나라를 찌른 여세를 몰아 조(趙)나라로 진격했다. 그래서 조나라의 군사 20만이 정경 땅의 좁은 길목에 집결하여 굳건한 성을 쌓고 대비하고 있었다.

한신이 정경 땅 어귀에 이르자 경기병(輕騎兵) 2천 명에게 깃발을 한 자루씩 주고는 말했다.

"그대들은 저 성 근방의 산에 잠복해 있도록 하라. 우리 군사가 도주하는 척하고 물러나면 적은 전력을 다해 추격해 올 것이다. 그러면 그때 성으로 들어가서 적의 깃발을 거두고 우리 군사의 기를 꽂으라."

한신은 또한 만여 명의 군사를 강물을 뒤로 하고 포진(布陣)한 다음, 일부 병력으로 하여금 좁은 길목으로 진격케 했다.

강물을 뒤로 하고 포진한 한군을 보고 조나라 군사들은 자못 비웃었다. 드디어 몇 차례의 각축전 끝에 한군이 예정대로 후퇴하여 '배수의 진'에 합류하니, 조나라 군병이 한신의 목을 베겠다고 쏟아져 나왔다. 그리하여 성새(城塞)가 빈 사이에 잠복해 있던 한신의 경기병 2천 명이 성으로

들어가 성벽의 깃발들을 온통 갈아 꽂았다. 한편 강물을 뒤로 하고 포진한 한군 만여 명은 물러날 여지가 없는 까닭에 필사적으로 싸웠고, 조군은 다시 성새 안으로 도망가는 수밖에 없었다. 그런데 자기

네 성새에는 어느새 한군의 깃발들이 나부끼고 거기서도 한군이 공격해 오고 있었다. 그래서 앞뒤로 한군의 공격을 받은 조나라 군병 20만은 참패하고 말았다.

싸움이 끝나고 축하연에서 부하 장수들이 한신에게 물었다.

"병법에는 산을 등지고 강을 바라보며 싸우라고 했습니다. 그런데 이번에 강물을 등지고 싸우셨는데 그 까닭이 무엇입니까?"

이에 한신이 대답했다.

"어느 병서(兵書)에 보면 자신을 사경에 빠뜨림으로써 비로소 살아날 수 있느니라 하였소. 그 병법을 이번에 활용한 셈인데, 왜냐면 우리 군사는 워낙 원정을 거듭해 왔던 만큼 온통 보충병으로써 이루어진 군병이오. 그러니 생지(生地)에 놓아두면 안 될 것이 뻔하지 않소?"

168

초나라의 간교한 이원 《사기》

조나라에서 온 이원에게는 여동생이 있었다. 그는 이 여동생을 춘신군의 후실로 주었다. 그러자 그녀가 곧 아기를 가지게 되었다. 그런데 이원은 국왕인 고열왕(考烈王)에게 후사가 없는 것을 알고 그 여동생을 춘신군에게서 빼돌려 고열왕의 후궁으로 주었다.

그러자 고열왕이 후궁을 무척 총애했다. 이윽고 아들을 낳았고 그 아들이 태자로 즉위하게 되었다. 여동생이 비(妃)가 되자 이원은 고관이 되었다.

그 동안 고열왕은 병이 들었다. 그러자 소문이 퍼졌다.

"이원은 고열왕이 죽으면 권력을 한손에 움켜쥐고 춘신군을 없애 버릴 일을 꾀하고 있다."

그러나 춘신군은 소문을 부정하며 말했다.

"이원은 그런 일을 할 자가 못 된다. 마음이 약한 놈이야. 그리고 나와는 사이도 좋고 오랫동안 교제해 왔다. 그자를 왕에게 소개시켜 준 사람도 바로 나야."

이윽고 고열왕이 죽었다. 그러자 이원이 성 안의 권력을 움켜쥐고 입궐하는 춘신군을 포박해 죽이고 그의 일족도 모두 살해해 버렸다.

이원의 여동생이 낳은 태자가 즉위하니 그가 바로 초나라의 유왕(幽王)이다. 유왕이 춘신군의 아들이라 말하는 사람도 있으나, 사실을 알고 있는 사람은 이원과 그의 여동생뿐이었다.

《사기》의 저자인 사마천은 〈춘신군 열전〉의 후기에서, '춘신군같이 영지(英智)인 사람이 이원에게 농락당할 당시에는 그는 이미 노쇠해 있었다. 끊어야 할 때 마땅히 끊지 않으면 도리어 그 어지러움을 받는다'라는 말대로 되었다'라고 그 일을 말하고 있다.

사람이 결단해야 될 때에 결단하지 않으면 도리어 어지러움을 받게 된다는 말은 춘신군의 사람 좋음을 빗대어 말한 것이다.

169

사도 감투에서 구리 냄새가 난다 《후한서》

후한(後漢)이 영제(靈帝)까지 내려오는 동안 나라가 점점 기울어져 형편이 말이 아니었다.

그러자 태평도(太平道)라는 사교(邪敎) 집단의 신자가 수만 명으로 불어나면서 세력이 커진데다가 자기네들의 배를 채우고 있었다.

그래서 국고가 비어 벼슬자리를 돈 있는 사람에게 팔지 않으면 안 되었다.

감투값은 벼슬자리에 따라서 값이 매겨졌다. 천 석은 지방장관, 5백 석짜리 벼슬은 어느 자리 하면서 값이 정해졌다.

이때 한 사람이 5백만금을 주고 사도(司徒)라는 감투를 샀다. 그런데 아무래도 세상 이목이 궁금해서 아들에게 물어보았다.

"얘야, 세상 소문이 어떻더냐?"

그러자 아들이 솔직하게 들리는 대로 이야기했다.

"별로 나쁜 소문은 없습니다만 사도 자리에서 구리 냄새가 난다고 하더군요. 구리 냄새가 싫은 것 같아요."

당시 돈을 구리로 만들었기 때문에 사람들이 비꼬아서 한 말이었는데, 아들이 아버지에게 솔직하게 대답한 세풍의 대답이었다.

170
·

빙환과 맹상군의 재도약 《사기》

맹상군이 실각하자 그에게 들러붙어 있던 식객들이 한시바삐 떠나 갔다.

그러나 빙선생과 다른 곳으로 갈 데가 없는 식객들은 남아 있었다. 하루는 빙선생이 말했다.

"나에게 진나라까지 태워다 줄 수 있는 수레를 한 대 빌려 주십시오. 주군을 다시 원래의 지위에 오르도록 해 드리겠습니다."

그리고 빙환은 선물과 수레를 가지고 진나라로 가서 진왕 앞에 나아가 변설을 펼쳤다.

"국가는 인재를 모으지 않고서는 소용없습니다. 인재를 모으면 군대가 강해지고 재물도 생깁니다. 그리고 이웃 나라들을 제압할 힘도 생깁니다……."

그리고는 잠시 후 진지하게 입을 열었다.

"제나라가 맹상군을 파면시킨 일을 알고 계십니까?"

"듣고 있었지요."

"왕께서는 제나라가 강한 것은 맹상군의 힘이 크다는 것도 알고 계시겠군요?"

"그렇소."

"그렇다면 왜 그를 불러 신하로 쓰지 않으십니까?"

"맹상군이 오겠는가. 와 준다면 그보다 더 좋은 일이 없지만."

"예, 옵니다. 빨리 사자를 보내 수레 열 대에 황금 백일을 실어 선물하십시오. 그러면 맹상군이 매우 감격해 할 것입니다. 맹상군이 진의 고관이 되면, 나중에 제나라를 진왕의 손에 넣는 일은 시간 문제입니다."

"그래? 그럼 빨리 선물과 사자를 보내도록 해라."

진나라 왕은 부하에게 명했다.

진을 떠난 빙환은 급히 제나라로 돌아와 왕 앞에 나아가 말했다.

"맹상군은 황금으로 움직일 사람이 아닙니다. 또 제왕을 배신할 사람도 아닙니다. 그런데 제가 들은 바에 의하면, 진왕이 열 대의 수레에 백일이라는 많은 황금을 실어 사자를 보내 맹상군을 재상으로 추앙하려고 한다고 합니다."

"백일이라는 황금을?"

"그렇습니다. 맹상군이 그 이상의 가치가 있다고 왕은 보고 있는 것이 아니겠습니까?"

"그렇지."

"그러면 저는 이만……."

빙환은 궁정을 나왔다. 제왕은 재빨리 전위를 국경에 보내 진의 사자가 오는지를 살피게 했다.

"진의 사자가 수레 열 대를 이끌고 오고 있습니다."

이 말을 들은 제왕은 곧 맹상군의 집으로 사람을 보내 입궐하도록 일렀다. 그리고는 그에게 사죄했다.

"내가 나빴소. 곧바로 재상으로 복직하시오. 그리고 영지 외에 천호의 영지를 더 하사하겠소."

인물이 크지 않은 제왕은 번복도 빨랐다.

진의 사자가 제나라 영호에 들어와 맹상군이 다시 재상에 올랐다는 말을 듣고는 수레를 이끌고 되돌아갔다.

재상의 지위에 다시 오르고 영지도 늘어난 맹상군은 빙환에게 말

했다.

"내가 객을 좋아해 무려 3천 명이나 되는 식객을 두고 있었는데, 파직당하자 모두 내게 등을 돌리고 떠나 버렸습니다. 지금 다시 돌아온다면 얼굴에 침을 뱉어 주고 싶습니다."

"그러면 안 됩니다. 돌아오는 자는 쾌히 받아들이십시오."

"선생, 그것은 또 무슨 말입니까?"

"인간이란 세력이 있는 사람에게는 많이 몰려들어도, 그 사람이 세력을 잃으면 등을 돌리는 것입니다. 이것이 인간의 본성입니다. 특히 눈앞의 이익만을 보는 자일수록 빨리 변하는 법입니다. 주군은 지금까지 이런 인간의 본성을 잊고 식객을 길러 왔습니다. 이런 본성이 인간에게 있다는 것을 모르고, 언제 어디서라도 자신을 위해 일해 줄 것이라 생각하고 인물을 평가해 왔습니다. 그러나 그것은 잘못된 생각입니다. 사람을 잘 감별하려면 이러한 인간의 본성 속에 이 사람은 어떠한 것을 가지고 있나를 간파해야 사람을 바로 볼 수 있습니다."

빙환의 말에 맹상군은 고개를 끄덕였다.

171
·

한나라 지백을 물리친 위나라 《삼국지》

춘추시대 말기 지백요(智伯瑤)가 한나라와 위나라와 합동하여 조나라를 공격했을 때의 일이다.

이때 조나라의 조양자가 장맹담을 불러 방어전의 방법에 대해 묻자 장맹담이 대답했다.

"동알우(董閼于)는 선군이신 조간자 마마의 재신(才臣)이었는데 윤탁(尹鐸)과 함께 진양을 다스려 큰 치적을 올렸습니다. 그 유풍(遺風)이 아직도 남아 있고, 또한 선군께서도 국난이 있을 경우에 절대로 진양을 비우지 말라고 하셨습니다. 그러므로 진양에 본거지를 정하심이 마땅하다고 생각합니다."

그래서 조양자는 진양으로 옮겼다. 가서 보니 성벽이 허물어지고 창고와 병기고는 텅텅 비어 있었으며 마을을 지킬 아무런 방비가 없었다. 조양자는 깜짝 놀라 장맹담을 불러들였다.

"이런 상태에서 어찌 적을 막는단 말인가?"

"아닙니다. 성인의 정치는 백성들의 마음속에 간수하는 것이지 창고 속에 간직하는 것이 아니며, 성곽을 다스리는 것보다 교육에 더 힘을 써야 하는 것으로 압니다. 그러므로 생활 필수품은 3년치만 남겨 두고 나머지는 모두 나라에 보관케 하시고 손이 비는 자에게는 성곽을 수리하도록 명하십시오."

명령이 내려지자 다음날부터는 나라의 창고에 보관할 수 없을 만큼의 많은 물자들이 모여들었다. 5일이 지나자 성곽도 깨끗이 수리되고 수비할 도구들도 모두 갖추어졌다. 그러나 조양자는 또 장맹담에게 말했다.

"대충 갖춰진 것 같은데 활이 없으면 아무 소용이 없지 않겠는가?"

"예, 걱정 마십시오. 동알우는 일찍이 관사 담당으로 대나무를 심어 잘 키워 놓았습니다. 그것이 지금 여섯 자나 됩니다. 이것을 베어다가 화살을 만들면 됩니다."

조양자는 곧 그 대나무를 베어다가 활과 화살을 만들었는데, 동정호(洞庭湖)에서 나오는 특산품보다 더 훌륭한 화살을 만들었다. 그런데 화살촉이 없었다. 조양자는 또 물었다.

"화살은 마련됐으나 촉이 없지 않은가?"

"예, 그것도 걱정 마십시오. 동알우는 일찍이 관사 기둥을 구리나 철로 만들었다고 합니다. 그것을 사용하면 됩니다."

조양자는 이렇게 해서 물밀듯 밀려오는 지백의 군사들을 물리치고 지백을 죽였다. 정치만 잘하면 굳이 군비가 필요없는 것이다.

172

나라는 없어도 산천은 그대로라는 국파산하재 《두보》

두보는 마흔셋이 되어서야 벼슬자리에 앉았다. 그래서 이제부터는 생활이 안정되겠다고 생각했는데 안록산(安祿山)의 반란이 일어났다. 안록산은 18만의 병력으로 남하하여 낙양(洛陽)을 함락시키고 스스로 대연황제(大燕皇帝)라 일컬었다. 그래서 장안이 위태로워 현종 황제를 비롯해 관리며 귀족들이 모두 시골로 피난하였다.

이때 두보도 처자를 촌락으로 피난시키고, 당시 현종의 태자로서 시골에서 왕위에 오른 숙종을 섬기고자 떠났다가 포로가 되어 장안으로 압송되었다. 그러나 두보는 조로(早老)한 데다 벼슬도 낮아 목숨을 건졌을 뿐만 아니라, 감시를 덜 받는 가운데 전화(戰禍)로 망가진 서울의 모습을 체험하게 되었다.

안록산의 반란은 그 후로 사사명(史思明) 부자의 반란으로 번져 9년 동안 계속되었다. 그래서 거대한 나라가 어지러울 대로 어지러워지고 무사들은 멋대로 할거하였다.

두보는 남의 눈을 꺼리며 장안을 헤매는 동안 그 서글픈 풍정을 수많은 시로 읊었다.

다음의 시는 그 중의 한 편인 〈춘망〉이다.

나라는 망했건만 산하는 남아 있고
성은 봄이라서 초목이 짙었구나.
세월의 변천을 느껴 꽃에도 눈물 뿌리고
이별을 원망하며 새를 보고서도 도적인가 싶어 놀란다.
전쟁의 횃불은 석 달이나 이어져
가족의 편지는 그지없이 소중하다.
센 머리를 긁으니 더욱 성글어져 있어
갓끈을 맬 비녀를 꽂기에도 어설프구나.

173

화를 복으로 바꾼 공미 《좌전》

춘추시대 노(魯)나라의 계무자(季武子)는 나라에서 가장 권세 있는 사람이다.

그런데 불행하게도 본부인에게는 소생이 없고 첩에게서 난 아들 형제가 있었다. 형은 공미였고 아우는 도자라고 했다.

계무자는 도자를 무척 사랑했다. 그래서 형 공미보다 동생인 도자를 후계자로 삼으려 했다. 그래서 계무자는 집안 살림을 맡아 보고 있는 신풍에게 우선 자기의 뜻을 이야기했다.

"나는 공미와 도자를 똑같이 다 사랑하네. 그래서 둘의 재주를 시험해 본 뒤 뛰어난 쪽으로 후계자를 삼을 생각이라네."

이 말을 들은 신풍은 펄쩍 뛰면서 짐을 꾸려가지고 집에서 나가겠다고 했다. 그래서 겨우 달래어 놓았다.

그러나 계무자의 생각에는 변함이 없었다. 그래서 이번에는 장흘을 찾아가서 그것에 대해 의논했다. 장흘은 신풍과는 달리 계무자의 뜻이 그렇다면 도자에게 물려줄 수밖에 없다고 해서 도자에게 상속하게 했다.

계무자는 공미가 불평을 가질까 봐 걱정스러워서 가사마(家司馬)라
는 벼슬자리를 주었다. 그러자 공미는 아우에게 상속권을 빼앗긴 것
이 분해서 벼슬자리도 받으려 하지 않았다.

공미가 그의 아버지와 동생에게 원한을 가지고 있는 것을 알고 민
자마(閔子馬)가 공미를 만나 타일렀다.

"그래선 안 됩니다. 속담에 화와 복은 딴 문으로 오는 것이 아니라
는 말이 있습니다. 사
람이 화를 입는 것도
복을 받는 것도 모두
스스로가 불러들이는
것입니다. 자식 된 사
람은 어버이에게 불효
가 되지 않을까 늘 그
것을 염려하는 것이
며, 재산이나 지위 같

은 것은 염두에 두어서는 안 됩니다. 만약 부모에게 효도를 하신다
면 동생보다 재산을 더 많이 얻게 될지도 모릅니다. 그리고 만일 불
효한 마음을 가진다면 화를 스스로 불러들이는 셈이 될 것입니다."

공미는 민자마의 말을 듣고 보니 그럴듯해서 마음을 고쳐먹고 아
버지가 하라는 대로 벼슬자리에 나가 열심히 일을 보았다.

이를 본 계무자는 무척 기뻐하면서 값비싼 술병을 공미에게 주었
다. 공미는 민자마의 말대로 큰 재물을 얻었다.

174

승한 기로 적을 이긴다 《십팔사략》

춘추시대 제나라 대군이 노나라를 물밀듯이 공격했다. 이때 장공

이 친히 군사를 이끌고 장조(長勻) 땅에 나가서 포진하고 큰 북을
울려 출전 명령을 내리려고 했다. 그러자 군사(軍師)인 조귀가 말리
며 말했다.

"폐하, 안 됩니다. 잠시만 기다리십시오."

그래서 출전을 멈추고 있는 사이에 제나라 군사가 세 번이나 공격
해 왔다. 그런데 네 번째로 공격해 올 때 조귀가 말했다.

"이제 되었습니다. 우리도 북을 울려 맞서도록 하십시오."

장공은 조귀의 말대로 진격 명령을 내렸다. 세 차례나 참고 견딘
노나라 군사는 성난 표범처럼 내달아 이미 지쳐 있는 제나라 군사를
크게 무찔렀다.

장군이 그 뒤에 조귀에게 물었다.

"세 번씩이나 공격을 받으면서 응전을 하지 않은 까닭은 무엇인
가?"

"예, 그것은 적의 용기를 떨어뜨리고 우리의 용기를 북돋워 주기
위해서였습니다. 북을 한 번 치면 기(氣)가 승하고, 두 번 치면 기
가 쇠하고, 세 번 치면 기가 마르는 법입니다. 따라서 적의 기가 말
랐을 때 우리는 한 번 쳐서 승한 기로써 그들을 맞으면 싸움은 우리
가 이기게 됩니다."

175

항우와 유방의 차이 《세설신어》

항우는 6척이나 넘는 큰 체구에다 무쇠솥을 들어올릴 정도로 힘
이 장사였다.

그리고 그는 어디에 적이 있다는 것을 알면 충동적으로 덤벼들어
공격하곤 했다. 그러나 유방은 목적과 행동을 직결시키지 않았다.
그는 천천히 여유 있게 행동하면서 무엇인가 계략이 숨어 있다고 생

각되면 즉각 후퇴하는 법을 알고 있었다. 때문에 패배해서 도망치듯이 보이는 유방의 군대가 최후에는 승리하는 것이다.

유방이 패전 후 남정(南鄭)이란 마을에 들어갔을 때도 도망치는 병사들이 많았다. 이때 한신도 도망쳤다. 그러자 이 소식을 들은 소하가 한신의 뒤를 추격했다. 이를 보고 신하들이 유방에게 보고했다.

"소하님이 도망쳐 버렸습니다."

유방은 자식처럼 생각한 소하가 도망쳐 버리자 괘씸하게 생각되었다. 그런데 이틀이 지나자 소하가 다시 돌아왔다.

"무슨 이유로 도망쳤느냐?"

유방은 호통을 쳤다.

"도망친 것이 아니오라, 도망친 자를 추격해서 데리고 오는 길입니다."

"도망친 자가 누구인고?"

"한신이란 자이옵니다."

"뭐, 한신? 들은 일이 없는데, 지금까지 훌륭한 장교가 수십 명이나 도망쳤다. 그 중에는 아깝게 생각되는 자도 있는데 한번도 추격해서 데려온 적이 없었지 않느냐? 그런데 일개 병사에 불과한 한신을 추격한 이유가 무엇인고?"

"장교들을 손에 넣는 일은 쉽습니다. 왕께서 지금보다 훨씬 형편이 좋아진다면 곧 모여들 것이옵니다. 그러나 한신 같은 인물은 다시 돌아오지 않습니다. 한신이라는 얻기 힘든 인재가 있는데도 왕께서 등용하지 않기 때문에 그가 도망친 것이옵니다. 왕께서 현재에 만족하신다면 한신을 등용시키지 않아도 좋습니다. 그러나 천하를 얻으시려거든 하루 빨리 한신을 등용시켜 참모의 한 사람이 되게 해 주옵소서."

"알았다. 자네가 그 정도로 말하는 인물이라면 곧 등용시켜야지."

한신은 이렇게 등용되어 역사 속에 이름을 남기는 인물이 되었다.

176

·

한신이 본 유방의 사람됨 《세설신어》

관상술의 명인인 여공(呂公)이 유방에게 말했다.

"많은 인상을 보아 왔으나 귀공 같은 인상을 만난 것은 처음입니다. 제게 딸이 하나 있는데 시녀로라도 써 주십시오."

그리고는 자기의 딸을 유방에게 주었다. 그녀가 바로 여후(呂后)이다.

한번은 유방이 산속에 몸을 숨기고 있자 여후가 그의 은신처를 금방 찾아내곤 했다. 그래서 유방이 물었다.

"어떻게 알았느냐?"

"당신이 거하는 주위에는 언제나 운기(雲氣)가 떠돌고 있어요. 그래서 금방 알 수 있답니다."

한신이 장군이 되어 유방과 이야기를 나누었다.

"지금 여러 사람이 천하에 날뛰고 있습니다만, 상대가 되는 큰 인물은 항우 하나밖에 없는 것으로 생각합니다."

"그래?"

"왕께서는 용맹과 과감성, 인정면에서 항우와 왕과 어느 편이 위라고 생각하십니까?"

한신의 질문에 유방이 대답했다.

"나는 그에게 못 미치네."

"저도 대왕께서 항우에게 미치지 못한다고 생각합니다."

솔직하게 말한 한신은 유방의 얼굴을 바라보았다. 그리고는 혼자 생각했다.

'이 말에 얼굴색이 변한다면 아직 수양 부족이다. 천하를 잡지 못할 것이다. 화를 내면 도망칠 수밖에 없다.'

이렇게 생각하며 표정의 변화를 살폈다. 그러나 유방의 표정은 전혀 변하지 않았다.

'역시 대단한 인물이야.'

한신은 감탄하지 않을 수 없었다.

"저는 항우 밑에 있었습니다. 항우가 어떤 인물인지를 잘 알고 있습니다. 항우는 화가 나면 함께 있던 사람을 모두 공포로 몰아 부복하게 만듭니다. 또한 부하에게 일을 맡기지 못합니다. 부하를 신뢰하지 못하는 자는 아무리 위엄을 부려도 한낱 범부일 뿐 큰 일을 도모할 수 없습니다. 항우는 사람들과 접견할 때 예의가 바르며, 위로하는 말씨와 체구에 어울리지 않는 온화함이 있습니다. 어떤 사람이 슬픈 일을 당하면 눈물을 흘리는 동정심도 있습니다. 그러나 부하가 큰 공로를 세울 때 그 논공행상(論功行賞)에는 망설입니다. 그것을 아녀자의 동정심으로 대신할 수는 없습니다. 그래서 저는 항우를 단념했습니다."

한신은 여러 각도에서 항우와 유방을 비교했다. 스스로 마음을 털어놓은 한신은 유방의 사람이 되었다.

177
·

방연과 손빈의 지략 《사기》

방연은 스승의 소개로 위나라에서 벼슬을 하고 있었는데 말재주가 뛰어나 혜왕의 마음에 들어 장군이 되었다.

한편 손빈은 있을 곳이 없어 방연의 병법소에서 일하게 되었다. 방연은 손빈이 자기보다 학문이 깊고 창의력도 있으며 새로운 병법의 종류를 잘 만들어 내는 재능이 있는 것을 알고 있었다. 어쨌든 오나라 장군으로 병법가였던 손무의 증손이라는 것만으로도 자기보다 나았다.

그 동안 혜왕도 손빈을 중용해야겠다고 생각하고 있었는데, 마침 손빈이 병법소에서 일하자 소문이 자자했다.

"손무의 증손이 병법소에 있는 것 같다."

"손무와 같이 병법에 뛰어나대."

그러던 어느 날 혜왕이 방연에게 말했다.

"자네 밑에 손무의 피를 받은 자가 있다던데 내게로 좀 데리고 오너라. 한번 만나 보고 싶구나."

방연은 경계가 되었다. 그래서 자신의 지위가 위협받게 될 것 같아 대신들과 짜고 손빈에게 죄를 뒤집어씌웠다. 그래서 손빈은 다리를 절단하는 형에 처해졌으며 얼굴에 문신까지 해 버렸다.

손빈은 방연이 어떤 사람인지를 어려서부터 겪었으면서도 알지 못했다.

제나라의 사자가 위의 도읍인 량(梁)으로 갔을 때 손빈은 아직도 죄인으로서 옥에 갇혀 있었다. 그래서 제나라의 사자가 옥사와 잘 타협해 손빈을 수레에 태워 고향인 제나라로 데리고 돌아왔다.

제의 장군 전기(田忌)는 그가 마음에 들었다. 특히 독창적인 병법 전략의 재능을 인정하여 손님으로 잘 대접해 주었다. 전기는 제나라의 공자들과 서로 말을 한 마리씩 내어 시합하는 경마를 즐겨 했다.

손빈은 부자유스런 다리를 끌며 그것을 보고 있었다. 그때 손빈은 공자들의 말 세 마리가 그 빠름에 있어 상·중·하가 있다는 것을 알았다. 또 전기의 말 세마리도 그 빠름에 갑·을·병의 3단계가 있다는 것을 알았다. 그래서 손빈이 전기에게 말했다.

"서로 한 마리씩 출전시켜 세 번 경기를 하여 승부를 겨루게 하십시오."

"좋아요. 반드시 이기게 해 주시오."

"염려 마세요. 그러나 말을 출장시키는 순서는 저에게 맡겨 주십시오."

"좋아요. 그렇게 하시오."

"제일 먼저 상대가 빠른 말을 내보낸다면, 장군은 가장 느린 병의 말을 내보내십시오. 두 번째로 상대가 중의 말을 내보내면, 이쪽에서는 제일 빠른 갑을 내보내십시오. 그리고 세 번째의 경마에는 상대가 제일 느린 말을 내보낼 수밖에 없지요. 그때 이편에서는 을의 말을 내보내는 것입니다."

경마의 결과는, 첫번째 경마에서 전기는 큰 차이로 졌으나 두번째, 세번째에서 이겨 천금의 상금을 차지할 수 있었다.

전기는 감탄했다. 그래서 위왕(威王)에게 추천했다. 위왕은 만나서 질문해 보고 그 병법의 깊이가 대단한 것임을 알았다. 그래서 손빈은 장군 전기의 참모가 되었다. 그는 발을 잘려 말을 타지 못했다. 그래서 마차에 타거나 사람들에게 업혀 지휘를 했다. 그가 참모가 된 후로 전기의 군대는 연전연승했다.

178

물러날 때를 알아야 한다 《사기》

범수가 원교근공책으로 진나라 소왕에게 발탁되어 재상에 오르게 되었다. 그런데 자기가 천거한 정안평(鄭安平)이 조나라와의 싸움에서 패하자 마음이 우울했다. 진나라 법률에 따르면 천거한 자가 잘못을 저질렀을 경우에는 그를 추천한 사람도 같은 죄로 처단하게 되어 있었다. 그러나 소왕은 그것을 특별히 불문에 부쳤다. 그러나 범수는 마음이 무거웠다.

그때 마침 소왕이 탄식하며 말했다.

"이제는 안으로 양상(良相)이 없고 밖으로는 용상이 없다. 진나라의 앞날이 걱정되구나!"

왕은 그를 격려하는 뜻으로 말했던 것인데 범수는 어쩔 줄을 몰라했다. 그 무렵 유세꾼 채택(採澤)이 범수를 찾아와서 말했다.

"사계절의 순서를 보면 봄은 만물을 낳게 하고 그 임무가 끝나면 여름에게 이를 넘겨주고, 여름은 만물을 기르는 임무를 끝내면 가을에게 이를 넘겨 주고, 가을은 만물을 성숙시켜서 겨울에게 넘기고 겨울은 만물을 거두어 봄에게 넘기는 일을 하고 있습니다. 대감께서는 지위나 명예를 다하신 몸이신데 더 이상 또 무엇을 바라시는 겁니까? 이 정도에서 재상 자리를 남에게 물려주심이 대감을 위해 좋은 일입니다."

범소도 왕이 탄식한 뒤부터는 생각하는 바가 있어 곧 채택을 재상 후임으로 천거하고 깨끗이 재상 자리에서 물러앉아 지혜자다운 말년을 유유자적했다.

한편 채택은 재상으로서 천하 통일에 큰 공을 세웠다. 그러자 자기를 헐뜯는 자가 있다는 것을 알고 미련없이 재상 자리를 내놓고 초야에 묻혀 천수를 다했다.

이보다 먼저 진나라 효공에게 변법자강책을 설하여 이를 인정받아 재상이 되어 그 솜씨를 자랑했던 상앙은, 적당한 시기에 물러나라는 현자의 권고를 거부하고 계속 눌러앉아 있다가 왕이 바뀌자 참언에 휘말려 능지처참을 당하여 죽었다.

179

티없이 맑고 깨끗한 명경지수 《장자》

노(魯)나라의 왕태(王駘)는 형벌로 다리가 잘렸지만 학문과 덕망이 뛰어났다. 그래서 그의 제자가 공자만큼이나 많았다.

공자의 제자인 상계(常季)는 왕태의 평판 좋음을 이상하게 생각하고 공자에게 물었다. 그러자 공자가 성인의 경지에 도달한 훌륭한 인물이라며 역설했다.

"그는 천지 자연의 실상을 알아차리고 외물(外物)에 이끌려 마음이 변하진 않는다네. 도의 근원을 지키고 눈과 귀에 비치는 미추(미와 추함) 따위는 개의치 않으며, 만물을 한결같이 보는 까닭에 득실은 문제가 안 되며, 다리 하나쯤은 마치 흙덩이를 버린 정도로밖에 여기지 않는다네."

그러자 상계가 왕태에게 제자가 많은 이유를 물었다. 이에 공자가 말했다.

"그것은 무엇보다도 어느 것에도 움직이지 않는 고요한 심경 때문이야. 사람이 제 모습을 물에 비춰 보고자 할 때는 흐르는 물이 아니라 잔잔하게 머물러 있는 물을 거울로 삼을 게 아닌가. 그와 마찬가지로 항시 변함없는 마음을 지닌 사람만이 남에게도 마음의 평정을 주기 때문일세."

공자는 이렇게 평정된 마음을 잔잔한 물에 비유했다. 그리고 덧붙여 말했다.

"거울이 흐리지 않으면 먼지가 앉지 않지만 먼지가 있으면 흐려진다네. 그와 마찬가지로 사람도 오랫동안 어진 사람과 함께 있으면 마음이 맑아져서 과실이 없어진다네."

180

마음을 떠보는 것은 윗사람이 할 일 《한비자》

당나라 태종이 선정을 베풀고 있을 무렵 한 신하가 아첨하는 신하를 멀리하라고 간했다. 그러자 태종이 이상하다는 듯이 '아첨하는 자가 누구냐'고 물었다. 그러자 그 신하가 말했다.

"특별히 누구라고 말할 수는 없습니다. 그러나 분간할 방법은 있습니다. 폐하께서 여러 신하들 앞에서 일부러 화가 나신 표정을 지으시면 곧 알 수 있습니다. 그때 끝까지 도리를 지켜 굽히지 않는 자는 강직한 신하이고, 반대로 폐하의 노기에 눌려 할 수 없이 폐하의 뜻을 따르는 자는 아첨하는 신하입니다."

그러나 태종은 그 진언을 무시했다.

"윗물이 맑으면 아랫물도 맑는 법이다. 왕이라는 자가 자신은 못된 짓을 하면서 어찌 신하가 정직하기를 바랄 수 있겠는가. 나는 오직 성심성의껏 천하를 다스릴 따름이다."

그러나 윗물을 흐리게 해 놓고 아랫물이 맑은가를 분간하는 방법도 있다고 《한비자》에서는 말하고 있다. 군주가 신하의 잘잘못을 판별하는 방법으로 여덟 가지가 있는데, 그 가운데 일부러 의심받을 일을 해서 신하를 부린다는 것과, 마음에도 없는 엉뚱한 말을 한다거나 행동을 하는 것, 알고 있으면서도 모른 척하며 물어보는 것이 있다. 그 예를 보면 다음과 같다.

한나라 소후가 손톱을 잘라 손바닥에 쥐고는 손톱이 없어졌다면서 가까이 있는

자들에게 찾게 했다. 그러자 어떤 자가 몰래 자기의 손톱을 잘라 찾았다고 내놓았다. 소후는 그것으로 그자의 불성실을 알수 있었다.

또 위나라 사공(嗣公)은 어떤 신하에게 명하여 길손으로 변장하여 관문을 통과하라고 했다. 그런데 관문지기가 통행을 막고 도저히 못 가게 했다. 그래서 가짜 길손이 그에게 돈을 쥐여주자 곧 통과시켜 주었다. 그래서 사공은 관문지기를 불러들여 꾸짖었다.

"모월 모일에 어떤 길손이 관문을 통과했다. 너는 뇌물을 받고 그 길손을 통과시켰다. 내 말이 틀림이 없겠지?"

그러자 관문지기가 사공의 명찰에 놀라 죄를 빌었다.

181

따뜻한 얼굴로 신하를 대하라 《금사》

금나라 희종(熙宗)은 예전에 송나라로부터 빼앗은 하남 합서 지방을 송나라에 되돌려주고 송나라를 속국으로 삼을 정도로 총명한 왕이었다. 희종은 항상 불세출의 영주로 불리우던 당나라 태종의 언행록인 《정관정요(貞觀政要)》를 읽으면서 치세에 참고했다. 그러던 어느 날 곁에 있는 신하에게 말했다.

"짐은 《정관정요》에서 배운 바가 많다. 특히 그 안에 있는 군신간의 대화가 그렇다. 어쩌면 그토록 군신간에 자유로이 말할 수 있는지에 대해 탄복하고 있다. 그런데 그 비결이 도대체 무엇일까?"

이에 한림학사 한방(韓昉)이 앞으로 나아와 말했다.

"그것은 모두 태종께서 따뜻한 얼굴로 신하들을 대했기 때문입니다. 예전에 태종은 거울에 비친 엄숙한 자기의 얼굴을 보고 이래서는 안 되겠다며 반성하고, 그로부터는 얼굴빛을 항상 부드럽게 갖도록 노력했습니다. 왕이 무서운 얼굴을 하고 있으면 신하들은 그 위광에 눌려 할말을 못하게 됩니다."

그러자 희종이 말했다.
"알았소. 나도 앞으로 그렇게 노력하겠소."

182
·

소양의 염려가 현실로 《설원》

진(秦)나라와 한(韓)·위(魏)·조(趙)·연(燕)의 5개국이 동맹을 맺고 동쪽의 제나라로 침입하였다. 그러자 제나라보다 훨씬 남쪽에 위치한 초(楚)나라가 무척 기뻐했다. 울타리 밖에 있는 초나라로서는 남의 나라끼리의 싸움인지라 강 건너 불 보듯 했다. 그래서 초왕을 비롯한 중신들은 계속 들어오고 있는 정보에 손뼉을 치며 기뻐했다.

그런데 소양이라는 고관이 상황을 걱정하고 있었다. 그는 '사족(蛇足)'이라는 말의 유래가 된 고사(故事)의 주인공으로서, 지금도 기억에 남는 인물이다.

"5개국 동맹군이 제나라를 공략하여 성공하고 나면 반드시 우리 초나라로 쳐들어올 것임에 틀림없다."

이것이 소양의 예견이었다.

5개국의 중심 세력은 진나라이고, 그 진나라가 정말로 탐내고 있는 것은 인접한 초나라의 땅이었다. 따라서 초나라가 공격을 받지 않을 리 만무하다.

그의 예견은 왕을 움직여 즉각 대책 강구에 들어갔다. 그 결과 5개국의 동맹을 분열시키는 것이 가장 효과적임이 결정되었다.

분열 공작은 초나라가 자랑하는 장기였다. 5개국 중 위나라에 초점을 맞추어서 초로부터 밀사가 파견되었다.

"5개국 동맹을 해소시켜 주신다면, 초나라는 귀국에 대해 다섯 개의 고을을 할양하겠습니다."

위나라는 이 말에 넘어가서 동맹을 배신했다. 이리하여 5개국의 위협이 줄어들자, 초나라는 위나라에 대한 약속을 이행하지 않았다. 어쨌든 소양의 선견은 초나라의 위기를 사전에 막은 셈이 되었다.

183
·

재산은 자손을 방종하게 한다 《십팔사략》

전한의 선제 때 태자의 교육을 담당한 소광(疏廣)이 소수(疏受)와 함께 사직원을 냈다. 황제는 그것을 허락하고 재직시의 공로를 치하하여 많은 돈을 하사했다. 그런데 이 두 사람이 떠나기에 앞서 많은 벼슬아치들과 친구들이 모여 도신제(道神祭:여행이 무사하기를 비는 제사)를 올리고, 그들의 여행이 무사하기를 빌며 송별연을 베풀었다. 전송하는 수레가 백 대나 될 정도로 매우 성대한 전송이었다.

고향으로 돌아온 두 사람은 날마다 하사받은 돈으로 잔치를 베풀어 친척들과 친구들을 모아놓고 놀기에 정신이 없었다. 그러면서도 자손들에게 유산으로 남기려는 생각은 조금도 하지 않았다.

그리고 그들은 가끔씩 입을 열면 이렇게 말하곤 했다.

"재산이 많으면 비록 현인이라도 그 재산에 의지하여 수양을 게을리하여 결국에는 그 노력의 뜻마저 잊게 된다. 만약 어리석은 자라면 더욱 방종하게 되고 잘못을 더하게 된다. 또 부귀는 남의 원한을 사기 쉬운 것이므로 재산은 오히려 없는 편이 낫다. 나는 자손들에게 뜻을 잃게 하고 잘못을 더하고, 남으로부터 원망받게 하고 싶지는 않다. 그래서 날마다 이렇게 돈을 없애는 것이다."

184

조조의 관상은 간악한 영웅상 《십팔사략》

후한(後漢)이 기울어져 가던 영제(靈帝) 때, 어지러운 세상을 틈타 일어난 태평도라는 새 종교가 있었다. 그런데 이들이 반란을 일으켜 황건적의 난리가 일어났다.

조정에서는 황건적을 평정하기 위해 전국에서 용맹한 장수를 불러 들였다. 이때 군사를 일으킨 자들 중에 위(魏)나라를 세워 천하에 이름을 떨쳤던 조조(曹操)가 있었다.

그는 젊었을 때부터 호기가 있었다. 집안 일 같은 것은 거들떠보지도 않고 호걸들을 찾아 즐기며 사귀기를 일삼았다.

그 당시 여남(汝南)땅에 허소와 허정이라는 사촌형제가 있었다. 그런데 이들은 매월 초하룻날이면 그 지방 사람들의 그 달 신수를 보아주었다. 그래서 그 지방 사람들은 초하룻날이면 일손을 멈추고 허소와 허정을 찾아가 지난 한 달 동안에 지낸 일과 앞으로 할 일을 듣곤 했다.

그것은 허소와 허정 두 사람이 그 지방 사람들을 좋은 방향으로 이끌어 주려는 하나의 방편 이었던 것이다.

조조가 그 소문을 듣고 허 소를 찾아가 자기의 인물평 을 좀 해달라고 청했다. 그 러자 허소는 조조를 업신여 겨 말대꾸도 하지 않았다. 이에 조조가 화가 나 허리에 찼던 칼을 쑥 빼며 협박조로 말했다.

"왜 나는 인물평을 해 주지 않는 거냐?"

그래서 허소는 하는 수 없이 말해 주었다.

"당신은 천하가 태평할 때는 유능한 정치인이지만, 세상이 어지러울 때면 간악한 영웅이 될 것이다."

간악한 영웅이란 말을 들은 조조는 무척 기뻐했다.

그래서 황건적을 물리치기 위해 군사를 모으기로 결심했다.

185

한나라의 유교적 덕치주의 《후한서》

한나라의 원제는 태자 때부터 유학을 좋아해 언행이 군자였다. 어느 날 그가 아버지 선제(宣帝)에게 말했다.

"폐하는 지나치게 형벌을 강조하는 정치를 하십니다. 잠시 법치(法治)를 그만두고, 유자를 채용해서 유교에 의한 덕치(德治)를 하시는 것이 어떨는지요?"

이 말에 선제는 안색이 변하며 말했다.

"우리 한제국은 패도(覇道)와 왕도(王道)의 두 가지를 병용해서 통치하는 것이 전통이다. 무슨 연고로 덕치주의만을 주장하는 것이냐? 태자는 명군(名君)이 될 것이라고 신하들이 보고 있다. 신하에 대해 자상하며 자비심이 깊다는 평판이 자자하다. 그러나 나는 지금 여기에서 그들의 평판이 한쪽 면만을 보고 한 것이라는 것을 알았다. 국가는 덕치만으로는 다스리기 어렵다. 그 까닭을 모르겠느냐?"

그리고 곁에 있는 사람들에게 일렀다.

"태자는 언제나 공자의 제자 같은 말만 하고 있다. 또 태자를 존경하는 무리들은 태자를 두고 당대에 없는 정치를 잘하는 왕이 될 것이라고 말하기도 한다. 이것은 잘못된 평판이다. 대도와 왕도를 따돌려서는 안 된다."

태자가 즉위하여 원제가 되자 말대로 덕치주의를 펼쳤다. 그런데 결국 중앙권력이 약해져 한제국은 쇠망의 길을 걷고 말았다.

186

허유의 속물 근성을 말한 소보 《고사전》

상고시대 5제의 한 사람이었던 요 임금이 천자 자리에 있은 지 70년 동안 천하는 무척 태평스러웠다. 그래서 천자 자리를 누군가에게 물려줄 생각을 가졌으나, 그의 아들이 어리석었기 때문에 다른 온후한 사람을 물색하던 중이었다. 그때 마침 현자라고 이름난 허유(許由)를 지명했다. 그런데 허유가 거절하며 말했다.

"아닙니다. 저는 정치 같은 것에는 전혀 관심이 없습니다."

그리고는 기산(箕山) 기슭으로 숨어 버렸다. 그러나 요 임금은 포기하지 않고 자꾸만 허유를 불러들여 설득했다.

"천자가 싫다면 구주(九州)의 장(長)이라도 맡아 주시오."

그러나 허유는 이것마저도 거부하며 물러가서는 투덜대면서 냇가로 가서 귀를 씻었다.

"에이, 몹쓸 소리를 들었군. 이놈의 귀가 더러움을 탔겠다."

그때 마침 소보라는 소몰이가 같은 냇가에서 소에게 물을 먹이고 있다가 허유가 귀를 닦는 것을 보고 그 까닭을 물었다. 그러자 허유가 말했다.

"나에겐 높은 자리에 오르고 싶은 욕망 따위는 전혀 없소. 그런데 요 임금이 자꾸만 졸라서 귀가 더러움을 탔으니 닦아내는 중이오."

그러자 소보가 얼굴빛을 바꾸며 말했다.

"당신이 정말로 요 임금의 부탁을 듣고 싶지 않았다면 왜 요 임금에게 발견될 곳에 있었습니까? 보다 깊숙한 곳으로 숨어 버리면 될 것을. 그러면 요 임금도 포기할 게 아니겠습니까. 그런데 당신은 일부러 눈에 띄는 곳에 있으면서 요 임금이 자기를 찾고 있다는 것과,

자기는 그것을 거절하고 있다는 것을 세상 사람들에게 알려 명성을
떨치려는 것이 아니오? 난 이제까지 당신이 현자인 줄 알았었는데,
이제 보니 천하를 다스릴 자신도 없으면서 명성만 탐내고 있는 속물
이군요. 그런 속물이 귀를 씻은 더러운 물을 내 소에게 어떻게 먹이
겠소. 자, 가자. 이랴……."

187
·

공명의 정보를 탐지한 사마중달 《십팔사략》

사마중달과 대치중이던 공명이 사마중달에게 사자를 보냈다. 중달
은 사자에게 일체 군사에 관해서는 묻지 않고 공명의 잠자는 시간이
라든지 음식에 관한 것 등 일상적인 것들을 물었다.

그러자 사자는 자기가 존경하는 공명의 일상 일이기 때문에 자신
만만하게 대답했다.

"우리 제갈공명은 아침엔 일찍 일어나고 밤에는 늦게까지 군사일
에 힘쓰고 계십니다. 무슨 일이든 확인하며 식사량은 적은 편입니
다."

사자는 있는 대로 모두 말했다. 사자가 돌아간 후 중달은 부장을
모아놓고 말했다.

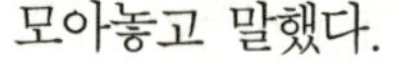

"적의 대장인 공
명은 식사의 양은
적고 사무는 다망하
다. 이것은 공명이
부하에게 대사를 맡
기지 않는다는 것을
말해 준다. 또한 공
명의 목숨은 그다지

길지 않다."

중달이 파악한 대로 공명은 중병을 앓고 있었다. 그로부터 또 며칠이나 대진이 계속되었다.

"적은 초조하게 굴고 있다. 이것이 이미 공명의 마지막 싸움인지도 모른다. 공명의 죽음은 눈앞에 있다."

중달은 냉정하게 공명의 움직임을 읽고 있었다. 그로부터 며칠 후 커다란 혜성이 공명의 막사 쪽으로 떨어졌다.

"적의 장군 공명은 죽었는가?"

중달이 측근에게 묻자 급보가 제일선에서 전해 왔다.

"촉의 군대가 어지러이 후방으로 퇴각하고 있습니다."

중달은 곧바로 추격을 명했으나, 무엇을 생각했는지 도중에서 중지시키고 뒤쫓지 않았다. 이것이 지금도 유명한 사제갈 주생중달(死諸葛 走生仲達;죽은 공명이 산 중달을 쫓아 버린다)이라는 문구의 진상이다. 중달과 공명의 인물됨을 읽을 수 있는 대목이다.

188

악양의 아들을 삶아 죽인 중산국 왕 《한비자》

춘추시대에 악양(樂羊)이 위나라의 대장이 되어 중산국을 공격했다. 그때 마침 악양의 아들이 중산국에 머물러 있었는데, 중산국 왕은 당장 그 아들을 붙들어다가 끓는 물에 삶아 죽여서 그 국물을 악양에게 보냈다. 그러나 악양은 그 국물을 태연하게 먹었다. 이 말을 들은 위나라 왕 문후가 그의 측근에게 말했다.

"지독한 사람이로군. 나를 위해 자기 자식을 삶은 국물을 먹다니……."

"예, 그는 그런 인간입니다. 자기 자식을 태연하게 먹어치웁니다. 그러므로 언젠가는 왕도 태연하게 죽일 수 있는 인간입니다."

악양이 마침내 중산국을 공략하고 귀국하자 위나라의 문후가 그의 공로를 치하했다. 그러면서도 한편으로 그의 인간성을 의심해서 높은 벼슬에는 올리지 않았다.

또 노나라 대부 맹손(孟孫)이 사냥을 갔다가 새끼 사슴을 잡았다. 맹손은 그 부하인 진서(秦西)에게 명하여 수레에 싣고 먼저 돌아가게 했다. 그런데 어미 사슴이 새끼를 생각하며 울면서 수레 뒤를 계속 따라왔다. 그래서 진서는 그 모습이 불쌍하여 새끼 사슴을 풀어 주었다. 그러자 어미 사슴이 새끼 사슴과 함께 어디론가 뛰어가 버렸다. 사냥에서 돌아온 맹손은 새끼 사슴을 찾았으나 보이지 않자 진서에게 물었다. 이윽고 그로부터 그 이야기를 듣고 화가 나서 진서를 추방하고 말았다.

그로부터 3개월 뒤 맹손은 다시 진서를 불러다가 자기 아들을 돌보게 했다. 그러자 한 부하가 이상히 여겨 물었다.

"예전에는 벌을 주셨는데 이번에는 또 아들을 보살피라고 하시니 어떻게 된 것입니까?"

그러자 맹손이 말했다.

"사슴 새끼에게까지 연민의 정을 가진 사람이라면 내 자식에 대해서도 틀림없이 잘한 것이라는 생각이 들어서이다.

그러므로 예부터 슬기로운 거짓은 비록 우둔해도 진심이 깃드는 것만 못하다고 했다. 악양은 공을 세웠으나 의심을 받았고 진서는 죄가 있었으나 신임을 받았다. 이것은 마음이 참인지 거짓인지의 문제이다.

189
·

첩과 밀통한 자를 천거한 맹상군 《전국책》

제나라 재상 맹상군의 식객이 맹상군의 첩과 밀통하는 자가 있었다. 이를 눈치챈 한 식객이 맹상군에게 일렀다.

"색객인 주제에 감히 주군의 애첩과 정을 통하다니 말도 안 됩니다. 당장 물고를 내십시오."

그러자 맹상군이 껄껄 웃으며 말했다.

"그게 뭐가 그리도 큰 일인가? 아름다운 여자에게 반하는 것은 인지상정이지 않은가?"

일년 후 맹상군은 자기의 첩과 통정하고 있는 식객을 불러서 이렇게 말했다.

"모처럼 나를 찾아주셨는데 좋은 자리에 주선을 못해서 미안하오. 그렇다고 미관말직에 주선할 수도 없는 일이고. 그런데 나는 위(衛)나라 군주와 잘 아는 사이인데, 어떻소? 위나라로 가셔서 벼슬하시면?"

그래서 그 식객은 위나라로 가서 중용되었다. 얼마 뒤에 제나라와 위나라의 사이가 나빠져서 위나라 왕이 제나라를 치려고 했다. 그러자 그 식객이 위나라 왕에게 간했다.

"신이 이렇게 주군 밑에 있게 된 것은 오직 맹상군이 못난 이 몸을 천거해 주셨기 때문입니다. 그런데 지금 제나라와 위나라 사이가 악화되자 주군께서는 다른 나라와 합동하여 제나라를 치려고 하십니다. 이것은 두 나라의 맹약에 어긋날 뿐만 아니라 맹상군과의 우정을 저버리는 것이 됩니다. 부디 거두어 주십시오. 만약 그렇지 않으시면 이 몸 여기서 주군의 목숨을 해칠 수밖에 없습니다."

그래서 위왕은 제나라 공략을 중지했다. 그러자 제나라 사람들이 이 말을 듣고는 수군거렸다.

"맹상군은 멋진 계략으로 화를 복으로 바꾸어 놓았어. 역시 은혜는 베풀어 놓고 볼 일이야."

190
·

침을 뱉어도 닦지 마라 《십팔사략》

당나라의 측천무후를 모시던 누사덕(僂師德)이라는 유능한 신하가 있었다. 그는 성품이 온후하고 관대했는데 그의 동생이 대주자사(代州刺史)로 부임하게 되자 동생에게 이렇게 타일렀다.

"우리 형제가 모두 출세하여 폐하의 신임이 두텁다. 하지만 그런 만큼 남에게 원망을 사는 수도 많을 것이다. 그런 원망을 사지 않으려면 어떻게 하면 된다고 생각하느냐?"

"예, 남들이 제 얼굴에 침을 뱉아도 저는 결코 그것을 탓하지 않고 잠자코 제 손으로 닦아낼 참입니다. 모든 것을 이런 식으로 대하겠으니 걱정 마십시오."

"아니야, 아니야. 그것만으로는 부족해. 남이 너에게 침을 뱉는 것은 네가 밉기 때문이야. 그런데 그것을 네가 아무 말 없이 닦아내기만 하면 상대의 화를 더욱 돋우게 된다. 침 같은 것은 닦지 않아도 저절로 말라 버리는 것이니 그럴 때는 웃으며 그대로 두어라."

191
·

나라를 망하게 하는 망국지음 《한비자》

위(衛)나라의 영공(靈公)이 진(晉)나라로 가는 도중에 복수(僕水) 근처에서 참으로 신묘한 음악 소리를 들었다. 영공은 그에 심취하여 데리고 있던 음악사에게 그 가락을 베끼도록 분부했다.

이윽고 진나라에 당도하자 영공이 음악사에게 진나라 평공(平公) 앞에서 그 음악을 연주하게 했다. 그런데 진나라에는 사광(師曠)이라는 탁월한 음악사가 있었다. 그는 음으로써 학을 춤추게 하고 구름도 부른다는 명인이었다. 그래서 평공은 곧 사광을 불러 같이 듣기로 했다. 그런데 사광은 음악이 연주되자 음악사의 연주를 만류하였다. 그리고는 어리둥절해 하는 영공과 평공에게 그 내력을 들려 주었다.

"잠깐 기다려 줍쇼! 그건 망국지음이올시다."

"옛날에 은나라의 주왕을 섬기는 사연(師延)이라는 유명한 음악사가 있었습니다. 사연은 주왕을 위해 음탕한 악곡들을 지어 올렸는데 주왕은 밤낮으로 그 악곡들에 홀려서 지내셨지요. 주왕이 그렇게 악독한 정치를 하다가 멸망하자, 사연은 악기를 안고 동쪽의 복수로 가서 투신 자살했답니다. 그런데 이상하게도 지금도 그 언저리에선 그 곡조가 들려오고 있답니다."

그러자 영공도 평공도 소름이 끼쳐 다시는 그 음악을 들으려 하지 않았다.

192
·

최상이 된 이사의 한탄 《십팔사략》

　진나라 시황제 밑에서 재상이 된 이사 일족은 고관이 되자 온 세상이 자기들 것인 양 권세와 번영을 구가하면서 큰 잔치를 베풀었다. 그곳에는 조정의 모든 벼슬아치들이 모여들어 제각기 축사를 올렸다. 그런데 당사자인 이사는 깊은 시름에 잠겨 한탄했다.

　"나는 일찍이 스승이신 순자로부터 모든 것은 최상이 되는 것을 금해야 한다는 가르침을 받았다. 그런데 오늘날 내 일족은 부귀 영화의 최상에 이르렀다. 무엇이든 차면 기우는 법인데, 지금 내 앞길이 막막하구나."

　그런데 훗날 이사의 걱정이 사실로 나타났으며, 영화를 누리던 일족은 조고의 참언(讒言)으로 2세 황제로부터 일족을 멸살당하는 비운을 만났다.

　그러나 한편으로는 그것을 미리 알고 부귀 영화를 피했기 때문에 멸망을 모면하고 조용히 여생을 보낸 지혜로운 사람도 있었다.

193
·

얼굴 표정으로 마음을 읽는다 《설원》

　진(晋)나라의 실력자인 지백(智伯)이, 한(韓)·위(魏)와의 동맹군을 지휘하여 조(趙)나라에 침입하여 물로써 진양성을 공격했다. 그러자 성이 곧 물에 잠길 듯했고 조군의 항복은 시간 문제였다.

그런데 지백의 한 부하가 달려와 보고했다.

"동맹군인 한나라와 위나라가 배신할 것 같습니다."

그래서 지백이 물었다.

"어떻게 그것을 알 수 있느냐?"

"적의 성이 함락되기 직전이라고 하는데, 한과 위의 왕은 기뻐하기는커녕 어쩐지 시무룩한 얼굴을 하고 있습니다. 그것은 딴 생각을 하고 있다는 조짐임에 틀림없습니다."

다음날 지백은 한과 위의 왕에게 물어보았다.

"귀하들이 배신한다고 말하는 사람이 있는데 참말이오?"

그러자 두 사람이 말했다.

"조나라를 이겨 그 땅을 셋으로 나누려고 하는 판에 어쩌자고 우리가 배신을 하겠습니까. 그건 우리들을 분열시키려고 하는 중상에 불과합니다."

지백은 이 말을 믿고 부하를 죽이려고 했다. 이 사실을 눈치챈 부하는 재빨리 망명하고 말았다. 그런데 그 후 얼마 안 가서 한과 위가 지백에게 반기를 들었다.

194

비정하다고 본 왕안석 《십팔사략》

왕안석은 지방 관리의 집에서 태어나 진사 시험에 합격했으나 지방관만 오래도록 지냈다. 그래서 중앙의 지제고 재상의 지시로 중간 관리를 맡게 되었다.

그러나 오랫동안 지방만 순회했기 때문에 중앙의 일은 아무것도 알지 못했다.

어느 날은 궁중의 꽃을 감상하며 물고기를 낚는 연유회에 초대되었다. 그런데 이런 일이 처음이라 쑥스럽고 허둥대는 바람에 그만 물고기 미끼를 요리인 줄 알고 입에 넣고 말았다.

'이크, 요리가 아닌가 보구나.'

하고 깨우쳤을 때는 이미 주위 사람들이 보고 있었다. 그래서 하는 수 없이 그것을 삼켜 버렸다. 이때 공교롭게도 이 모습을 보고 있던 인종에게 들키고 말았다. 그러자 인종이 얼굴을 찌푸리며 측근들에게 말했다.

"왕안석이란 자는 실수인지 알면서도 고치려고 하지 않는다. 저자는 비정한 자이다."

그 후부터 인종은 왕안석을 미워하게 되었다. 그래서 왕안석은 고향인 강남 지방에 틀어박혀 버렸다.

그러나 세간에서는 왕안석을 좋게 평하는 사람들이 많았다.

인종이 승하하자 영종이 즉위했다. 그리고 다시 신종이 즉위해 국정 개혁의 담당자로서 누가 좋을지에 대해 묻자 신하들이 왕안석을 추천했다. 이렇게 해서 왕안석이 중앙에 등용되었다.

195

영화는 꽃 같다는 근화일일지경 《백낙천》

무궁화는 아침에 피었다가 저녁에 지는 꽃으로서 덧없음을 상징한다. 이는 세상만사가 허무로 가득한데 어찌 환상 같은 애환에 얽매이겠느냐는 것이다.

다음은 백낙천(白樂天)의 시 〈방언(放言)〉 중의 한 시구이다.

　　소나무는 천년을 살지만 마침내 썩어지고
　　무궁화는 하루를 살지만　스스로 영화롭다.

어찌 세상에 연연하여 죽음을 근심하랴
육신을 탓하여 속절없이 삶을 꺼리지도 말라.

백낙천은 당나라의 대표적 시인이다. 그는 성당(盛唐)의 대시인이었고 이백(李白)이 간 지 10년 만에 태어났다. 또한 두보가 간 지 2년 만에 태어난 셈이다.

그의 시는 당시의 세태를 반영했고 정치의 난맥(亂脈)과 사회의 혼란을 풍자했으며 백성들의 고통에 동정한 것들이 많았다. 아울러 감상적인 시도 많았는데 〈장한가(長恨歌)〉와 〈비파행(琵琶行)〉 등이 그것이다.

196

정직은 고발이 아니다 《논어》

섭공이 공자 앞에서 자랑을 했다.
"우리나라에는 궁(躬)이라는 착한 자가 있습니다. 그는 일찍이 그의 아비가 남의 양을 훔친 일이 있었는데, 그것을 관에 고발할 정도였습니다."
그러자 공자가 말했다.
"우리나라의 정직한 자라

면 그러지 않을 것입니다. 아비는 자식을, 자식은 아비를 서로 감싸지요. 이런 자연의 정에 따르는 것이 오히려 인간다운 정직이 아니겠습니까?"

197

공자 앞에 이나 벼룩 《한비자》

　송나라의 대부 자어(子圉)가 공자를 재상에게 소개했다. 대면이 끝나고 공자가 돌아가자 자어가 재상을 만나 공자에 대한 인상을 물었다. 그러자 재상이 말했다.
　"무척 많은 것을 느꼈네. 세상에 그렇게 큰 인물이 있다는 데 나는 탄복했소. 그와 자네를 비교하면 자네 같은 사람은 이나 벼룩으로밖에 보이지 않으니 말일세. 폐하께 그를 소개하고 싶군."
　그러자 자어가 말했다.
　"그러시겠지요. 그런데 폐하께서는 공자를 만나 보시고 나면, 대감도 아마 이나 벼룩으로밖에 보이지 않겠지요. 허허허……."
　이 말에 재상은 공자를 왕에게 소개하는 것을 그만두었다.

제2부

·

중국인의 풍습과 문화의식

201

병법 앞에 오자의 치밀한 계산 《사기》

오자는 법가사상의 실천자로 진나라에 못지 않게 초나라에 이것을 도입하려고 애썼다. 그는 도왕의 신임을 얻어 계속 혁신정책을 단행했다.

예컨대 왕족의 세습 재산을 삼대에 한하여 몰수한다든가, 그들에게 변경의 개발을 명령하기도 했다. 이와 같은 혁신의 결과 초나라의 국력은 강해졌으나 오자는 왕족들의 반감을 한몸에 받게 되었다.

그런데 도왕이 죽음에 이르렀다. 도왕이 죽은 지 며칠이 채 되지 않았는데 도읍인 영에는 나날이 불온한 공기가 감돌기 시작했다.

그날 오자는 여느 때와 같이 궁에서 재상으로서의 정무를 보고 있었다. 그런데 갑자기 궁문 근처에서 함성이 터져 나오는가 싶더니 무장한 한 떼가 난입하였다. 선두에 선 것은 왕족들이었다.

순간적으로 모든 것을 알아차린 오자는 자기 방에서 뛰쳐나왔다. 그러나 이미 피할 수 없는 상황이었다. 그를 발견한 암살자들은 맹렬하게 활을 쏘아댔다.

오자는 죽은 도왕의 거실로 뛰어들었다. 장례 의식이 거행될 때까지 왕의 유해는 아직 그곳에 안치되어 있었다.

뒤에서 쫓아오는 발소리와 바람을 가르는 화살 소리를 들으면서 오자는 왕의 유해에 엎드렸다. 이윽고 오자의 몸에 고슴도치와 같이 화살이 박혔다. 그래서 그 자리에서 절명하고 말았다.

그런데 여기에 오자의 속셈이 있었던 것을 왕족들은 몰랐다. 그를 쫓는 무리들은 오자를 활로 쏨으로써 왕을 쏜 결과를 가져왔다.

오자를 사살한 화살이 왕의 시체에도 박힌 것은 당연한 일이다. 그래서 왕족들은 왕의 옥체에 화살을 쏘아 꽂은 반역의 무리가 되고 말았다.

도왕의 아들 숙왕(肅王)은 즉위식이 끝나자마자 선왕의 몸에 활을 쏜 왕족들을 낱낱이 주살하였다.

202

항우와 유방의 만남 《사기》

범증은 항우의 군사로 있었다. 이때 범증이 말했다.

"항우님, 장군님에게 장차 제일 적수가 될 인물은 유방입니다. 이번에 이렇게 함곡관에서 만나게 된 것은 하늘이 주신 좋은 기회입니다. 유방을 없애 버리십시오."

그런데 유방 쪽에서 무슨 일인지 수하를 보내 항우를 잔뜩 추켜세우자 천성이 순한 항우가 기분이 좋아 말했다.

"동생의 신분이 된 이상 동생을 토벌하지는 않겠다."

이윽고 양자의 회담을 축하하는 연회가 벌어졌다. 이때도 범증은 몇 번이나 항우 쪽으로 눈을 돌리며 허리에 찬 칼을 집어올려 죽이려고 기도했다. 그러나 항우는 취해서 기분이 좋을 뿐이었다.

그 동안 유방은 손을 씻으러 간다고 자리를 떠서는 그대로 뒷문으로 도망쳐 버렸다.

유방이 자리를 뜨자 기분을 망쳐 버린 항우가 말했다.

"유방은 어찌 됐느냐. 용변이 너무 길구나."

그러자 뒤에 남아 있던 유방의 신하들이 말했다.

"항우님이 환대해 주셔서 예의없이 많이 마셔 몹시 취해 지금쯤 어디에선가 골아 떨어졌을지도 모릅니다."

이 말에 범증은 유방이 그 자리의 공기가 심상치 않음을 알고 도망쳤음을 알았다.

'쫓아가도 이미 늦었다.'

이렇게 생각한 범증은 일이 되어가는 낌새를 전혀 알지 못하는 항우를 보고 한탄했다.

"이런 풋나기와는 함께 일을 못하겠구나. 이번에 항우가 천하를 반
드시 패궁(유방)에게 빼앗길 것이다."

203

승자는 마음을 이기는 길 《논어》

공자의 제자 복자천이 노나라 고을 단보를 다스리고 있을 때의 일
이다. 그때 유약이 놀러왔다가 자천을 보고는 깜짝 놀라며 말했다.
"자네 웬일인가? 이렇게 야위었으니……."
"왕께서는 내가 능력이 부족한 것도 모르시고 단보를 다스리는 중
책을 맡도록 했다네. 그래서 일을 하다 보니 할 일이 너무 많아서
그것이 걱정되어서 그렇다네."
이 말을 듣고 유약은 어이가 없었다.

"옛날에 순 임금은 밤낮 거문고 가
락 속에서 시를 읊으면서도 백성들의
불평 불만을 해소하고 백성들을 풍요
롭게 했는데, 그래 자네는 걱정으로
그렇게 말랐다니, 만약 천하라도 다스
린다면 어떻게 되겠는가? 너무 억척
떨지 말고 음악이라도 즐겨 보게."
한번은 공자의 제자인 자하가 동문
인 증자를 만나 말했다.
"자네 요즈음 살이 많이 올랐군."
"싸움에 이겼거든."
"싸움에 이기다니?"
"선생님 앞에서 강의를 들으면 그것
이 정말인 것 같고, 밖에 나가 부귀한

자가 즐기는 것을 보면 그것이 참인 것 같았거든. 그래서 이 두 가지가 내 마음속에서 싸우고 있었지. 그런데 아직 승부가 나지 않았을 때는 그 때문에 몹시 야위었었어. 그러나 지금 비로소 선생께서 말씀하신 것이 진짜 영예인 줄 알게 되었네. 그래서 이렇게 살이 쪘다네."

하고 증자가 대답하며 껄껄 웃었다.

204

선심으로 끌고 침입한다 《설원》

위(衛)나라에 이웃 대국인 진(晉)나라의 지백으로부터 전갈과 함께 보석 선물이 전달되었다.

'우리 진나라는 위왕에게 경의를 표하고 우호관계를 수립하기 위해 수백 마리의 말을 선사하고자, 그 예고로서 우선 보물을 보내 드립니다. 부디 거두어 주시기 바랍니다.'

그러자 위왕은 크게 기뻐하며 신하를 불러 축연을 베풀었다. 위는 소국으로 진과는 국력이나 땅의 넓이에 있어 비교가 안 되었다. 그런데 그와 같은 대국으로부터 인사를 해 온 것이므로 기뻐한 것도 무리가 아니었다.

신하들은 입을 모아 축하의 말을 했다. 그런데 남문자(南文子)라는 신하가 축하의 말은커녕 이렇게 간했다.

"까닭도 없이 선물을 보내고, 공적이 없는데 상을 내리는 것은 모두가 화의 조짐입니다. 진과 우리 위와의 국력으로 논한다면 이쪽에서 해야 할 것을 저쪽에서 해 왔습니다. 이것은 마음을 놓아서는 안 된다는 징조입니다."

"과연 그렇겠구나."

남문자의 말에 위는 곧 국경을 수비했다.

사실 이 선물은 진의 모략이었다. 지백은 우선 보석을 보내 안심시키고, 이어서 군마도 선물하겠다고 한 다음에 단번에 위나라를 쳐들어가려고 했던 것이다.

그래서 뜻대로 되었겠거니 하고 국경 가까이까지 말을 진군시켜 온 지백은, 수비가 튼튼한 것을 보고 속셈이 들여다보인 것이라 깨닫고 군을 되돌렸다.

205

동풍이 말 귀를 스치는 마이동풍 《후한서》

이태백의 친구 중에 왕십이라는 자가 '차가운 밤에 홀로 술잔을 기울이며 느껴움이 있노라'는 시를 지어 보냈다. 그래서 이태백도 그에 답하는 뜻으로 '자네처럼 고결하고 뛰어난 인물이 세상에 용납되지 않는 게 당연하다'고 위로하며 장시를 지어 보냈다.

'시속(時俗)을 보아하니 닭싸움 솜씨가 뛰어나야 천자의 총애를 받아 대로를 활보하며, 오랑캐의 침공을 막는 데 사소한 공이라도 세워야 최고의 충신 행세를 하는 세상이다. 그런데 자네나 나나 그런 짓은 못하며 북창(北窓)에 기대어서 시를 읊을 뿐이니 걸작을 써 본들 한 잔의 물만도 못하다.'

세상 사람들은 그를 듣고 모두 머리를 저으며 마치 동풍(東風)이 말의 귀에 불어치는 격이라고 말했다.

206
·

사냥개가 죽는 이유 《장자》

한 사냥꾼이 냄새를 잘 맡는다는 사냥개와 사냥감의 길목을 잘 잡는 똥개를 함께 데리고 사냥을 갔다. 그러자 멧돼지 냄새를 먼저 맡은 사냥개가 쏜살같이 달려가 꿀꿀거리는 사냥감을 보고 짖어댔다. 그래서 사냥꾼과 똥개가 달려갔다. 가서 보니 사냥개는 멀찍이 서서 짖기만 하고 있었다. 그렇게 짖어대니 멧돼지는 도망을 칠 수 있었다. 그러자 똥개가 달려가 사냥감의 목을 물고 늘어져 그 멧돼지는 달아날 수가 없게 되었다. 그때야 겨우 헐떡이면서 올라온 사냥꾼은 불질할 곳을 정하고 멧돼지를 향해 총구를 겨누었다.

멧돼지와 똥개가 사투를 벌이고 있는데 사냥개는 여전히 짖기만 하고 한 발 나갔다가는 두 발 뒤로 물러나는 짓만 거듭하고 있었다. 그러자 사냥꾼이 두 발의 총을 쏘았다. 한 발은 사냥감에 명중시켜 똥개를 구했고, 나머지 한 발은 사냥개의 정수리를 맞혔다. 멧돼지를 사냥개 덕으로 만났지만 똥개가 없었더라면 그 사냥감은 도망쳤을 것이고 포수는 헛힘만 쏟았을 것이라고 생각한 것이다.

냄새 맡는 재주의 덫에 걸린 사냥개는 멧돼지만 무서워할 줄 알았지 포수의 총구가 자기를 죽일 거라는 생각은 못했던 것이다. 이처럼 재주는 한 가지는 알 수 있어도 전체는 모른다.

207
·

철옹성 같다는 금성탕지 《한서》

전국의 난세를 통일하고 대제국이 된 진(秦)나라도 시황제(始皇帝)가 죽고 2세 황제가 등극하자 토대가 흔들리기 시작했다. 그래서 여러 곳에 잠복되어 있던 전국시대 6강국의 종실(宗室)과 유신(遺臣)들이 진나라를 타도하려고 일어섰다.

그 무렵 무신(武臣)이라는 자가 조(趙)나라의 묵은 영토를 휩쓸고 봉기하여 스스로 무신군이라 일컬었다.

이를 본 괴통이라는 논객이 현령(縣令)인 서공에게 아뢰었다.

"지금 나으리께선 매우 위험한 처지에 계십니다. 그러나 소인의 말씀을 받아들여 주신다면 전화위복(戰禍爲福)이 될 수도 있습니다."

서공은 놀라 물었다.

"어째서 위험하단 말이오?"

"나으리께선 현령이 되신 지 10년이 되셨습니다만, 그 동안에 진나라의 형벌이 가혹한 탓으로 백성들이 진나라를, 아니 직접적으로는 나으리를 원망하고 있습니다. 그런데 진나라의 위엄이 오늘날처럼 몰락하고 보니, 백성들은 이제야말로 나으리를 죽여 원한을 풀고 공명을 떨치려고 벼르는 참이옵니다."

"그렇다면 어쩌면 좋겠소?"

이에 괴통이 서공에게 다가앉으며 대답했다.

"소인이 나으리를 대신해서 무신군을 만나 투항해 오는 현령들을 우대하도록 설득시키겠소이다."

"무슨 수로 그렇게?"

"여러 군현(郡縣)들을 일일이 무력으로써 침공하려면 희생이 막대할 것이므로 투항해 오는 현령들을 깍듯이 대접하도록 하는 게 상책이라고 설득시키렵니다."

"흐음…… 과연 설득이 될까?"

"되고말고요. 가령 현령을 소홀히 다룬다거나 혹은 생명의 위협을 느끼게 한다면, 여러 군현마다 죽기를 각오하고 성곽을 굳건히 지킬 것이니, 그야말로 끓는 못물(湯池)에 에워싸인 강철 성(金城)이나 같을 거라고 타이르면 될 것이옵니다."

서공은 기꺼이 괴통을 무신군에게 보냈다. 그러자 무신군이 괴통의 말을 합당하게 여겨 생각하고 범양(范陽) 현령 서공을 맞아 우대하는 한편, 여러 군현에 투항을 종용하는 사신을 보내니 화북에서만도 투항해 온 군현이 30여 성이었다.

208

할 일을 할 뿐이라는 묵자 《묵자》

묵자는 무척이나 가난했지만 사람들에게 정의를 설하고 착한 마음을 가지라고 가르쳤다. 그러나 때가 전국 난세여서 묵자의 가르침에 귀를 기울이는 자가 많지 않았다. 이를 보다 못한 어떤 사람이 하도 딱해서 묵자에게 충고했다.

"아니, 지금이 어떤 때인데 정의를 말하고 착하게 살자고 합니까? 그게 통할 것 같소? 당신 혼자만 열을 올리고 있는 것이오. 아무 효과도 없다는 것을 당신은 그렇게도 모른단 말입니까? 세상에서는 모두 당신을 돌았다고 합니다."

"그래요? 그러면 한 가지만 묻겠소. 당신의 하인 중의 한 사람이 당신 앞에서는 열심히 일하지만 당신이 보지 않는 곳에서는 게으름을 피운다고 합시다. 그리고 또 한 사람은 당신이 보든 안 보든 열심히 일한다고 합시다. 그때 당신은 어느 하인을 더 소중히 여기겠습니까?"

"그야 물론 보나 안 보나 열심히 일하는 하인을 더 소중히 여기겠지요."

"어허, 그러면 당신은 머리가 돈 사람을 소중히 하는군요."

209

흥정은 이루고 봐야 《전국책》

여자를 좋아하는 회왕은 당시 남후와 정수라는 두 미녀를 총애하고 있었다. 거기에 눈을 돌린 장의가 어느 날 회왕과 회견을 했다.

"왕께서는 저를 쓰실 생각이 없는 것 같사오니, 허락해 주신다면 이제는 진나라로 가 볼까 합니다."

"알아서 하게나."

"그러시다면 뭔가 필요하신 것은 없습니까?"

"우리 나라에는 황금과 옥, 비취, 코끼리 등 뭐든지 있네. 필요한 것은 없어."

"여자도 필요없으시다는 겁니까?"

"여자라?……."

"진나라 여자들의 아름다움이란 마치 선녀가 내려온 것과 같습니다."

"우리 나라에는 그와 같은 미인과는 인연이 없어. 꼭 한번 그런 여자를 품어봤으면 했지만……."

회왕은 미인이라는 말을 듣자 귀가 번쩍 뜨였다. 그래서 당장 장의에게 많은 돈을 내주면서 미인을 데려오라고 했다. 이 이야기를 듣고 남후와 정수는 안절부절 마음이 불안했다. 그런 미녀를 데려오면 자기들은 당장 퇴물이 되기 십상이기 때문이었다. 그래서 남후는 곧 장의에게 사람을 보냈다.

"곧 진나라로 가신다는데, 여기 금 천 근이 있습니다. 노자에 보태 쓰십시오."

그러자 정수 역시 잘 부탁한다면서 금 5백 근을 보내왔다. 장의는 챙길 것을 다 챙긴 다음 회왕을 찾아가 이별을 고했다.

"모든 나라가 왕래를 매우 엄하게 통제하고 있으므로 언제 또 뵈올지 모르겠습니다. 그래서 이별주나 한잔 얻어 마실까 해서 찾아왔습니다."

"좋지. 앉게나."

회왕은 장의에게 의자를 내주었다. 장의는 기회를 보다가 적당한 때에 말문을 열었다.

"두 사람만이 대작을 하니 좀 쓸쓸하군요. 아무나 마음에 드시는 분을 불러서 흥을 돋우는 것이 좋을 것 같습니다."

"하긴 그렇군."

회왕은 남후와 정수를 불러 술을 따르라고 했다. 그러자 장의가 놀란 듯한 표정으로 공손하게 말했다.

"송구스런 짓을 범했습니다."

"무슨 말인가?"

"여러 나라를 다녀 보았지만 이 두 분만큼 아름다운 여자를 본 적이 없습니다. 그런 줄도 모르고 미인을 데려온다고 했으니 정말 송구스럽기 짝이 없습니다."

"괜찮네. 실은 나도 천하에 이 두 사람만한 미인은 없을 거라고 생각하고 있었네."

이렇게 해서 장의는 밑천도 안 들이고 공짜로 돈을 듬뿍 쥐게 되었다. 더구나 회왕도 납득하게 되었고 두 미녀도 만족하게 되었으니 이 얼마나 뛰어난 흥정인가.

장의는 나중에 국제정치 무대에 올라서도 종종 이와 같은 방법으로 흥정에 성공하여 책사로서 크게 이름을 떨쳤다.

210

부하를 믿고 천거한 사람 《한비자》

조나라의 지방장관 왕등(王登)이 주군 양자에게 인물을 상신했다.

"중모에는 중장(中章)과 서이(胥己)라는 고결한 인물이 있습니다.

덕행과 학문이 모두 뛰어난 분들이므로 불러다가 등용하시는 게 좋을 듯싶습니다.”

“그런가? 그대가 천거하는 사람이라면 틀림없겠지. 알았네, 중대부(中大夫)로 등용하지.”

그러자 나이 든 신하가 간했다.

“중대부는 중직입니다. 비록 인격과 학문이 뛰어나다고 해도 아무런 공도 없이, 더욱이 한번도 본 적이 없는 사람에게 그런 중직을 맡긴다는 것은 좀 성급한 일이 아니겠습니까? 직접 인견해 보시고 충분히 생각해 보심이 마땅한 줄로 아뢰옵니다.”

그러자 양자가 말했다.

“내가 왕등을 등용할 때 그에 대한 소문을 듣고 인견하여 충분히 관찰한 다음에 채용했다. 그런데 예상대로 그는 성실하고 유능한 사람이었다. 나는 그의 사람 보는 눈을 믿고 있다. 그런 그가 천거하는 것이니 틀림없으리라 믿고 있다. 그러니 굳이 내가 확인할 필요는 없을 것 같다.”

왕등은 그날로 두 사람을 데리고 왔으며 양자는 그들을 중대부에 임명했다.

211
·

양 가죽 천 개가 한 개의 여우 가죽 《사기》

전국시대 진(晉)나라의 공손앙(公孫鞅)은 효공(孝公)을 도와 많은 공을 세웠다. 진나라를 부강한 나라로 일으킨 것도 공손앙의 공이었다. 그래서 효공은 공손앙에게 상(商)지방의 열다섯 읍을 주고 상앙(商鞅)이라고 불렀다.

상앙은 나라를 부강하게 하고 군사를 강하게 하여 나라가 강해지기는 했으나 법률이 너무 엄해서 그에 대한 원한을 품고 있는 사람이 많았다.

그때 조양(趙良)이라는 사람이 있었는데 상앙이 이 조양과 사귀려고 했다. 그런데 조양이 거절하면서 말했다.

"공자도 말하기를 슬기로운 사람을 천거하면 그 사람이 그 자리를 잘 지킬 수 있어도 슬기롭지 못한 사람을 모아들이면 그 자리를 잃게 된다고 했습니다. 당신은 슬기롭지 못한 사람이니 더불어 사귀지 않는 것이 좋을 것입니다."

"당신은 내가 진나라의 재상이 된 것이 못마땅한가 보군요."

"옛날 순 임금은 겸손할수록 높아진다고 했습니다. 그대로만 하시면 됩니다. 그러니 물으실 것이 없습니다."

"나는 진나라를 이만큼 만들어 놓았소. 내가 한 일이 전날 유명한 재상이었던 백일해(百日奚)와 비교해서 어떠하오?"

"천 마리의 양가죽은 한 마리의 여우의 겨드랑 밑만 못하고 천 사람이 덮어놓고 좋다고 하는 것은 한 사람의 바른말에 미치지 못합니다. 전날 주(周)나라의 무왕은 바른말을 받아들여 번영한 반면 은(殷)나라의 주왕은 바른말을 막았기 때문에 망했지요. 당신이 만약 이 도리를 알고 싶어하신다면 내가 혹시 바른말을 하더라도 나를 죽이지 마시길 바랍니다."

상앙은 조양에게 그러겠다고 했다.

조양은 백일해가 얼마나 훌륭했던가를 설명한 다음 상앙의 하는 일이 너무 가혹해서 많은 사람들이 원망하고 있다는 것을 일러주었다. 그러니 지금이라도 물러나서 성명을 보전하는 것이 좋겠다고 말했다. 그러나 상앙은 조양의 말대로 하지 않았다.

그러던 어느 날 상앙이 의지했던 효공이 돌아갔다. 그리고 상앙을 미워하던 혜왕(惠王)이 왕이 되었다. 그러자 혜왕이 상앙을 미워하는 사람들의 참소에 따라 상앙을 극형에 처하고 말았다.

212

서로의 사정을 보고 행동한다 《한비자》

초나라가 오나라 군대와 3백 리쯤 떨어져 대진하고 있을 때이다. 계속 퍼붓는 비로 쌍방이 모두 움직일 수 없다가 열흘째 밤이 되자 겨우 날이 개어 별이 보였다.

그러자 좌사인 의상(倚相)이 초나라 장군에게 말했다.

"비가 열흘 동안이나 내려 꼼짝할 수 없었다는 것은 그 동안 적도 충분히 휴식을 취했다는 것입니다. 오나라 군사가 밤에 기습해 올 것임에 틀림없습니다. 이를 대비해 두심이 좋을 것 같습니다."

그래서 진형을 정비하고 있는데 과연 오나라 군사가 공격해 왔다. 그런데 초군이 정연한 것을 보고는 그대로 되돌아갔다.

그러자 의상이 말했다.

"이번에는 이쪽에서 추격할 때입니다. 적은 6백 리를 왕복했기 때문에 지금쯤은 아마 쉬거나 식사를 하고 있을 것입니다. 우리 쪽은 3백 리만 가면 되므로 피로의 정도가 다르니 때는 바로 이때입니다."

그래서 마침내 초군이 오군을 추격하여 그들을 쳐부수었다.

213

전쟁을 수행하려면 《육도》

무왕이 태공에게 자문했다.

"왕자가 군대를 통솔하려면 반드시 수족이나 우익이 되어 보좌하는 신하가 있어야 비로소 신통한 위력을 발휘할 수 있는데, 그러려면 어떻게 해야 좋습니까?"

이에 태공이 말했다.

"모든 군대를 움직이는 것은 장군의 명입니다. 그 명은 만사에 통달하는 데에 있습니다. 오직 하나의 술(術)만을 지키는 것이 아니라, 임기응변(臨機應變)으로 부하의 재능에 따라 직무를 주고, 각자의 장점을 취하여 적재를 적소에 등용하며, 때의 정세에 따라 자유자재로 변화시켜 군의 기율(紀律)을 세우는 것입니다. 그러므로 대장에게는 수족도 되고 우익도 되어 보좌하는 신하가 72인이 있어서 천도(天道)의 72후(候)에 따르는 것입니다. 법칙에 따라 72인의 수를 갖추고, 천명의 이법(理法)을 상세히 살펴서 알고, 여러 가지 재능이나 기술이 있는 자를 망라해 등용해야 비로소 만사가 완비되는 것입니다."

이에 무왕이 또 물었다.

"그렇다면 그 세목(細目)을 자세히 듣고 싶습니다."

그래서 태공이 장황하게 늘어놓았다.

"먼저 마음으로 복종하는 사람을 둡니다. 그의 직무는 계획을 수립하여 돕게 하고, 급변하는 상황에 응하고 천문(天文)을 관측하여 이변을 해소하고, 모든 계획과 책략을 총괄하여 백성의 생명을 보전하는 일을 주관합니다.

그리고 지모(智謀) 있는 사람을 다섯 둡니다. 그들은 항상 안녕과 위험을 생각하고 일이 일어나기 전에 갖가지의 생각을 하고, 병(兵)의 행동이나 재능을 논의하고, 상벌을 분명히 하고 관위(官位)를 주고, 협의를 결정하는 등 논공행상을 행합니다.

또 천문에 달통한 사람 셋을 둡니다. 그들은 별의 현상과 역수(曆數)를 관측하고 바람의 방향이나 기후의 순역(順逆)을 보고, 시일(時日)을 추정하고, 그날의 길흉을 고찰하고, 천재이변을 살피고, 하늘이 움직이는 기미를 알아내는 일을 관장합니다.

다음은 땅의 고저와 광협 등의 상태에 능통한 사람 셋을 둡니다.

그들은 삼군(三軍)을 나아가게 하고 멈추게 할 만한 지세(地勢)의 판정(判定)과 그 장소의 해로움과 유리함, 멀고 가까운 것과 지세의 험난함과 평탄함, 물의 깊이나 산의 험준함 등을 조사하여 지형의 이로움을 잃지 않도록 하는 일을 관장합니다.

또 병법에 밝은 사람 아홉을 둡니다. 그들은 형세의 같고 다름을 논의하고, 일이 성취될 것인가 실패할 것인가를 생각하고, 병기를 선정하고 군율을 위반한 자를 검거하는 일을 관장합니다.

또 군량 수송관 네 사람을 둡니다. 그들은 음식물의 필요한 양을 미루어 헤아려 예비 식량을 비축하고, 군량의 수송로를 확보하여 곡물을 운반하고, 삼군의 군량이 모자라지 않도록 하는 일을 합니다.

다음은 위무(威武)에 뛰어난 사람 넷을 둡니다. 그들은 병사들 중 재능과 역량이 있는 사람을 선택해 무기나 갑주(甲胄) 등의 적부(適否)를 논하고, 기회를 보아 전광석화와 같이 기습 공격하되 어디에서 공격하는가를 적이 알아채지 못하도록 합니다.

또 정찰기습대장(偵察奇襲隊長) 셋을 둡니다. 아군의 표식인 깃발이나 종, 북 따위를 감추고 눈과 귀를 곤두세워 적의 정보를 모으고, 할부(割符) 따위를 위조한다든가 암호를 도용하여 거짓으로 호령(號令)을 발한다든가 하여 적을 혼란에 빠뜨리고, 또 어둠을 이용해 신출귀몰하는 기습 공격을 감행하는 등의 일을 합니다.

또 팔다리와 같은 사람 넷을 둡니다. 그들은 힘들게 참호를 구축하거나 성벽이나 보루를 정비하는 등 수비에 만전을 기하는 일을 합니다.

또 지략이 뛰어난 사람 둘을 둡니다. 이들은 장군의 생각이 미치지 못하는 점을 수습하고 과실을 보완하며, 외국 사신을 응대하고 여러 가지를 의논하고 절충하여 국가의 환난이나 분쟁을 해결하는 일을 주관합니다.

또 권모(權謀)에 능한 사람 셋을 둡니다. 그들은 기계(奇計)를 세우고 특이한 수단을 써서 남이 알아채지 못하도록 임기응변의 계책을 세우는 일을 담당합니다.

또 귀와 눈의 구실을 할 사람도 일곱을 둡니다. 그들은 여러 곳으로 다니면서 세간의 풍설을 듣고, 세상 돌아가는 형편을 주의 깊게 살펴보고, 사방의 사정이나 군중(軍中)의 동태를 관찰하는 일을 담당합니다.

그리고 손톱이나 이빨에 해당하는 사람을 다섯 둡니다. 그들은 군의 위세나 무용(武勇)을 고양하고 삼군을 격려하며, 어려움을 무릅쓰고 적의 정예병을 공격하면서 의심하는 마음을 품거나 우물쭈물하는 자가 생기지 않도록 하는 일을 담당합니다.

또 수족과 같은 사람 넷을 둡니다. 그들은 우리 군의 명성을 들추어 빛나게 하여 먼 나라들에게까지 울려 퍼지게 하고, 사방의 국경을 동요시켜 적의 투지를 약하게 하는 일을 합니다.

그리고 유세하는 사람 여덟을 둡니다. 그들은 적의 내우(內憂)나 일의 변화를 살펴 자신있는 변설로 인심을 동요하게 하고, 적의 의향을 관찰하여 간첩 활동을 하는 일을 합니다.

또 방술(方術)하는 사람도 둘 둡니다. 그들은 주문을 외우고 신에게 고하는 등의 행사로 적국의 많은 사람들의 마음을 미혹시키는 일을 합니다.

또 의약을 다루는 사람은 셋을 둡니다. 이들은 갖가지 약을 조제하여 상처를 치료하고 모든 병을 고쳐 주는 일을 담당합니다.

그리고 회계관도 두 사람 둡니다. 여기서는 전군의 진영 수축비와 양식의 많고 적음과 재화의 들고 나는 것을 계산하는 일을 합니다."

214
·

나라가 기우는 것을 안 고완 《십팔사략》

후위(後魏)의 세종 무제(武帝)가 죽고 여섯 살밖에 안 된 익(翊)이 왕이 되었다. 왕이 너무 어려서 그 어머니인 호(胡)씨가 나라 일을 총찰했다. 그런데 호씨는 음란한 여자여서 궁궐 안의 풍기가 말이 아니었다. 그러다 보니 누구도 어린 왕의 교육에 신경을 쓰지 못했다.

이러한 환경에서 자란 어린 왕은 커서도 정치 같은 것은 돌볼 생각도 않고 사냥만 다녔다. 그래서 후위가 차츰 망해 갈 징조가 보이기 시작했다.

이런 꼴을 보다 못한 장이 장군의 아들 중우가 권세를 믿고 횡포하기 짝이 없는 무인들을 억누르고 관기를 바로잡을 것을 왕에게 아뢰었다.

그런데 이 일이 무인들의 귀에 들어갔다. 그러자 분격한 근위병 천여 명이 장이 장군의 큰아들 시균이 일보고 있는 상서성으로 가서, 돌맹이와 기왓장을 던져 성문을 부수고 다시 장이 장군의 집까지 몰려가 불을 질렀다. 그래서 장이 장군과 시균은 불타 죽고 중우는 겨우 도망했으나 중상을 입었다.

대낮에 낙양 복판에서 일어난 큰 사건이었다. 그런데 조정에서는 주모자 여덟 명을 잡아 참형에 처했을 뿐 사건을 어물어물 넘겨 버렸다. 왜냐하면 실력이나 권위가 땅에 떨어진 조정이 사건을 엄중히 다룰 만한 힘을 상실했기 때문이었다.

이때 회삭진이란 변방에서 벼슬아치 노릇을 하던 고환이 나라 꼴

을 보고 느낀 바가 있어 집으로 돌아가 가산을 모조리 팔고 친척과 아는 사람들을 불러 큰 잔치를 열었다.

이를 보고 손님들이 너무도 이상해서 그 까닭을 물었더니 고환이 말했다.

"미래가 어지럽고 무질서한 나라에서 재산을 가지고 있은들 무슨 소용이 있겠습니까? 언제 어디서 폭도들에게 빼앗기게 될지 모르는

상황이지 않습니까?"

　고환은 평소에 침착하고 의협심도 강한 사람이었다. 그래서 그가 그렇게 말하는 것을 듣고 사람들은 모두 암담한 생각이 들었다.

　이리하여 북위는 차차 쇠잔해져서 마침내 동위(東魏)와 서위(西魏)로 갈렸는데, 여기서 고환이 한몫을 해냈다.

215
·

속을 보여주지 않는 것 《장자》

　어느 날 장자가 제자들에게 말했다.

　"흐르는 물은 속을 보여주지 않는다. 그러므로 그 속을 들여다볼 수가 없다. 그러나 흐름을 멈춘 물은 속을 숨김없이 보여준다. 그래서 누구나 물 속을 들여다볼 수가 있게 된다. 물 속의 하늘도 보이고 구름도 보이고 나무도 보이며 돌도 보이고 수초도 보인다. 이처럼 멈춘 물은 모든 것을 보여준다. 사람도 멈춘 물처럼 된다면 제가 제 속을 들여다볼 수 있게 된다. 사람 역시 살아가면서 속이 차기 때문이다. 그러나 덜된 사람은 언제나 철없이 속이 비어서 아무 일에나 콩콩거리고 씩씩거리면서 흐르는 물처럼 멈출 줄을 모른다. 이렇게 빈 수레처럼 요란만 떨면서 덜된 사람은 제 속을 제가 몰라도 된다고 믿어 버린다. 그러나 된 사람은 제 속을 스스로 남몰래 들여다볼 줄을 안다는 말이다. 그렇게 하면 제 마음이 스산한지 고요한지를 알게 되고 마음이 스산하면 제 마음을 진정시키려 하고 마음이 고요하면 자신이 자신을 들여다보게 된다. 그럴 때 사람은 저절로 영글어 속이 차게 된다.

　고요한 마음속을 들여다보면 멈춘 물 속처럼 거울이 되어 제 모습을 보게 되고 제가 지은 밝은 곳이나 어두운 곳을 숨김없이 보게 된다. 그러므로 천하를 다 속여도 속일 수 없는 것이 바로 사람의 마음이다.”
　제자들은 스승의 말에 고개를 끄덕였다.

216
·
끝이 없는 주왕의 사치 《십팔사략》

　악덕 군주의 대표적인 인물로는 하나라 걸왕과 은나라 주왕을 들
고 있다. 은나라 주왕은 강의 민첩(剛毅)하고 완력이 뛰어났으며, 또
머리도 탁월했기 때문에 콧대가 높았다.
　워낙 사치를 좋아하던 주왕은 미녀 달기(妲己)를 맞이하면서부터
더욱 사치에 빠져 주지육림 속에서 밤낮을 방탕하게 지냈다. 그런
주왕이 처음으로 상아 젓가락을 만들게 했다는 말을 듣고 기자(箕
子)가 한탄하며 말했다.
　“왕은 상아로 젓가락을 만들게 했다. 그렇게 되면 밥그릇도 질그릇
으로는 안 되겠다 하여 옥으로 만들 것이 분명하다. 상아 젓가락과
옥 밥그릇이 평상시의 식기가 된다면 식사도 그에 걸맞아야 한다.
그러다가는 옷은 비단으로, 집은 금전옥루(金殿玉樓)로 지어야 하고
가마나 말도 치장을 해야 하는데 사치만 점점 더해 갈 것이다. 그렇
게 되면 천하의 부귀를 다 합해도 모자랄 정도가 되지 않겠는가.”
　기자의 한탄이 마침내 현실로 나타나서 주왕의 폭정과 착취는 점
점 더 심해졌다. 따라서 백성들의 원성이 높아져 급기야는 주나라
무왕에 의해 망하고 말았다.

217

과정도 중요하지만 결과도 중요 《사기》

한나라 고조는 젊었을 때 집안 살림이나 일에는 전혀 관심이 없고 오직 주색에 빠져 살았다. 이와는 반대로 그의 형은 근면하고 정직했으며 항상 생활에 충실했다.

고조가 천하를 통일하여 천자가 된 뒤에 미앙궁(未央宮)에서 큰 잔치를 베풀었다. 고조는 아버지인 태상황(太上皇)에게 옥배를 올리며 말했다.

"옛날 아버지께서는 저에게 언제나 '버릇이 없고 집안 일에는 조금도 생각이 없는 못된 놈이다. 네 형을 본받도록 해라'고 말씀하셨습니다. 그런데 지금 제가 이룩해 놓은 일과 형이 한 것을 비교하면 누가 더 나은가요?"

218

마음은 자를 수 없다 《장자》

어느 날 장자가 한 나그네에게 말했다.

"도둑질을 하면 손을 잘라 버리고 역모를 꾸미면 발을 잘랐던 때가 있었다. 손이 없어지면 도둑질을 못할 것이고 발이 없어야 역모꾼을 모아서 반역을 도모할 수 없다고 믿었기 때문이다. 그러나 마음이 도둑질을 하면 그 마음을 자를 수 없고 마음이 역모를 하면 그 발을 자를 수 없다. 왜냐하면 사람의 손이나 발은 법이 자를 수 있어도 사람의 마음은 법이 잘라낼 수 없기 때문이다.

도둑 백 명을 잡아 놓고 '너희들은 모두 도둑이다'고 하면, '예, 그렇습니다'라고 승복하는 일이란 없다. 가장 핑계가 많은 것이 바로

도둑질인 까닭이다. 도둑질이란 처녀가 애를 배도 할말이 있다는 것을 상식으로 믿는 까닭이다. 도둑은 모두 다 잡힌 것이 어울하다고 탓하게 마련이다. 도둑질한 손을 잘리지 않으려고 변명을 늘어놓아야 하기 때문이다.

좀도둑이 소도둑 된다는 말이 있다. 이는 손어 커져서 그렇게 되는 것이 아니라 도둑질하는 마음이 커져서 그렇게 된다. 큰 도둑이 되면 손에 장갑을 끼고 어디 하나 지문을 남기질 않는다. 도둑은 증거가 없으면 법이 손을 잘라내지 못한다는 신념을 이상으로 삼으면서 도둑질은 당연하다고 믿는다. 그러므로 큰 도둑은 제 마음을 제가 도둑질해 버린다. 그래서 손이 큰 도둑일수록 도둑이라는 것을 모르고 손을 잘라 놓으면 손이 잘렸다고 아우성치면서 자기는 잘못이 없고 오로지 세상 탓으로 돌리는 변명을 늘어놓는다. 세상이 바로 도둑의 소굴이라는 것이다.

정치는 정치적으로 도둑질을 하면서 정치적으로 변명을 하고, 사회는 사회적으로, 경제는 경제적으로, 그리고 문화 역시 문화적으로 도둑질을 하면서 문화적으로 변명을 한다. 그러므로 감옥에 잡혀온 도둑이 재수가 없어서 잡혀왔다고 변명을 해도 그 도둑은 마음 아파하지 않는다. 이를 두고 돼지의 눈에는 돼지만 보이고 도둑의 눈에는 도둑만 보인다고 말한다. 이런 도둑의 소굴에서 누가 나는 도둑이 아니라고 할 수 있겠는가."

219
·

인걸의 삶은 물과 같다 《사기》

위나라에 박희라는 아리따운 여인이 있었다. 그녀의 어머니는 진나라에 멸망되기 전까지는 위나라 공주였는데, 나라가 망하자 평민이 되어 그 뒤로 박희를 낳았다. 유방이 형양(滎陽)에 진을 치고 초나라 항우와 천하를 다투고 있을 무렵이었다.

한나라가 초나라와 한패가 된 위나라를 공격해서 멸망시키자, 박희의 운명이 바뀌었다. 그래서 어제까지 위나라 왕의 총애를 받던 그녀가 하루아침에 베짜는 여자가 되어 한나라의 직물공장에서 일을 하게 되었다.

그러던 어느 날 이 공장에 유방이 왔다가 박희를 보고 아름다움에 반해서 후궁으로 맞아들였다. 그런데 어느 날 유방이 좋아하던 두 여자가 박희에 대해 이야기하는 것을 들었다. 그녀들은 전에 박희와 함께 누가 제일 먼저 마마의 총애를 받게 되는가 보자고 얘기를 했는데, 그때 박희가 가장 자신있게 큰소리를 했는데도 불구하고 아직까지도 마마를 모시지 못하고 있다고 흉을 보았다. 그 말을 듣고 박희를 가엾게 여겨 유방이 그날 밤 그녀와 잠자리를 같이했는데, 그때 일로 박희는 남자 아이를 낳게 되었다.

유방이 죽자 유방의 아내 여후는 남편이 좋아하던 여자들을 모두 유폐했다. 그런데 유방의 총애를 받지 못한 박희만은 제외되어 아들 대왕(代王)과 함께 살게 되었다. 지난날 유방에게 총애받은 여자들에 대한 여후의 보복은 잔인하기 그지없었다.

여씨 일족의 전횡이 시작되자 천하가 다시 시끄러워졌는데 그 뒤 여후가 죽었다. 그러자 박희의 아들 항(恒)이 천자가 되었는데 그가 바로 문제이다.

220
·
정치가 어려운 것인가 《정관정요》

태종이 어느 날 군신들에게 물었다.

"국가를 유지하는 것이 어려운 일인가, 쉬운 일인가?"

"극히 어려운 일입니다."

위징이 대답하자 태종이 다시 물었다.

"우수한 인재를 등용하고 그들의 의견을 잘 받아들이면 되는 것이 아닌가? 꼭 곤란하다고만 할 수는 없지 않은가?"

이에 위징이 대답했다.

"지금까지의 제왕을 살펴보십시오. 나라의 경영이 위태로울 때는 우수한 인재를 등용하여 그 의견에 귀를 기울이지만, 나라의 기반이 굳건해지면 반드시 마음이 해이해집니다. 그렇게 되면 신하도 자기만 알게 되고 왕에게 과오가 있어도 간하려 하지 않습니다. 그러다가 나라의 정치가 점점 하강선을 타고 나중에는 멸망하고 맙니다. 예로부터 성인이 '안전한 상태에 있을 때 위급함을 생각하라'고 한 것도 그 때문입니다. 나라가 평안할 때 오히려 마음을 긴장하고 정치에 임해야 합니다. 그래서 어렵다고 아뢴 것입니다."

위징은 여기서 '안전한 상태에 있을 때 위급함을 생각하라'는 말을 인용하면서 태조의 주의를 촉구했는데, 안태한 시절과 순조로운 시기에 오히려 긴장을 풀지 않고 일에 임해야 한다고 강조한 것이다.

221
·
이임보의 철권 통치 《신당서》

당(唐)나라 현종(玄宗)이 처음엔 정치를 잘 하더니 나중엔 주색에 빠져 나라가 어지러워졌다. 이럴 즈음 이임보(李林甫)가 후궁을 통해 현종을 가까이 모시다가 재상이 되었다.

그는 측근에 있는 사람들을 매수해서 자기를 왕 앞에서 칭찬하도록 하고 무슨 일이건 왕의 뜻이라면 그저 지당하다고 비위를 맞추었다. 혹 밑에서 바른말을 하는 사람이 있어도 그것이 왕에게 들어가지 못하게 했다.

그래서 이임보는 왕의 마음에 꼭 들었다. 그러던 어느 날 이임보가 어사들 앞에서 타일렀다.

"상감은 고금의 명군이시다. 그러니까 우리 신하 된 자는 상감께 굳이 여러 말씀을 드릴 필요가 없다. 궁전 앞에 서 있는 의장병의 말들을 보라. 여러분들도 저들과 같이 그저 묵묵히 서 있으면 되는 거야. 만약 쓸데없는 소리를 지껄이는 자가 있으면 용서하지 않을 테다."

이임보는 이렇게 어사들의 입을 봉해 놓았다.

그러나 세상에는 정의를 따르는 사람과 어진 선비들이 있게 마련이다.

이임보는 바른말을 하는 사람을 치켜세워 훌륭한 선비라고 하는 사람이 있으면 무엇으로라도 트집을 잡아서 죽이거나 멀리 쫓아보내거나 했다.

그래서 그때 사람들은 모두 그를 두려워했다.

"이임보는 입으로는 달콤한 말을 하지만, 뱃속에는 비수가 들어 있는 자다."

그가 한밤중에 혼자서 무엇인가 골똘히 생각하고 있던 그 다음날에는 반드시 누군가가 목숨을 잃곤 했다. 그러자 왕자까지도 이임보를 두려워했다.

이렇게 세상을 마음대로 휘두르던 이임보도 죽은 뒤에는 생전에 모반을 꾸민 일이 있다 해서 관직이 삭탈당하고 자손들은 귀양을 가고 죽은 시체까지도 차마 못 볼 일을 겪었다.

이임보가 죽은 후에는 안녹산(安綠山)이 반란을 일으켰다.

222

전쟁에서 이기는 네 가지 조건 《오자서》

어느 날 무후(武候)가 오기에게 물었다.

"병사를 다루는 데 있어 가장 중요한 것은 무엇이오?"

"예, 사경(四輕)과 이중(二重), 일신(一信)을 장악하는 일입니다."

"그것은 무슨 뜻이오?"

"예, 지거인마(地車人馬), 이 네 가지 조건을 틈새없이 만들어 주는 일입니다. 즉 지(地)는 말을 가볍게 느끼고 말은 수레를 가볍게 느끼고 수레는 사람을 가볍게 느끼고, 사람은 싸움을 가볍게 느끼도록 해 주는 것이지요. 이것을 사경이라고

합니다. 말하자면 지형의 험준 여하를 분간하여 말을 달리게 하면 말은 쉽게 달릴 수 있고, 또 잘 먹이면 수레를 가볍게 끌 수 있습니다. 그리고 수레 손질을 잘해 두면 사람을 가볍게 태우고 다닐 수 있고, 사람에게 무기를 든든히 갖추도록 하면 전쟁에서도 어렵지 않게 행동할 수 있습니다."

무후는 고개를 끄덕이며 또 물었다.

"그러면 이중이란 무엇이오?"

"예, 그것은 진격하여 승리하게 되면 상을 내리고 후퇴하여 패하게 되면 엄한 벌을 내리는 일입니다."

"그렇겠군. 그러면 일신이란 무엇이오?"

"일신이란 한번 믿으면 그 믿음을 바꾸지 않는 상하(上下)의 신뢰

관계를 말합니다."

그 말에 무후는 비로소 안도와 자신감을 갖게 되었다.

223
·
내 앞에서는 거역하는 자가 없다 《한비자》

진(晋)나라 평공이 신하들과 술자리에서 말했다.

"군주에게는 즐거움이 없다. 다만 한 가지, 무슨 말을 해도 거역하는 자가 없다는 것이 즐거움이라면 즐거움이다."

그 말을 들은 맹인 악사 사광(師曠)이 느닷없이 거문고를 들어올려 평공 앞에 내던졌다. 평공이 재빠르게 몸을 피했기 때문에 거문고는 벽에 부딪쳐 커다란 구멍이 뚫렸다.

"사광! 무슨 짓인가?"

평공이 외치자 사광이 대답했다.

"예, 방금 어리석은 소리를 하는 자가 있었기 때문입니다."

"뭐라구? 그건 내가 아니더냐?"

사광은 하늘을 우러러보며 말했다.

"그런 소리를 어찌 사람 위에 있는 분이 할 수 있겠습니까?"

이 말에 평공은 자신을 후회했다. 그리고 좌우에 있는 수행원들이 구멍난 벽을 수리하려 하자 평공이 말했다.

"그대로 두어라. 그것을 보고 내 마음의 거울로 삼으리라."

224

스스로 따르게 해야 《한비자》

2천3백 년 전 한비자는, 백성은 다음 세 가지에 따라 움직일 수 있다고 말했다.

"현명한 왕이 정치 수단으로 삼는 것이 세 가지가 있다. 첫째는 이익이고 둘째는 권위, 셋째는 이상이다. 이(利)에 의해 민심을 끌어당기고, 권위로 명령을 지키게 하며, 이상 또는 대의명분에 의해 통일을 꾀한다. 이 세 가지가 기본이며 그 밖의 것은 부수적인 것에 지나지 않는다."

그리고 사람을 움직이게 하자면 자연의 이치에 따르면 힘들이지 않고 사람을 움직일 수가 있다고 했다.

한번은 어떤 남자가 수레를 끌고 가운데가 불룩하게 올라와 있는 다리를 건너려는데 가팔라서 올라갈 수가 없었다. 그러자 남자가 수레의 채에 앉아서 노래를 부르기 시작했다. 그러자 통행인들이 모여들어 밀고 끌고 하여 수레가 손쉽게 다리를 건너게 되었다. 이처럼 사람들의 마음을 끌어당겨 움직이게 하는 것이 최고의 전략이다.

225

위태로울수록 침착하라 《삼국지》

호탕하기로 유명한 한(韓)나라의 장군 이광(李廣)이 정예 기병 100기를 이끌고 흉노를 향해 기습 공격했을 때의 일이다.

그는 눈앞에 있는 적에만 눈이 팔려 분전하다가 흉노의 대군에게 포위되고 말았다. 그래서 용맹을 자랑하던 정예부대도 별수 없이 도망갈 준비를 했다. 그러자 이광이 그들의 앞을 가로막으며 외쳤다.

"침착하라! 정신 차려. 여기에 있는 우리 부대는 소규모인 유인부대처럼 위장해야 한다."

병사들은 그의 침착한 태도를 믿고 명령을 따랐다. 이광은 말머리를 적에게 돌리고는 말에서 내려 호령했다.

"모두 안장을 벗겨라!"

멀리서 이 광경을 지켜보고 있던 흉노군은 그 대담한 행동에 달리 무슨 술책이 있는 것으로 알고 곧 덤비지 못하고 주춤거렸다. 적이 이렇게 망설이는 틈을 타서 이광은 정예병 100여 기를 이끌고 다시 말에 올라 질풍처럼 적진을 향해 돌진해서 눈깜짝할 사이에 적장을 베었다. 장수를 잃고 허둥거리는 적을 뒤로 하고 이광은 한 사람의 희생자도 없이 돌아올 수 있었다. 이러한 이광에 대해 《사기(史記)》는 이렇게 기록하고 있다.

'복숭아나 오얏은 아무 말이 없으되, 그 꽃의 아름다움을 보기 위해 모여드는 사람으로 나무 밑에는 길이 생기지 않는가? 이광은 비록 언변은 없었으나 그 성실함과 대담성, 그리고 무용에 대해 부하들은 모두 매력을 느꼈고 사람들은 그를 존경하며 그에게서 배우고 따랐다.'

또 제갈공명은 물밀듯이 몰려오는 대적을 앞에 두고 태연히 망루에 올라가 거문고를 탔다. 그때 만약 공명의 마음에 조금이라도 공포나 당황하는 빛이 있었더라면 그가 타는 거문고 가락은 흩어져 한낱 장난으로밖에 들리지 않았을 것이다.

226

무한한 자연애 《장자》

어느 날 장자가 말했다.

"다이아몬드는 여인의 손가락에서 귀하게 대접받고 해변의 모래알

은 흔하다고 사람의 발에 짓밟혀도 된다고 여기는 것은 사람의 정이 그렇게 할 뿐이다. 오로지 사람만이 그렇게 할 줄 알 뿐이어서 다이아몬드가 있으면 도둑이 생기게 마련이고 도둑이 생기면 목숨을 해치는 칼이 빛나게 마련이다. 이것은 모두 사람의 정이 빚어내는 사람의 짓에 불과하다."

사람이 이러한 짓을 범하는 것은 사람이 자연을 잃어버린 탓이다.

사람이 자연인 것을 안다면 마음이란 창고의 문짝은 헐어져 버리고 감추어 둘 것도 없고 편애할 것도 따로 없어져 버리게 된다. 그렇다고 사람이 없어지는 것은 아니다. 사람은 자연인 까닭이다. 자연이 되어 버린 사람이 무슨 정을 쌓아서 내것 네것으로 다툴 것인가. 인간의 다툼은 모두 어디서 비롯되는가? 이는 마음을 창고로 만들어 놓고 문에 자물쇠를 걸게 하는 정에서 비롯된다. 그러한 창고를 부수어 버린 인간에게 무슨 정 따위가 있을 것인가? 그러므로 장자가 존경하는 지인은 무정한 사람이고 그는 곧 자연이다.

227

비단 옷 입고 밤길 걷는 금의 야행 《사기》

'비단 옷을 입고 밤길을 간들 누가 알아주랴'는 말은 항우의 말로 입신 출세해 고향에 돌아가지 않고는 옛 친구에게 알릴 수 없다는 인간의 심리를 나타내는 말이다.

진(秦)나라의 서울 함양을 향해 유방과 항우가 다투어 침공했을 때였다. 두 호걸의 대조적인 성격이 여실히 나타났다.

먼저 항우는 진왕의 자식인 영(嬰)을 죽이고 진나라 궁전을 불태웠다. 그리고 사흘 동안이나 타올랐다는 그 불길을 술안주 삼아 여자를 껴안고 승전을 축하했다. 또한 시황제의 무덤을 파헤쳤으며 재보(財寶)와 미녀를 차지했다.

제왕이 될 첫걸음을 스스로 무너뜨리는 거나 마찬가지인 이같은 행실을 지장(智將)인 범증(范增)이 충고했으나 듣지 않았다.

한편 약탈한 재보와 미녀를 모조리 거두어 고향에 돌아가려 하자 한생(韓生)이 그를 만류하며 말했다.

"관중(關中) 땅은 사면이 산하에 에워싸여 있어서 지세가 견고할 뿐더러 토질도 비옥하오니 이곳에다 도읍을 정하시어 천하를 제패하소서."

한편 항우의 눈에 비친 함양은 불타 버린 궁전과 황폐한 전적(戰跡)뿐이었다. 그래서 하루속히 고향에 돌아가 자기의 성공을 자랑하고 싶어서 한생에게 '금의 야행' 이야기를 했다. 그러자 한생이 항우에게서 물러나와 말했다.

"초(楚)나라 사람이란 마치 원숭이가 관대(冠帶)를 갖추어 봐도 오래 못 견디는 거와 같단 말이야."

이렇게 이죽거린 말이 항우의 귀에 들어가 한생은 당장 쪄죽임을 당했다. 결국 항우는 한때의 성공에 취한 나머지 천하를 유방에게 빼앗기고 말았다.

228

나라는 사람이 일으킨다 《십팔사략》

'정관(貞觀)의 치(治)'라고 하는 정치를 펼친 당나라 태종은 고금을 막론하고 뛰어난 명군이었다. 어느 날 치서시어사(治書侍御史) 권만기(權萬紀)가 태종에게 상소했다.

"안휘(安徽)의 선주(宣州)나 강서(江西)의 요주(饒州)에서는 은이 많이 발굴된다고 합니다. 이것을 국고로 거둬들이면 그 이익이 막대할 것입니다."

그러자 태종이 고개를 가로저으며 꾸짖었다.

"그대는 여태까지 인재 하나도 천거하지 못했으면서 오직 이익에 대해서만 말하고 있다. 나라의 터전은 사람이며, 사람이 있고 나서 나라도 있는 것이다. 그대는 나를 물욕밖에 모르는 군주로 만들 셈인가?"

하고는 그의 의견을 받아들이지 않았다.

229

어려울 때만 배알케 하는 조고 《사기》

아직 어려서 아무 것도 모르는 2세 황제를 제멋대로 움직여 강직 청렴한 신하들을 차례로 황제의 주변으로부터 추방한 환관 조고에게 눈엣가시처럼 귀찮은 재상 이사가 있었다.

"바야흐로 국가가 위급 존망에 접어들었고 폐하는 아무 것도 모르고 있는데, 재상인 당신은 왜 폐하께 간하지 않으십니까?"

조고는 이사를 실각시키려고 말했다. 그리고는 덧붙였다.

"폐하는 앞으로 조정에 납시지 않을 것이니 재상도 만나 뵙지 못할 것입니다."

2세 황제가 조정에 나오지 않는 것은 실은 조고가 꾸민 책략이었다. 그는 자신이 저지른 수많은 악행들이 신하들에 의해 황제에게 알려질 것이 두려워, 황제와 신하들 사이를 완전히 차단함으로써 국정을 제멋대로 하려고 황제에게 진언했다.

"폐하께서는 번거로운 정사에 관여하시는 것보다는 왕으로서의 즐거움이나 마음껏 누리십시오. 중대한 일은 모두 신이 알아서 처리하겠습니다."

어린 2세 황제는 조고의 말대로 조정에 나오지 않았다. 그러자 재상도 황제를 만나 볼 수가 없었다. 조고는 재상 이사에게 말했다.

"폐하께서 시간적인 여유가 있을 때 연락해 드리겠으니 그때 궁궐에 가셔서 배알하십시오."

그리고는 조고는 황제가 궁궐에서 여자들과 놀아날 때를 골라 이사에게 연락했다.

"지금 폐하께서 틈이 나셨기 때문에 만나시기를 원하십니다."

그래서 이사가 황제를 배알하러 갔다. 그러자 황제가 얼굴을 찌푸리며 소리질렀다.

"재상이란 자가 어찌하여 이럴 때만 골라 나를 만나러 온단 말인가!"

이때 조고가 기다렸다는 듯이 말했다.

"예, 그것은 그가 폐하를 업신여기기 때문입니다."

이 말에 황제는 비위가 상해 이사를 체포케 하고 일족을 주살시켜 버렸다.

230
·

같은 비운에 처하게 된 동병상련 《오월춘추》

춘추시대 오나라의 왕 합려의 신하 오자서와 백비의 이야기다.

오자서와 백비는 본래 초나라 사람이었는데 자서의 아버지와 형이 초왕에게 죽고 백비는 할아버지가 초왕의 손에 죽게 되어 두 사람이 초왕에게 원한을 품고 있었다. 그래서 초나라와 적대 관계에 있는 오나라에 머물러 있었는데, 하루는 오나라의 대부(大夫)인 피리가

자서에게 물었다.

"자네는 어찌하여 백비를 사용하는고? 내가 보기엔 그 사람은 믿을 수 없어 보이던데."

"나으리의 지나친 생각이십니다. 그 사람의 초나라에 대한 원한은 저와 마찬가지로 심각합니다. 나으리께선 하상가(河上歌)를 못 들어 보셨습니까? 병을 앓는 사람은 그들끼리 서로 애처로워하고, 근심을 같이하는 사람끼리는 서로 도우며, 놀라서 날아가는 새는 서로 모여들고, 여울 밑의 물도 모여든다고 했습니다."

"그건 그럴지도 모르겠네만, 그 사람은 거동이 거칠고 음험하니 과히 친숙하게 지내지 않는 게 좋을 게야."

"아니올시다, 나으리! 저는 근심을 같이하는 그를 믿습니다."

두 사람은 함께 힘을 합쳐 노력하기를 9년, 마침내 초나라 소왕의 군병을 무찔러 오랜 원한을 풀었다.

그런데 훗날 피리가 염려하던 일이 생겼다. 오나라가 월나라와 싸우게 되자, 두 사람은 합려의 아들인 부차를 섬겼는데, 월나라의 뇌물을 먹은 백비가 부차에게 자서를 모함하여 죽이게 하고 말았다.

231

·

끝내 믿음으로 신하를 대한다 《전국책》

제나라의 이백(李伯)이 조나라 왕을 알현했다. 왕은 그가 마음에 들어 대군(代郡)의 군수로 임명했다. 그로부터 얼마 후에 이백이 모반했다는 전갈이 있었다. 그때 왕은 식사중이었으나 그는 젓가락을 놓지 않았다.

얼마 후에 또 이같은 전갈이 있었으나 왕은 여전히 상대를 하지 않았다. 그로부터 얼마 후에 이백으로부터 보고가 들어왔다.

"제나라가 군사를 동원하여 연나라를 공격했는데, 연나라를 공격하는 체하면서 우리 조나라를 공격할 것이 염려되어 군사들을 동원했습니다. 지금 연나라와 제나라는 교전중에 있습니다. 이 기회에 불리한 쪽을 도운다면 상당한 토지를 얻을 수 있습니다."

그 이후부터 외지에 있는 벼슬아치들은, 임금이 자기를 어떻게 생각하고 있는가를 걱정하는 자가 없어졌으며 나라도 잘 다스려졌다.

232

인사가 만사다 《오자》

오자가 초(楚)나라에서 중용되기 이전의 일로 위(魏)나라의 무후(武侯) 밑에서 일하고 있을 때였다. 이때 이웃의 진(秦)나라가 50만 대군을 동원하여 쳐들어오고 있다는 급보가 들어왔다. 위나라와 진나라는 이따금씩 충돌을 하곤 했는데 이번 사태는 만만치 않았다. 무후는 어찌할 바를 몰라하며 황급히 장군 오자를 임지인 서하(西河)에서 불러들였다.

"오장군, 우리나라에는 50만에 이르는 적군을 맞아 싸울 만한 힘이 도저히 없다. 어떻게 했으면 좋겠는가?"

오자는 침착하게 대답했다.

"50만 명을 겁낼 건 없습니다. 우리 군은 5만 명만 있으면 됩니다. 그러나 종래 아무런 공적도 쌓지 못한 자들만을 모으도록 해 주십시오."

위나라에서는 전부터 엄격한 공적 평가법을 채택하고 있었다. 예컨대 싸움이 끝난 뒤의 연회에서도 세 줄로 나누어, 신분에 관계 없이 앞줄에는 최고의 공적을 올린 자를 앉히고, 다음 줄에는 보통 정도의 공적을 올린 자를 앉히고, 공적이 없었던 자는 뒷줄에 있게 하여 요리로부터 그릇까지 모든 것을 구별할 정도였다.

무후는 오자의 대답을 순간적으로 잘못 들은 것이 아닌가 하고 의아해 했다. 그러나 오자에게 있어서는 누구한테서도 평가받지 못하던 그들의 그 굴욕감이야말로 바로 그가 노리던 점이었다.

"아마도 그들은 죽음을 무릅쓰고 싸울 것입니다. 죽음을 무릅쓴 한 사람이 산으로 도망가면 1천 명의 토벌대로도 당해낼 수 없지 않겠습니까. 저는 굴욕감을 떨쳐 버리려는 5만 명을 이끌고, 죽음을 무릅쓴 힘을 발휘시켜 보려 합니다."

무후는 고개를 끄덕이고 5만 명에게 병거 5백과 기병 3천을 덧붙여 출전시켰다. 그 결과 50만의 진나라군을 격파해 냈다.

233

군주는 속이지 못하도록 해야 한다 《한비자》

진(晉)나라 공자 중이는 내란 때문에 망명하여 여러 나라를 방랑하고 있었다. 그때 신하 기정이 식량이 들어 있는 단지를 들고 수행했다.

그런데 어느 날 도중에서 길을 잃어 서로 헤어지게 되었다. 그래서 기정이 중이를 찾아 헤맸으나 도저히 찾을 수가 없고 게다가 배까지 고팠다. 그런데도 공자의 식량 단지에는 손을 대지 않았다.

마침내 중이는 귀국하여 군주가 되었다. 그가 바로 문공이다. 문공이 원(原) 지방을 공략해서 이를 탈취하고 나서 말했다.

"기정은 그렇게 배가 고픈데도 주군이 먹을 식량에 손을 대지 않았다. 이런 사람이라면 원을 맡겨도 나를 배반하는 일은 결코 없을 것이다. 원의 장관으로 보내야겠다."

그러자 신하인 혼헌이 말했다.

"아닙니다. 그 생각은 틀렸습니다. 아무리 배가 고파도 주군이 먹을 것에 손을 대지 않았다고 해서 원을 맡겨도 반란을 일으키지 않는다고는 볼 수 없습니다. 모름지기 남의 위에 서는 자는 부하가 배반하지 않는다는 것에 의지할 것이 아니라 배반할 수 없게 하는 데 의지해야 하며, 부하가 속이지 않을 것을 믿지 말고 부하가 속이지 못하도록 해 두어야 합니다."

234

명군도 시험을 받는다 《여씨춘추》

위나라 문후가 여러 신하들과 함께 잔치를 즐기다가 기분이 좋아지자 신하들에게 말했다.

"경들은 나에 대해 평해 보시오."

그러자 신하들이 나름대로 문후에 대해 갖가지 좋은 말만 늘어놓으며 추켜세웠다. 그러자 문후는 더욱 기분이 좋아졌다. 그때 신하 임좌가 말했다.

"주군께도 부덕한 데가 있습니다. 중산의 장관을 정하실 때, 모두가 공이 많은 주군의 아우가 타당하다고 생각했는데 주군께서는 정실에 끌려 공자를 임명하셨습니다. 이런 사사로운 정으로 나라를 다스리심은 부당합니다."

이 말을 듣고 있던 문후는 새파랗게 질려 입술을 떨었다. 그것을 본 임좌는 잠자코 일어서서 그대로 나가 버렸다. 그러자 금세 잔치 자리에 살기가 돌았다. 그때 적황이 말했다.

"주군께서는 지금 명군인지 암군(暗君)인지를 시험받고 있습니다. 상사가 현명하면 부하는 직언할 수가 있다고 합니다. 어떻게 하시겠 습니까?"

그러자 문후가 말했다.

"어서 임좌를 불러오시오. 내 깊이 감사하리다."

235
아랫사람을 하찮게 대하면 안 돼 《좌전》

춘추시대에 송나라가 진나라와 손을 잡자 초나라와는 사이가 멀어 지게 되었다. 그래서 초나라의 장왕이 동맹국인 정나라에 명하여 송 나라를 치게 했다.

송나라와 정나라가 결전을 앞둔 전날 밤, 송나라 대장 화원은 장 병들의 사기를 고무하기 위해 많은 양고기를 장병들에게 특별히 지 급했다. 그래서 장병들이 모두 좋아했는데 유독 화원 장군의 전차를 운전하는 사병만은 그 고기를 받지 못했다. 어떤 부장이 그 까닭을 묻자 화원이 말했다.

"전차 부리는 주제에 고기는 무슨 고기……."

다음날 아침 전투가 벌어졌고 화원 장군은 그 사병이 모는 전차를 타고 지휘했다. 그런데 싸움이 치열하여 쉽게 승부가 나지 않았다. 그래서 화원이 전차를 모는 사병에게 호령했다.

"전차를 적의 병력이 약한 오른쪽으로 몰아라!"

그러나 그는 반대로 적군이 밀집해 있는 곳으로 전차를 몰았다. 그러자 화원이 당황하며 외쳤다.

"이놈아, 어디로 가느냐!"

그러자 사병이 말했다.

"어제의 양고기는 장군의 뜻이고 오늘의 이 일은 내 뜻이오."

사병은 전차를 적군의 한복판으로 몰고 갔다. 그래서 결국 화원은 포로가 되고 장군을 잃은 송나라 군사는 전의를 상실하여 대패하고 말았다.

236
·

믿고 맡겨야 《설원》

주나라 때 복자천은 단보의 지방장관이 되었는데 날마다 거문고만 탈 뿐 지방관으로서의 일은 하지 않았다. 그래도 그 지방은 잘 다스려졌고 평화로웠다.

후에 무마기가 그 후임이 되었다. 무마기는 무척 부지런해서 매일 아침 일찍부터 밤 늦게까지 열심히 정무에 종사했다. 그런데 웬일인지 지방이 더 어지러워졌다. 그래서 궁리 끝에 무마기가 전임자인 복자천을 찾아가 물어보았다.

"듣자하니 당신은 날마다 놀기만 했는데도 지방이 잘 다스려져 평화로웠고, 나는 열심히 일만 했는데도 지방이 어지러워 온통 야단들인데 이것이 어찌 된 일이오? 무슨 비결이라도 있으면 좀 가르쳐 주십시오."

그러자 복자천이 말했다.

"나는 무엇이나 부하를 믿고 맡겼습니다. 그런데 당신은 하나에서 열까지 자신이 하려고 합니다. 사람의 능력에는 한계가 있는 법입니다. 그렇게 해서는 힘만 들지 성과는 오르지 않습니다. 과감하게 사람을 믿고 맡겨 보십시오. 그렇게 자기를 신용한다는 생각이 들면 더욱 열심히 일하게 될 것입니다. 결국 이 점이 다른 것이지요."

237

관용과 도량을 잊지 않는다 《채근담》

채근담에서는 다음과 같이 말하고 있다.

'세상을 살아가는 데에는 너무 결벽해서도 안 된다. 때묻고 더러운 것까지 모두 속에 감추어 둘 정도의 도량이 있어야 한다. 인간관계에서는 좋고 나쁜 감정을 겉으로 나타내서는 안 된다. 어떤 타입의 상대도 받아들일 수 있는 포용력이 있어야 한다.

또 더러운 것도 받아들일 수 있는 도량을 가져야 비로소 군자라고 할 수 있다. 독선적인 결벽증은 피해야 한다.

관용을 베푸는 사람이 되려면 무슨 일이든지 서둘지 말고 충분한 시간을 두고 여유 있게 대처해야 한다. 지나치게 서두르며 사정을 알고자 하면 오히려 더 모르게 될 때가 있다. 그런 경우에는 느긋한 마음으로 자연히 밝혀질 때까지 기다리는 편이 좋다. 무리하게 문책해서 상대의 반감을 사면 안 된다.

그리고 사람을 쓸 때 마음대로 되지 않을 때가 있다. 그런 경우에는 얼마 동안 그대로 두고, 상대의 자발적인 변화를 기다리는 편이 좋다. 시끄럽게 간섭해서 상대방의 심술을 유발시켜서는 안 된다.

또 남의 책임을 추궁할 때에는 과실을 지적함과 동시에 과실이 없었던 부분을 평가해 준다. 그렇게 하면 상대도 불만을 품지 않는다. 자신을 반성할 때는 비록 성공한 일일지라도 그 가운데서도 과실을 찾아낼 수 있을 만큼 엄격한 태도가 바람직하다. 그렇게 하면 인간적으로도 각별한 성장을 이룩하게 될 것이다.

238
·

아버지를 죽인 묵돌 《사기》

한나라 초에 흉노의 왕 두만선우에게 묵돌이라는 태자가 있었다. 두만선우는 그의 애첩이 낳은 아들을 태자에 책봉하려고 태자인 묵돌을 북방에 있는 월씨에게 인질로 보낸 뒤에 군대를 동원하여 월씨를 쳤다. 그렇게 하면 묵돌이 월씨에게 살해될 것으로 믿었기 때문이었다. 그런데 월씨가 묵돌을 죽이려 하자 묵돌이 말을 훔쳐 타고 도망쳐 돌아왔다. 그래서 두만선우의 계략은 수포로 돌아갔으나 아들의 무용을 보고 1만 기병대의 대장으로 임명했다.

장수가 된 묵돌은 부하들에게 기병훈련을 시켰다.

그러던 어느 날 부하들에게 엄하게 명했다.

"모두들 잘 들어라! 내가 활을 쏘거든 너희들도 내가 쏜 것을 쏘아라. 이에 따르지 않는 자는 목을 벨 것이다!"

그리고는 부하들을 데리고 갔다. 그리고 짐승이나 새들을 닥치는 대로 쏘아 떨어뜨리고 명령에 따르지 않는 자는 모조리 베어 없앴다. 그런데 그날 맨 나중에 묵돌은 자기가 타고 다니는 말을 향해 활을 쏘았다. 이를 보고 부하들 중에 망설이는 자가 있었다. 그러자 그는 가차없이 그들을 베어 없애 버렸다.

이렇게 엄격한 훈련이 끝난 뒤 또 사냥을 나갔는데 이번에는 자기 아버지의 말을 향해 활을 쏘았다. 그러자 모두들 그를 따라 쏘았다. 그래서 이제는 됐다고 생각하고 얼마 뒤에 아버지를 따라 사냥에 나갔다.

묵돌은 사냥이 한창일 때 갑자기 아버지 두만선우를 향해 활을 쏘았다. 그러자 부하들도 일제히 그를 향해 활을 쏘았다. 이렇게 해서 묵돌은 아버지를 죽이는 쿠데타에 성공하여 왕의 자리에 올랐다.

239

수모는 더 큰 복수로 온다 《사기》

춘추오패의 한 사람이 된 진나라 문공이 아버지 헌공의 미움을 사
서 여러 나라를 방황하고 있을 때이다. 마침 조나라를 지날 때, 조
나라 공공은 그를 대접하기는커녕 홑바지 차림으로 돌아다닌다는 말
을 듣고 염치없이 그것을 구경하겠다고 말했다. 그러자 어떤 중신이
간했다.

"공자가 지금은 비록 어려
운 처지에 있으나 언젠가는
진나라로 돌아가실 몸입니
다. 그러므로 마땅히 예우해
야 할 일인데 발가벗은 것과
다름없는 그 몰골을 보시겠
다니 말도 안 되는 일입니
다."

그러나 공공은 듣지 않았
다. 그러자 이 말을 들은 공
자는 밥까지 얻어먹은 처지여서 솟아오르는 분노를 꾹 참고 공공과
그 처첩들이 보는 앞에서 발가벗었는데 그 수모를 결코 잊을 수가
없었다.

그래서 나중에 귀국하여 문공이 된 그는 맨 먼저 조나라를 쳐서
굴욕에 대한 원한을 풀었다.

240
·

큰 그릇은 나중에 만들어진다는 대기만성 《노자》

삼국 정립시대 위나라의 최염은 풍채나 음성이 대인풍이었으며 수염은 넉 자나 되었다. 그리고 무제의 신임도 두터웠다.

그런데 최염의 종제에 임이라는 자는 외양도 초라하고 명성도 없어 문중에서 홀대를 받았다. 그러나 최염만은 그의 사람됨을 인정하고 있었다.

"큰 종이나 큰 솥은 쉽사리 이루어지지 않는 법이오. 그와 마찬가지로 큰 재능은 만만히 이루어지지 않소이다. 임도 그렇듯 '대기만성'류(類)일 테니 두고 보시오. 기필코 대단한 인물이 될 것입니다."

그러자 그의 말대로 임은 훗날 삼공(三公)이 되어 천자를 보좌하는 소임을 맡을 정도로 큰 인물이 되었다.

241
·

맹자와 선왕의 문답 《채근담》

맹자가 선왕에게 말을 건넸다.

"들은 바에 의하면 음악을 좋아하신다구요?"

"글쎄, 내가 좋아하는 것은 고전음악이 아니라 오히려 속곡(俗曲)이지요."

선왕은 맹자가 두려워서 처음부터 꽁무니를 빼려 했다. 그러자 맹자가 연이어 말했다.

"음악을 좋아하신다는 것은 나라가 태평해진다는 표시입니다. 고전음악이건 속곡이건 별 차이가 없습니다."

"허허, 한데 그 까닭이 뭐요?"

선왕은 무의식 중에 말려들었다.

맹자는 그 물음에 답하지 않고 반문했다.

"음악이란 혼자 연주하는 것과 다른 사람과 함께 연주하는 것 중에 어느 것이 더 즐거울까요?"

"그야 다른 사람과 함께 하는 편이 즐겁지."

"그럼 소수가 즐기는 것과 여럿이 즐기는 것과는 어떨까요?"

"물론 여럿이 즐기는 것이 좋겠지."

여기까지 상대방의 의견을 끌어낸 맹자는 비로소 서서히 본제로 들어갔다.

"실은 그 즐거움에 대해 말씀드리고자 합니다. 가령 왕께서 연주회를 열었다고 가정합시다. 피리와 북소리를 들은 사람들이 눈살을 찌푸리며, '왕은 음악을 듣고 있는데 우리는 끼니도 잇기 힘든 살림이니' 하는 불평을 늘어놓는 까닭은 무엇일까요? 그것은 바로 왕 혼자서 즐기고 있고 다른 사람에게 즐거움을 나누어 주지 않았기 때문입니다. 반대로 피리와 북소리를 들은 사람들이 사뭇 기쁜 표정을 지으면서 '왕이 건강한 것 같군. 그렇지 않고서야 음악을 즐길 수 없을 테니까' 하고 말했다고 합시다. 그것은 다름 아니라 백성들과 즐거움을 나누어 가졌다고 할 수 있습니다. 앞으로 왕께서 솔선하여 백성과 함께 즐거움을 나누어 가지도록 마음을 쓰신다면 한나라만이 아니라 천하의 왕자가 되실 것입니다."

242
·

백성들의 여유가 군주의 여유 《논어》

노나라의 애공이 공자의 제자인 유약에게 물었다.

"이 흉년에 세금을 거둬들일 수도 없고, 국고의 재원을 확보할 수 없는데 무슨 좋은 수가 없겠소?"

"예, 차라리 세금을 줄이십시오."

"그게 무슨 말씀이오? 그렇잖아도 모자라는데 줄이라니."

"백성들의 생활에 여유가 생기는 것, 그것이 바로 나라의 재원입니다. 백성들의 생활에 여유가 없으면 주군께서도 마음의 여유가 생기지 않을 것입니다."

243
·

뛰어난 미모 경국지미 《사기》

한나라의 무제를 섬기는 가희(歌姬)에 이연년이라는 미녀가 있었다. 그녀는 노래와 춤이 능할 뿐 아니라 작곡과 편곡에도 뛰어났는데, 하루는 무제 앞에서 춤을 추며 노래하였다.

"북녘에는 가인(佳人)이 있어 세상에 견줄 바 없이 으뜸이라네. 그의 눈짓 하나에 성이 기울고 두 번째 눈길에는 나라도 기운다네. 어찌 성과 나라를 저버리랴만 가인은 다시금 얻지 못하리."

그러자 무제가 한숨을 쉬며 말했다.

"아, 세상에 이런 여자도 있을까?"

그러자 무제의 누이가 소곤거렸다.

"바로 쟤네 여동생이 있다오."

그래서 무제가 연년이네 여동생을 비로 맞았는데 그녀가 바로 이부인(李夫人)이었다. 그녀가 무제의 총애를 누리다가 일찍 세상을 떠나자 무제는 추모의 정을 걷잡지 못했다.

244

정치의 정은 바르다는 뜻 《논어》

제나라의 경공이 공자에게 정치의 근본 원칙에 대해 공자에게 묻자 공자가 말했다.

"왕은 왕으로서, 신하는 신하로서, 아비는 아비로서, 자식은 자식으로서 각각 그 본분을 다하는 것입니다."

"그렇습니다. 왕이 왕으로서, 자식이 자식으로서, 신하가 신하로서, 아비가 아비로서 그 할 일을 다하지 않고는 아무리 재정이 풍부해도 안심할 수 없겠지요."

그리고 또 노나라의 계강자가 정치의 안목에 대해 묻자 공자가 말했다.

"정(政)은 정(正), 즉 바르다는 뜻입니다. 신하인 당신이 솔선하여 모범을 보이면 나쁜 짓을 하는 자는 없어질 것입니다."

또 어느 날 계강자가 늘어나는 범죄를 걱정하여 공자와 상의하자 공자가 말했다.

"먼저 대감 자신이 욕망을 버려야 합니다. 사리사욕에 얽매이지 않는 위정자 밑에서는 비록 상을 준다 해도 죄를 지으려는 자가 없을 것입니다."

"그런데 나는 범죄인을 사형해서라도 백성들을 인도할 수만 있다면 이렇게 하는 편이 낫다고 생각하는데 이것은 잘못된 것인가요?"
"그렇지요. 잘못입니다. 사형 없이는 정치를 할 수 없다는 말씀이신데, 대감 자신이 덕치주의에 철저하시면 백성들은 자연히 선(善)에 동화되게 마련입니다. 위정자와 백성들과의 관계는 바람과 풀과 같은 것입니다. 바람이 불면 풀은 반드시 흔들리게 됩니다."

245

노담에 대한 장자의 태도 《장자》

노담의 친구인 진일과 노담의 제자가 서로 대화를 주고받았다.
"노담은 선생의 벗이 아닙니까?"
"물론 내 벗이지."
"그렇다면 그렇게 소홀하게 문상을 해도 되는 겁니까?"
"나는 노담이 인물이라고 생각했네. 그런데 지금은 그를 그렇게 보지 않네. 내가 문상을 하려고 들렀을 때 늙은이들은 마치 제 자식을 잃은 것처럼 곡을 하고 있었고, 젊은이들은 마치 제 부모를 잃은 것처럼 곡을 하고 있었네. 죽게 되었으면 죽게 된 거지 무엇하려고 사람들을 모이게 하느냔 말이야. 노담은 은연중에 모이게 한 것이나 마찬가지야. 이러한 짓은 자연의 도리에 어긋나는 일일세. 바로 진실에서도 벗어난 일이지. 이러한 짓은 하늘로부터 받은 본분을 잊은 거야. 옛 사람들은 자연의 도리에 어긋나면 '하늘을 피한 벌'이라고 여겼네. 노담이 어쩌다 세상에 태어난 것은 태어날 때를 만났기 때문이야. 그가 어쩌다 죽게 된 것 역시 죽을 운명을 따른 것이고. 기쁨이나 슬픔이란 감정 따위가 끼어들 여지가 없는 법이네. 이러한 경지를 옛날 사람은 '하늘이 매어단 것을 푸는 것'이라고 했네."

246

장군과 병졸의 자세 《삼략》

　장수는 군대를 통솔하여 임전태세를 갖추게 하는 것이 임무다. 그리고 실제로 적을 무찔러 승리를 거두는 것은 병사들의 임무다. 이렇게 볼 때 무능한 장수에게 군대의 통솔을 맡기고 명령에 따르지 않는 병사에게 적을 무찌르게 하는 것은 무리다. 이것은 벌써 쇠망하는 군대에 지나지 않는다.

　피폐된 군대의 장수는 당연히 고립되고 아무리 명령을 내려도 오히려 병사들의 반감만 살 뿐이다. 이것은 벌써 쇠망하는 군대에 지나지 않는다.

　군대가 쇠망하면 어떻게 되는가? 장수의 명령은 시행되지 않고 벌을 주어도 우습게 안다. 도망병이 속출하며 경우에 따라서는 군대 내부에서 반란까지 일어난다. 이렇게 되면 당연히 적의 공격에 패배하게 된다.

　따라서 장군은 문무를 모두 갖춰야 한다. 전쟁 역시 강유(剛柔)를 함께 사용해야 한다. 사람들은 장군을 논할 때 흔히 용맹만으로 평가한다. 그러나 용맹이란 장수가 갖추어야 할 조건 중의 하나에 불과하다. 그런데 용기 있는 사람은 자신의 힘만 믿고 깊은 생각 없이 전쟁을 시작하는 경우가 많다. 이해와 결과가 어떻게 될 것인지를 생각하지 않고 싸우는 것은 결코 바람직한 일이 아니다.

　장수로서 갖춰야 할 조건은 다음의 다섯 가지이다.

　이(理:관리)와 비(備:준비), 과(果:결단)와 계(戒:신중), 그리고 약(約:간소함)이다.

　이(理)는 다수인을 조직화하여 소수인을 제어하는 것이다. 그리고 비(備)는 일단 성 밖에 나가면 언제라도 싸울 수 있는 전쟁 준비를 게을리하지 않는 것이다. 또 과(果)는 적과 맞부딪쳤을 때 살아남겠다는 생각을 버리는 것이다.

계(戒)는 전쟁에서는 항상 긴장감을 잃지 않는 것이다. 마지막으로 약(約)은 형식적인 규칙을 폐지하여 군령을 간소화하는 것이다.

장수가 된 자는 일단 출전 명령을 받았으면 가족에게도 알리지 말고 그대로 출전하여 승리할 때까지 집안 일에 대해 일체 입을 열지 말아야 한다. 또 일단 출전했으면 영예로운 죽음이 있을 뿐 수치스럽게 살아남겠다는 마음을 버려야 한다.

247

사사로운 감정은 묻어야 제후다 《사기》

한나라 고조 밑에서 일한 계포는 한나라와 초나라의 항쟁 때 항우의 부장으로서 언제나 유방을 괴롭혔다. 그래서 고조는 항우를 멸망시킨 뒤 계포의 목에 막대한 현상금을 걸어 그의 행방을 찾고, 그를 숨겨 준 자는 일족을 멸살하겠다고 포고를 내렸다.

계포는 그 무렵 노예로 가장하여 협객인 주가의 집에 숨어 있었다. 주가는 유방의 포고를 알면서도 그를 정중히 대접하고 있었는데, 어느 날 주가가 여음후(汝陰侯)인 하후영을 찾아가 물었다.

"계포라는 자가 무슨 큰 죄를 지었기에 그렇게 찾고 있습니까?"

"그자는 항우 밑에 있으면서 언제나 폐하를 괴롭혔습니다. 그래서 폐하께서 그렇게 미워하고 있는 것입니다."

“아, 그렇습니까? 그런데 당신은 계포라는 자를 어떻게 생각하시는지요?”

“저는 그가 훌륭한 사람이라고 생각합니다.”

“주군을 위해 열심히 일하는 것이 신하로서 할 일입니다. 계포가 항우를 위해 일한 것은 어디까지나 자기의 직무에 충실하고자 했기 때문입니다. 그런 충신을 죽인다면 과거에 항우의 부하였던 사람들도 모조리 죽여야 하지 않겠습니까? 천하가 평정된 지금, 아무리 황제라 할지라도 혼자만의 원한 때문에 한 사람의 인간을 쫓아다닌다는 것은 스스로 자신의 좁은 아량을 드러낼 뿐입니다.”

하후영은 이 말을 듣고 곧 고조에게 상신했는데, 고조도 이에 호응하여 계포를 사면하고 등용했다. 적으로서 별것이 아닌 자는 내 편으로 포섭해 봤자 별 뾰족한 수가 없다.

248
·

아첨하는 조상의 태도 《장자》

장자가 언제나처럼 복수(濮水)라는 강에서 낚시를 하고 있자, 초나라의 중신 두 사람이 왕의 명령을 받들고 찾아왔다. 중신들은 장자를 만나자 이렇게 말했다.

“제발 우리나라의 재상이 되어 주십시오. 상감의 부탁입니다.”

장자는 낚시를 드리운 채 돌아보지도 않고 대답했다.

“귀국에는 죽은 지 3천 년이나 지난 영험이 뚜렷한 거북의 등딱지가 있다고 들었소. 그런데 그 거북이가 죽어서 숭앙(崇仰)을 받는 지금의 상태와 흙탕물에 꼬리를 끌면서라도 살아서 돌아다닐 때의 상태와 어느 쪽이 더 좋을 거라고 생각하십니까?”

“그야 물론 살았을 때가 좋겠지요.”

그러자 장자가 말했다.

"그럼, 어서 돌아가시오. 나도 흙탕물에서 꼬리를 끌며 살아가고 싶소."

장자의 생활태도에 대해 또 이런 얘기도 있다.

송나라에 조상이란 남자가 있었는데 왕의 명을 받고 진나라에 사신으로 갔다. 갈 때는 선물 보따리가 겨우 몇 대의 마차에 지나지 않았으나 어쩐 일인지 진나라 왕의 마음에 들어서 돌아올 때는 마차를 백 대나 더 끌고 왔다. 그 남자는 장자를 보자 이렇게 자랑했다.

"가난해서 뒷방에 살며 풀기 없는 얼굴로 짚신이나 삼는 재주는 없지만 대국의 왕을 설득해서 당장 수레 백 대의 부하를 거느리는 신분이 되기는 쉽소."

그러자 장자가 말했다.

"진나라 왕은 병을 앓고 있어 여러 나라로부터 명의를 모으고 있다고 하지 않는가. 부스럼을 짜서 고쳐 주는 자에게는 수레 한 대, 치질을 핥아 준 자에게는 수레 다섯 대, 아래로 내려가면 갈수록 수레의 수가 많아진다고 하더군. 그런데 자네가 그 많은 수레를 받은 걸로 보아 아마 치질이라도 고쳐 준 모양이지? 자, 어서 내 곁에서 사라지게."

249

군주가 나라를 지키려면 《육도》

문왕이 태공에게 물었다.

"국가를 지키는 데 있어 군주는 어떻게 해야 합니까?"

그러자 태공이 말했다.

"하늘은 운행하여 춘하추동 네 계절을 만들고, 대지는 네 계절의 운행에 따라 만물을 낳습니다. 천하에는 만백성이 있으며, 성인은 군주가 되어 만백성을 길러 거느립니다. 성인이라도 천지 네 계절의 도리를 벗어나 만백성을 거두어 기르고 거느릴 수는 없는 것입니다. 봄의 도리는 태어나게 하는 것으로 만물이 발육하는 것입니다. 여름의 도리는 성장시키는 것으로 만물이 성장하는 것입니다. 가을의 도리는 거두어들이는 것으로 만물이 결실하여 가득 차는 것입니다. 겨울의 도리는 엎드려 감추는 것으로 초목이 조락(凋落)하고 벌레는 땅 속에 숨어 만물이 조용해지는 것입니다. 만물이 결실할 때는 곧 대지에 엎드려 감추게 되고, 대지에 엎드려 감추면 어느새 또 일어나 발생하고 이렇게 계속 되풀이되어 언제 끝나는 것도 아니고 언제 시작되는 것도 아닙니다.

성인은 이와 같이 천지 불변의 네 계절이 순환하는 도리를 본받아 정치를 하는 것입니다. 그런 까닭으로 천하가 평화롭게 다스려질 때는 별로 할 임무가 없기 때문에 인자나 성인이 세상에 나타나지 않고 천하가 어지러워질 때야말로 어지러움을 다스려 태평한 세상으로 되돌리고자 하여 인자나 성인이 왕성하게 활동하는 것입니다. 군주가 취해야 할 지극한 도리가 이와 같은 것입니다."

250
·

상을 주어 충성하게 한다 《관자》

제나라의 관중이 주군인 환공에게 말했다.

"작년 조세 수입이 4만2천금이었습니다. 그것을 장병들에게 상금으로 먼저 나누어 주십시오. 전공을 약속한 자에게 주면 됩니다."

"그게 좋겠소. 그렇게 하시오."

관중은 곧 모든 장병을 모아놓고 말했다.

"언젠가는 전쟁이 있을 것이다. 그때 눈부시게 활약하겠다고 약속하는 자에게는 지금 여기서 미리 상금을 주리라."

그러자 장병들은 서로 얼굴을 바라보면서 수군거렸는데, 그 중 한

사람이 앞으로 나와 물었
다.

"그런데 몇 명을 죽여야
됩니까?"

"백 명이다."

"그렇다면 해 보겠습니
다."

관중은 그 병사에게 100
금을 주었다. 그것을 보고
장병들이 뒤를 이어 전공

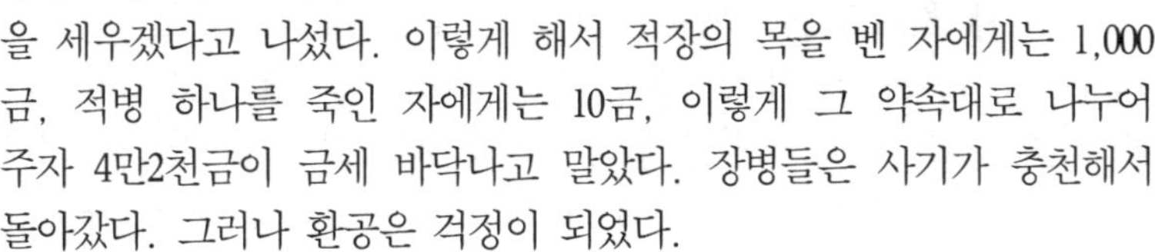

을 세우겠다고 나섰다. 이렇게 해서 적장의 목을 벤 자에게는 1,000
금, 적병 하나를 죽인 자에게는 10금, 이렇게 그 약속대로 나누어
주자 4만2천금이 금세 바닥나고 말았다. 장병들은 사기가 충천해서
돌아갔다. 그러나 환공은 걱정이 되었다.

"저 돈이 헛돈이 되지 않을까?"

"걱정 마십시오. 상금을 받은 병사들은 그 돈으로 출전할 때까지
부모나 처자에게 잘해 줄 것입니다. 그리고 전쟁에 나가서는 명예를
지키고 은혜에 보답하기 위해 목숨 걸고 싸울 것입니다. 그래서 적
을 물리칠 수 있다면 4만2천금은 아무 것도 아닙니다."

그로부터 반 년 뒤 병사들의 부모와 형제 그리고 아내가 병사에게
부탁하며 말했다.

"이렇게 큰 은혜를 입고 사나이로서 약속한 것이 아니냐. 결코 비
겁한 짓을 저질러서는 안 된다."

얼마 후에 내(萊)나라와 싸움이 벌어졌다. 관중이 예상한 대로 제
나라 병사들은 용전분투하여 결국 내나라의 항복을 받아냈다.

251
궁지에 떨어지면 합한다는 오월동주 《손자》

유명한 병서 《손자(孫子)》의 용병법(用兵法)에는 아홉 가지 경우가 있는데 마지막의 경우를 사지(死地), 즉 죽을 고비라고 일컫는다. 이는 나아갈 수도 물러날 수도 없는 그런 경우에는 병사들이 한 마음으로 싸워서 활로를 개척해야 한다고 되어 있다. 또 이렇게 말하기도 한다.

"오나라와 월나라와는 오랜 적국이요 국민끼리 미워하는 사이다. 그러나 두 나라 사람이 한 배를 타고 가다가 폭풍을 만났다면 그들은 서로 왼손과 오른손처럼 필사적으로 도울 것이다. 바로 그것이다. 바랄 것은 필사적으로 한 덩어리가 되는 병사들의 마음이다."

이리하여 '오월 동주'라는 말이 생겨났다.

《손자》는 춘추시대 오나라 사람인 손무가 지은 책이다.

252
표창을 주어 격려하는 환공 《관자》

제나라가 송나라와 싸울 때 군사비 조달을 위해 백성들에게 무거운 세금을 부과했다. 그래서 백성들은 고리채를 얻어 세금을 내는 경우가 생겼다. 그 덕분에 전쟁에서는 이겼지만 백성들의 살림은 말이 아니었다. 따라서 인심이 흉흉해져 나라가 불안에 휩싸이게 되었다. 이를 걱정한 환공이 관중의 의견을 따라 고리대금업자들을 표창했다. 표창을 받은 고리대금업자들은 무슨 영문인지를 몰라 그 까닭을 묻자 관중이 대답했다.

"백성들에게 돈을 빌려준 덕택으로 백성들이 세금을 낼 수 있었다.

게다가 백성들이 모두 농사를 지을 수 있는 것은 그대들의 덕분이다."

여기서 기분이 좋아진 고리대금업자들이 앞다투어 채권 증서를 찢어 없애고 저축해 둔 돈이나 곡물을 방출하여 백성들에게 나누어 주어 온 나라가 윤택해졌다.

또 어느 날 환공이 관중에게 물었다.

"금년은 곡물 가격이 싸서 제후들이 사재기를 할지도 모르는데, 어떻게 백성들에게 저장시킬 방법은 없겠는가?"

"예, 듣기로는 미곡 창고를 새로 짓고 있는 자가 두 사람 있다고 합니다. 그자들을 표창하도록 하십시오."

환공이 그렇게 하자 그로부터 반 년도 안 되어 창고를 지어 쌀을 저장하는 자가 많아졌다. 환공이 그 까닭을 묻자 관중이 말했다.

"창고를 짓는 두 사람이 표창되었다는 말이 온 나라에 퍼졌기 때문입니다. 그들은 특별한 공로도 없는데 명예를 얻고, 게다가 쌀까지 저장했기 때문에 살림도 늘어나고 폐하의 요망에도 보답했다고 하는, 즉 한꺼번에 명성과 실리 두 가지를 얻은 것입니다. 사람은 모두 명예와 재산에는 눈독을 들이게 마련이거든요."

253
·

도가 채택되지 않아도 태연하기 힘들어 《논어》

공자가 어느 날 학문과 덕이 뛰어난 제자 안회에게 말했다.

"왕에게 도를 말했다가 채택되지 않았을 때 태연하기란 매우 어려운 일인데, 그것을 할 수 있는 사람은 아마 안회와 나 정도겠지?"

이 말을 곁에서 듣고 있던 자로는 기분이 조금 나빠져서 공자에게 물었다.

"대군을 이끌고 전쟁에 나가신다면 선생님께서는 누구와 동행하시겠습니까?"

자로는 과감하고 용맹함에 있어서 공자의 제자들 중에서 그를 따를 자가 없었다. 그래서 자로는 공자가 '그야 누가 또 있겠느냐. 너를 빼고는' 하고 대답할 줄 알고 그렇게 물었던 것이다. 그런데 공자의 대답은 뜻밖이었다.

"폭호빙하, 죽어도 후회없는 자와는 같이 갈 수 없다."

이 말은 맹호에게 맨손으로 맞서거나, 급하게 흐르는 강을 건너가다가 개죽음을 당하는 사람과는 함께 갈 수 없다는 뜻이다.

자로는 그 말에 대꾸할 수가 없었다.

《시경(詩經)》에 '모름지기 맨손으로 호랑이를 잡으려고 하거나 급한 물살의 강을 건너려고 하는 것은 하나만 알고 둘은 모르는 일이며, 이것은 전전긍긍하여 깊은 연못에 들어가는 것이나 엷은 얼음을 밟는 것과 같다'는 말이 있다.

이 말은 주나라 말기에 옛 법을 신법으로 고쳤는데 이것이 부당했음을 한탄한 말이다. 양식 있는 사람의 눈으로 볼 때, 신법에 의한 정치는 반드시 파탄을 가져올 것을 생각하니 깊은 물 위에 얼어 있는 엷은 얼음을 밟는 것과 같이 불안하다는 뜻이다.

254

때에 맞춰 꾸민다 《전국책》

초나라 왕의 총신은 이렇다 할 공적도 없고 혈통이 좋은 것도 아닌데 다행히 높은 자리에 오를 수 있었다. 그러던 어느 날 강을이라는 사람으로부터 충고를 받았다.

"물질을 매개로 한 교제는 물질이 없어지게 되면 끝장이 나고 말며, 또 색상에 의해 맺어진 사이는 꽃이 시들면 인연이 끊어지고 맙니다. 애첩도 그렇고 충신도 그렇고 인간 관계는 참으로 덧없는 것입니다. 당신은 지금 권세를 자랑하고 있습니다만, 왕의 마음이 변하면 그만이 아닙니까? 어째서 왕과의 관계를 더욱 돈독하게 해 두지 않는 것입니까?"

"과연 그렇겠군. 그럼 어떻게 하면 좋겠소?"

단이 묻자 강을이 말했다.

"왕의 만일의 경우를 대비하여 순사(殉死)를 자원해 두는 것입니다. 그렇게만 해 두면 당신과 집안의 앞날이 든든할 것입니다.

"그렇군요. 삼가 가르침에 따르겠습니다."

단은 그와 같이 말했으나 3년이 지나도 순사를 자원하고 나서려는 눈치가 보이지 않았다. 그래서 강을은 기분이 좋지 않았다.

"당신을 위한 길이라 여기고 말씀드렸던 것인데 도움이 되지 못한 것 같군요. 이미 제가 나설 자리는 아닌 듯하군요."

노골적으로 투덜거리자 단이 대답했다.

"결코 당신의 가르침을 잊어서 그런 것은 아닙니다. 아직 좋은 기회를 얻지 못했을 뿐입니다."

얼마 뒤에 초왕이 운몽이라는 호소 지대에서 사냥을 했다. 현재의 무한 근교, 양자강과 한수가 합류하는 지역에 해당하는 곳으로 크고 작은 호소가 점점이 흩어져서 이름 그대로 수려한 명승지였다.

사두마차가 1천 대나 들을 뒤덮고 가지각색의 깃발과 군기가 하늘에서 펄럭이고 있었다. 왕은 스스로 큼직한 들소를 잡아서 흐뭇해하고 있었다.

"정말이지 유쾌하군. 그러나 저 세상에서도 이런 재미가 있을지 모르겠어."

그때 옆에 있던 단이 나서서 눈물을 흘리며 말했다.

"신은 오늘날까지 폐하를 곁에서 받들어 왔습니다. 저 세상에도 반드시 폐하를 따라가서 사냥을 돕는 일을 하고자 합니다."

그러자 왕이 크게 기뻐하고 곧 단에게 영지를 주어 안릉군에 봉하였다.

255

자고가 장자에게 한 말 《장자》

어느 날 자고가 장자에게 말했다.

"나라와 나라 사이의 교제란 서로 가까우면 신의로써 맺어지고 서로 멀면 반드시 말로써 진심을 나타내는 법입니다. 말에는 그 말을 전할 사람이 있어야 됩니다. 양쪽이 다 같이 좋아하든 싫어하든 말을 전하는 일이란 매우 어려운 일입니다. 서로 좋아하는 경우는 서로를 칭찬하는 말이 너무 많아지고 서로 싫어하는 경우는 상대방을 헐뜯는 말이 많아지게 됩니다. 지나친 것은 사실과는 먼 거짓입니다. 거짓이면 신용이 없어집니다. 신용이 없어지면 말을 전하는 자가 벌을 받습니다. 그래서 있는 그대로를 전하고 지나친 말을 하지 않으면 우선은 안전하다고 한 게지요.

또 재주로 승부를 겨루게 되면 끝에 가서는 꼭 꾀를 부려서 꾸미게 됩니다. 그것이 심해지면 괴상한 재주가 판을 치게 됩니다. 일이란 이와 같아서 진실에서 시작하여 늘 거짓으로 끝이 나게 됩니다. 시작은 간략하지만 끝은 언제나 엄청나게 커지는 것입니다.

말이란 바람이나 물결 같고 행동에는 득실이 있습니다. 바람이나 물결은 움직이기 쉽고 득실은 위험에 빠지기 쉽습니다. 화를 내는 것은 이유가 다른 데 있는 것이 아닙니다. 간사하고 그럴듯하게 둘러 말하는 데 있게 됩니다. 여기서 사나운 마음이 생기게 되는 게지요. 너무 준엄하게 다그치면 좋지 못한 생각으로 대응하게 되고 이를 깨닫지 못하면 어찌 그 결말을 알겠습니까. 그래서 격언에 '군주의 명령을 고치지 말라. 성공하려고 무리하게 권하지 말라'는 말이 있습니다. 지나침이란 필요없는 것을 덧붙이며 애써 성공하려는 것은 위태롭게 하는 것입니다. 좋은 일이 이루어지자면 오랜 시간이 걸리지만 나쁜 일은 순식간에 일어나므로 고칠 수가 없게 됩니다. 그러니 사물의 움직임에 따라 마음을 유유히 자유롭게 풀어 놓고 어쩔 수 없는 상태에 몸을 맡겨 두고 중도(中道)를 지켜 가는 것이 제일입니다. 무엇을 이것저것 조작해서 보고할 필요가 있겠습니까. 군주의 명령을 그대로 전하느니만 못합니다. 그러나 그 일이 매우 어렵습니다."

자고가 말하는 중도는 유가의 중용지도(中庸之道)가 아니라 오히려 노장의 무위(無爲)로 가는 문턱과 같아 보인다.

256

·

사실은 사실이다 《삼국지》

촉한의 제갈공명이 오장원 싸움에서 전사한 뒤로 장완이 대사마가 되어 정무를 관장하자 양민이 그를 비방하며 말했다.

"장완은 아무래도 전 승상 공명에게는 미치지 못해."

그러자 어떤 사람이 말했다.

"대사마를 비방하다니, 괘씸한 놈이로군! 당장 목을 베어야 합니다."

이때 장완이 껄껄 웃으며 말했다.

"내가 제갈 승상보다 못한 것은 사실이니까 그럴 것까지는 없다."

257

진평은 십분 능력을 발휘했다 《사기》

진평은 한나라의 고조를 보필하여 그의 뛰어난 지략으로 종종 기발한 작전을 꾸며 고조의 위급함을 구했다. 또 천하 통일 후에는 승상으로서 수완을 발휘하여 한제국을 안정으로 이끌었다.

그가 젊었을 때 어느 마을의 제사에서 재물을 나누어 주는 일을 맡았는데, 양을 정확하게 나누는 것을 보고 사람들이 놀라워하며 칭찬을 아끼지 않았다.

"야, 대단한데, 어쩌면 저렇게 꼭 같이……."

그러자 그가 말했다.

"만약 나에게 천하를 준다면 이렇게 고르게 나누겠습니다만……."

그는 성장하여 처음에는 위왕 밑에서 벼슬하였으나 중용되지 않자 초나라 항우에게로 갔다. 그러나 거기서도 항우의 미움을 받고 도망쳐서 친구인 위무지의 소개로 한의 고조를 알현하게 되었다. 한의 고조 유방은 진평과 이야기를 나누는 가운데 그 인물됨을 인정하고 자기가 타는 수레의 수행원으로 임명하고 군부대의 감독을 담당케 했다.

그러자 중신 주발이 이 인사에 반대하여 유방에게 진언했다.

"진평은 듣기로는 예전에 집에 있을 때 그의 형수와 밀통했다고 하며, 그 뒤로 위나라와 초나라에서 모두 멸시당하고 우리 한나라로 굴러 들어왔습니다. 그런데 폐하께서는 이번에 그를 군부대의 감독을 담당케 하셨습니다. 그자는 여기에서도 또 여러 장수들에게서 뇌물을 받고 있습니다. 이런 자는 마땅히 물리치셔야 합니다."

유방은 위무지를 불러 그 사실 여부를 물었다. 그러자 위무지가 말했다.

"주발이 문제삼는 것은 그의 행위인데 제가 폐하께 권고한 것은 그의 능력입니다. 비록 행실은 고결해도 그것만으로는 지금의 우리 군대에 아무런 도움이 되지 않습니다. 그 점을 헤아리십시오."

그러자 유방은 위무지의 의견을 깊이 이해하고 진평을 더욱 승진시켜 그로 하여금 여러 장수들을 감독케 했다.

258

한번 믿으면 끝까지 믿어야 《사기》

진(秦)나라의 무왕이 장군 감무에게 명하여 한(韓)나라 의양을 공격하게 했을 때의 일이다. 식양까지 진격했을 때 감무는 배웅 나온 왕에게 말했다.

"의양은 큰 성이며 더군다나 도중에는 험준한 땅이 천리나 됩니다. 그러므로 적을 공격하는 데는 시간이 많이 걸릴 것입니다. 그래서 신이 서울을 비우는 동안이 매우 걱정스럽습니다.

옛날 공자의 제자인 증삼과 동성동명인 자가 있어서 사람을 죽였습니다. 그 소식을 들은 사람들이 알아보지도 않고 군자인 증삼의 어머니에게, 당신의 아들이 사람을 죽였다고 말했지만 아들의 인격과 덕행을 믿는 그의 어머니는 조금도 걱정하지 않았습니다. 그러나 같은 말을 세 사람이나 찾아와서 말할 때는 그의 어머니도 믿지 않을 수가 없어서 그 마을을 떠났다고 합니다.

신은 물론 증삼에게 견줄 바가 아니며 또한 폐하의 신임도 그의 어머니와는 비교가 되지 않습니다. 그러나 신이 없는 동안 아무래도 신에 대해 이러쿵저러쿵 말하는 자가 생길 것입니다. 그때 폐하께서는 어떻게 하실지 그것이 걱정됩니다.

또 이런 일도 있었습니다. 위나라 문후가 악양에게 중산국을 공격시켰을 때의 일입니다. 악양이 3년이나 걸려 중산국을 함락시키고 귀국하여 문후에게 보고하자, 문후는 웃으면서 상자에 가득 찬 악양에 대한 중상모략한 상소문을 꺼내 보였습니다. 그러자 악양은 황공

해서 '중산국 공략은 결코 신의 공이 아닙니다. 모든 잡음을 물리치시고 끝까지 신을 믿어 주신 주군 덕분입니다' 하고 말했다고 합니다. 신은 다른 나라에서 왔으며, 한나라를 공격하는 동안에 한나라와 관계가 있는 저리자(樗里子)의 측근들이 한나라와 내통하여 신을 비방한다면 폐하께서는 어떻게 생각하실지 그것이 걱정입니다."

"아니야. 그럴 리는 없어. 약속하지. 그러니 걱정 말고 다녀오시오."

무왕은 분명히 약속을 했다. 그래서 감무는 안심하고 의양을 공격했는데 5개월이 지나도 함락되지 않자, 감무가 예측한 대로 저리자 일파가 감무를 중상하기 시작했다. 그러자 왕도 이에 말려들어 감무를 소환했다. 이때 감무가 말했다.

"폐하께서는 그때 식양에서의 약속을 잊으셨습니까?"

그때서야 무왕이 깜짝 놀라며 곧 생각을 고쳐 모든 군사를 동원하여 감무를 응원케 하여 드디어 의양을 함락시켰다.

259

비밀 편지를 불태운 유수 《후한서》

진한을 무너뜨린 왕망이 죽었는데도 천하는 여간해서 평정되지 않았다. 그러자 유수가 재빨리 당시 천자를 자칭하는 유현의 부장이 되어 각지를 돌아다니며 전쟁을 치르고 있었다. 그가 황하 이북의 땅을 자신의 근거지로 삼으려고 애쓰고 있을 때 그 앞에는 왕랑이라는 장군이 버티고 서 있었다.

그래서 유수는 접전 끝에 가까스로 왕랑의 군사를 격퇴시키고 그의 목을 베었다. 그때 어떤 부하 한 사람이 왕랑의 본영에서 커다란 상자 하나를 꺼내 왔다. 열어 보니 수많은 편지들이 쏟아져 나왔다. 각지에 있는 유력자나 부장들이 왕랑과 내통한 편지도 있었다. 이를 보고 유수가 말했다.

"난세에는 흔히 있을 수 있는 일이다. 약한 인간으로서 어쩔 수 없는 일이겠지. 그 편지 때문에 두려워하는 자들의 마음을 진정시켜야 한다. 당장에 불태워 없애도록 하라!"

그리하여 편지의 내용은 보지도 않고 고스란히 불살라 버렸다.

260
·

무기에게 존경의 표시로 무례를 저질러 《사기》

위나라의 공자 무기는 선비들을 후하게 대접하기로 이름이 나 있었다. 그 무렵 서울인 대량의 동문 문지기로 후영이라는 70세가 넘은 사람이 있었다. 무기는 이 사람에게 예물을 보내고 그를 초대하려고 했다. 그러자 그가 말했다.

"저는 몸을 닦고 지낸 지 수십 년이 되었습니다. 비록 문지기 일이 고생스럽기는 하지만 새삼스럽게 공자님에게 신세지려는 생각은 없습니다."

하며 예물을 물리쳤다. 그래서 무기는 재상을 비롯하여 여러 장군들, 거기에 귀족들을 초대하는 잔치의 맨 윗자리에 후영을 앉히려고 손수 수레를 몰고 가서 그를 수레에 태웠다. 후영은 남루한 의관을 챙겨 입고 수레를 타고 가던 도중에 말했다.

"잠깐 도살장에 있는 친구를 만나야겠는데 거기까지 가실

수 있으신지요?”

무기는 시장으로 수레를 몰았다. 후영은 도살장에 들러, 그곳의 주인인 듯한 사내와 곁눈으로 공자를 흘겨보면서 일부러 긴 이야기를 나누었지만 무기는 말없이 기다렸다. 무기를 모시고 온 동행자들은 무기가 공자의 몸으로 여러 사람이 보는 앞에서 말고삐를 잡고 있는 것을 보고는 투덜거렸다.

“저 후영이라는 영감, 무례하군!”

오랜 이야기가 끝나고 후영은 공자가 모는 수레를 타고 달렸다. 눈이 빠지도록 기다리다 지친 손님들은 공자가 손수 모시러 간 빈객이 도대체 어떤 사람일까 하던 차에 상석에 앉은 사람이 초라한 늙은이인 것을 보고는 모두들 깜짝 놀랐다.

이렇게 해서 한창 잔치가 무르익었을 때, 무기가 후영의 곁으로 가서 그의 만수무강을 빌자 후영이 말했다.

“오늘은 저도 공자님께 은혜를 갚기 위해 무척이나 애를 썼습니다. 한낱 문지기 신분인 저에게 손수 수레를 몰아 왕림하셨을 뿐만 아니라 이와 같이 훌륭한 잔치 자리에 빈객으로 맞아주셨으니 이것은 보통 사람으로서는 도저히 할 수 없는 일입니다. 그래서 저는 일부러 수레를 시장바닥에 멎게 하여 친구를 만난다고 시간을 끌며 공자님이 어떻게 하시는가를 여러 사람에게 보였던 것입니다. 그런데 공자님은 제가 생각한 대로 전혀 싫어하는 기색이 없이 기다려 주신 것을 보고 사람들은 모두 저에게 예의도 모르는 인간이라고 반감을 품었지만, 공자님을 온후하시고 겸손한 군자라 하여 더욱더 존경하게 되었습니다. 이것이 저의 보잘것없는 보은이었습니다.”

261

공자와 안회와의 좌망문답 《장자》

한번은 안회라는 제자가 공자에게 말했다.
"저의 수양도 꽤 진전되었다고 생각합니다."
"왜 그런 생각을 했느냐?"
"저는 인의(仁義)를 잊을 수 있게 되었습니다."
"아, 그건 잘 되었다만 아직 충분하다고는 말할 수 없다."
그 후에 안회가 다시 공자에게 말했다.
"저는 그로부터 한층 진보하였습니다."
"그래? 그게 무슨 뜻인고?"
"저는 예악(禮樂)을 잊을 수 있게 되었습니다."
"좋아. 그러나 아직 충분하다고 말할 수는 없다."
그로부터 수십 일이 지나서 안회가 다시 공자에게 말했다.
"저는 다시 진보했습니다."
"그게 무슨 뜻인고?"
"좌망할 수 있게 되었습니다."
"좌망?"
공자는 깜짝 놀란 태도로 새삼스럽게 반문했다.
"그게 무슨 뜻인가?"
"오체(五體)로부터 힘을 빼고 모든 감각을 없앤 다음, 몸과 마음을 허(虛)하게 만들어 '도'의 작용을 받아들이는 것입니다."
그 말에 공자가 말했다.
"도의 작용을 받아들이면 시비선악(是非善惡)의 감정에 사로잡히지도 않고 도와 더불어 변화하여 무한한 자유를 얻을 수 있을 것이다. 아니, 네가 거기까지 진보했다는 건가? 나도 늦지 않도록 하지 않으면 안되겠구나."
이것이 유명한 공자와 안회의 좌망문답이다. 요컨대 좌망이란 '무심의 경지', 즉 잡념을 제거한 상태이다.

262

뇌물로 흔들리는 자는 어리석은 자 《송서》

송나라 태조는 천자가 된 뒤에도 옛날 후주의 세종 밑에서 부장으로 있었을 때의 습관으로 밤이면 혼자서 거리를 어슬렁거렸다. 이를 보고 신하가 말했다.

"위험합니다, 폐하. 제발 그것만은 그만두십시오."

그러자 태조가 껄껄 웃으며 말했다.

"난 하늘의 뜻으로 천자가 된 몸이니 하늘의 뜻이 있는 한 어느 누구도 내 몸에 손댈 수 없다. 괜찮아, 괜찮아."

그러면서 고치려 하지 않았다.

한번은 태조의 유명한 신하인 재상 조진에게 어느 날 어사로부터 탄핵문이 상소되었다. 조진이 옥리와 짜고 멋대로 형을 증감하여 부정한 재물을 받고 있다는 내용이었다. 이를 보고 태조가 격노하여 그 어사를 꾸짖으며 말했다.

"벽에도 귀가 있다. 하물며 너에게 그 귀가 없을 리가 없다. 너는 조진이 이 나라 사직의 공신이며 기둥인 것을 모르느냐?"

그리고는 덧붙여 일렀다.

"앞으로 다시는 이런 상소는 하지 말도록 하라. 오늘만은 그대로 용서하지만, 조진에 대해서 다시는 말하지 말라!"

있을 수 있는 일이라고 생각해서 아예 불문에 부친 것이다.

또 어느 날은 태조가 갑자기 조진의 집을 방문했는데 때마침 오나라 월왕으로부터 '바다의 행운을 바친다' 하여 단지 열 개를 조진에게 보내 그것을 보고 있던 참이었다. 조진은 이 뇌물을 미처 감출 사이가 없어서 그대로 솔직하게 말하자 태조가 말했다.

"오나라의 해산물이라면 아마 좋은 것이겠지?"
하면서 단지를 열어 보자 안에는 황금이 가득 채워져 있었다. 조진
도 이번에는 기가 질려 그 자리에 엎드려 변명을 했다.
"괜찮소. 어서 넣어 두시오. 그자는 아마 그대에게 뇌물을 주어 그
대를 흔들리게 하고, 나아가서는 나까지 흔들 수 있다고 생각했던
모양이야. 바보 같은 놈."

263
·

장량의 고조에 대한 충고 《사기》

한나라가 천하를 통일한 뒤의 어느 날, 고조가 낙양의 남쪽 궁에
서 내려다보자 정원 여기저기에 장수들이 모여 앉아 무엇인가 이야
기하고 있는 모습이 보였다. 그래서 곁에 있는 장량에게 물었다.
"도대체 저들은 무엇을 하고 있는가?"
그러자 장량이 대답했다.
"예, 모반할 것을 공론하고 있습니다."
이 말에 고조는 당황했다.
"그래? 무슨 일로……?"
"예, 폐하께서 후(侯)에 봉하신 사람들은 모두 소하나 조삼 일파뿐
이며, 주벌하신 것은 모두 평소에 폐하와 별로 가까이 지내지 않던
자들뿐입니다. 지금 궁중에서는 각자의 공적에 대해 평정하고 있는
중인데, 모든 자를 다 상주려면 천하를 가지고도 모자랄 지경입니
다. 그래서 그들은 자기들이 상을 받기는커녕 오히려 주살될까 두려
워 저렇게 모여서 공론하고 있습니다."
고조는 더욱 당황했다.
"그래? 그렇다면 어떻게 하면 좋겠는가?"
"방법은 있습니다. 폐하께서 가장 미워하시고 그 사실을 모두가 알

고 있는 자가 누구인지요?"

"음, 그것은 옹치라는 사람이네."

"그러면 지체없이 그 옹치를 후에 봉하십시오. 그러면 모든 신하들이 '그런 옹치도 후에 봉해졌는데…' 하고 안심하게 될 것입니다. 사태가 급합니다."

장량의 생각대로 했더니 과연 여러 신하들이 안심을 했고 긴박했던 사태도 평온을 되찾았다.

264

자기(子綦)의 숨소리와 퉁소 소리 《장자》

장자는 철인으로 보면 어안이 벙벙할 정도로 헤아리기 힘들지만 이야기꾼으로 만나면 다정한 할아버지와 같다.

장자는 할아버지처럼 우리를 편안하게 또 행복하게 해 주는 묘한 매력이 있다.

"큰 지혜는 한가하고 너그럽다. 작은 지혜는 따지려고 든다. 훌륭한 말은 담담하나 쓰잘데없는 말은 시끄럽다. 세속에 절은 사람은 자면서 꿈을 꾸고 깨면 바쁘게 움직여야 하므로 쉴 틈이 없다. 사람이 사람을 만나면 분쟁을 하고 다툼질로 속을 썩인다. 분명치 않은 이도 있고 엉큼한 이도 있고 깐깐한 이도 있다. 남의 눈치를 본다. 두려움이 작으면 흠칫흠칫하지만 두려움이 커지면 혼

이 빠져 기운을 잃어버린다. 시비를 가리면 활을 당겨서 쏘는 것처럼 모질어진다. 끝까지 이기려는 끈덕진 고집이란 맹세를 지키는 것과 같다. 그러한 그들이 날로 기운이 쇠약해져 가는 모양은 가을과 겨울에 초목이 시들어 가는 것과 같다. 탐욕에 빠지면 본래의 모습으로 되돌아 갈 수가 없는 일이다. 늙어 갈수록 욕심이 많아져 억눌린 모습은 벽창호 같다. 죽음에 가까워진 마음은 두번 다시 회복할 수 없는 일이다."

또 장자는 사람을 큰 나무에 비겨 신선한 깨우침을 주었다.

"높은 봉우리에 백 아름드리 큰 나무 구멍은 코 같고 귀 같고 기둥머리 같기도 하고 깊은 웅덩이 같거나 얕은 웅덩이 같거나 이렇게 갖가지 모양을 하고 있지. 그런 구멍들이 바람이 불면 제각각 소리를 내지.

앞의 바람이 휘휘 울리면 뒤의 바람이 윙윙 따른다. 산들 바람에는 가볍게 응하고 거센 바람에는 크게 응하지. 바람이 멎으면 모든 구멍은 조용해지지. 너는 나무가 크게 흔들리기도 하고 가볍게 흔들리기도 하는 것을 보았겠지?"

장자의 이 이야기는 하나의 소리를 듣고 사람의 소리, 땅의 소리, 하늘의 소리를 들을 수 있는 내적인 자신의 깨우침을 주고 있다.

265

환심을 사려면 입장을 이해해야 《전국책》

진(秦)의 왕족으로 공손소라는 사람은 자주 외정을 하여 공적도 있었으나 좀처럼 승진할 기회가 없었다. 그것은 왕의 친어머니인 선태후로부터 미움을 받았기 때문이었다.

그래서 공손소는 어떻게 하든 태후의 마음을 돌리게 하려고 했으나, 노골적으로 꼬리를 치고 나서기도 겸연쩍었고 자칫 잘못하다간

반발을 살지도 모를 일이었다.

그런 형편을 눈치챈 헌칙이라는 책사가 공손소에게 진언했다.

"선태후님의 친동생 화양군은 주(周)를 받들고 계신데, 아무래도 역경에서 벗어나지 못하고 계신 듯합니다. 태후께서는 이를 매우 걱정하고 계시는 중인데, 친정 이야기를 꺼낼 수가 없어서 어쩔 수 없이 그대로 계시는 것입니다. 이런 때 당신이 진의 왕족으로서 주나라에 작용하여 화양군을 재상으로 삼도록 압력을 가하면 어떻겠습니까. 그러면 태후께서는 마음이 풀리셔서 당신의 승진이 실현될 것이 틀림없습니다."

공손소는 그대로 실행했고 선태후가 기뻐한 것은 두말할 나위도 없다.

266
·

인재를 모으려면 《전국책》

전국시대 연나라는 제나라의 침략으로 매우 어려운 상황에 놓여 있었다. 그때 왕위에 오른 소왕은 패전의 부끄러움을 씻고 나라를 재건하기 위해 널리 인재를 모으려고 먼저 곽외라는 현자와 의논했다. 그러자 곽외가 말했다.

"이런 이야기가 있습니다. 옛날 어떤 왕이 천리마를 구하려고 한 신하에게 천금을 주어 찾아오라고 했습니다. 그런데 그 신하는 3개월에 걸쳐 천리마를 찾았는데 그 말은 이미 죽어 있었습니다. 그래서 그 신하는 천리마의 시체를 500금을 주고 사가지고 돌아왔습니다. 그러자 왕이 노발대발하면서, 내가 원한 것은 살아 있는 말이지 죽은 말이 아니다. 죽은 말을 500금이나 주고 사 오는 바보가 어디 있느냐며 꾸짖었습니다.

그러자 그 신하가 '죽은 말도 500금에 샀는데 살아 있는 말이라면 그보다 훨씬 많은 돈을 주고 살 것이라는 소문이 나면 머잖아 많은 천리마들이 모여들 것입니다. 걱정 마시고 기다려 보십시오'라고 대답했다는 것입니다. 그러자 과연 1년도 못 되어 천리마가 세 마리나 모여들었습니다.

폐하께서도 진정 인재를 구하시려거든 먼저 이 곽외부터 중히 여기십시오. 신 같은 자도 우대된다는 소문이 나면 진짜 인재들이 천리길도 멀다 않고 모여들 것입니다."

그래서 소왕은 곽외를 위해 호화로운 저택을 지어 주고 스승으로 존경했다. 이것이 소문이 나자 위나라에서는 악의가, 제나라에서는 추연이, 그리고 조나라로부터는 극신 같은 쟁쟁한 인재들이 연나라로 모여들었다. 소왕은 이들 인재들의 도움으로 국력을 되찾고 마침내 제나라를 공략하여 한을 풀었다. 여기서 '외(隗)부터 시작하라'는 말이 나왔다.

267

둘을 함께 얻는 어부지리 《전국책》

조나라의 혜왕이 연나라를 공격하려고 했다. 조나라는 지금의 산동성을 중심으로 하북성의 남쪽에서 하남성의 북에까지 이르는 대국이었고, 연은 지금의 북경을 연경이라고 하듯이 하북성 북부에 있던 나라로 자주 조나라의 침범을 당했다.

유세사 소대가 연나라를 위해 조나라를 방문하여 혜왕을 만났다.

"이번에 이곳으로 오면서 역수를 건널 때의 일이었습니다만, 강 기슭 모래밭에서 조개가 입을 벌리고 있는데 거기에 황새가 날아와 조개의 살을 쪼아 먹으려고 했습니다. 그러자 조개는 조가비를 닫고 말았습니다. 황새는 '이틀쯤 비가 내리지 않으면 조개는 말라 버릴 걸' 하고 생각했고, 조개는 '이틀 동안 이러고 있으면 황새는 죽고 말걸' 하고 생각했습니다. 양쪽이 이렇게 버티고 있을 때 한 어부가 와서 둘을 모두 주워 바구니에 집어넣고 말았습니다. 지금 귀국은 연을 공격하려 하지만 두 나라가 맞서고 있으면 욕심 많고 강한 진나라가 어부가 되지 않을까 두렵습니다. 잘 생각해 보시기 바랍니다."

이 말에 혜왕이 잠시 생각하다가 고개를 끄덕이더니 연에 대한 공격을 즉시 중지했다.

268
·

때가 이르러서야 공격한다 《사기》

무후가 오기에게 물었다.

"군사를 전진시키고 정지시키는 데 있어서 지켜야 할 일은 무엇인가?"

그러자 오기가 대답했다.

"그것은 우선 천조나 용두라고 말하는 지형은 반드시 피해야 합니다. 천조는 큰 골짜기의 출입구이며, 용두는 큰 산의 끝머리입니다.

이렇게 지형이 나쁜 곳에 군사들을 머물게 하면 반드시 적군의 습격을 받게 됩니다. 군대를 주둔시키는 데는 원칙이 있습니다. 청룡기는 왼편에, 백호기는 오른편에, 주작기는 전방에, 현무기는 후방에, 그리고 사령관의 기는 중앙에 두고 그 깃발에 장수가 있어서 명령을 내리게 합니다. 그리고 전투에 돌입할 때에는 반드시 바람의 방향을 살펴서, 순풍일 때는 함성을 지르며 돌격하고 역풍일 때는 공격을 삼가고 진지를 굳게 지키며 때를 기다리는 것입니다."

오기의 말에 무후는 고개를 끄덕였다.

269

깊은 골짜기처럼 엄한 처벌 《한비자》

어느 고을에 새로 부임한 태수(太守)가 관내를 순시했다. 그러다가 깎아지른 듯한 절벽 아래의 깊은 골짜기를 보고 수행원에게 물었다.

"저 골짜기 안에 들어가 본 사람이 있는가?"

"아무도 없습니다."

"아이라든지 귀머거리 가운데 저곳에 들어간 자는 없는가?"

"없습니다."

"그렇다면 소나 말, 개나 돼지 같은 동물은?"

"그러한 짐승도 들어간 일이 없습니다."

그러자 태수가 크게 탄식하며 말했다.

"나는 저 골짜기를 보고 백성을 잘 다스리는 법을 발견했다. 법률을 엄격히 하고 범하는 자는 엄벌에 처한다. 마치 저 골짜기에 들어가면 죽음을 면할 수 없는 것과 같이 법률을 엄격히 한다면, 모두들 형벌을 두려워하여 감히 범하는 자가 없을 것이다."

270

이러지도 저러지도 못하는 사면초가 《사기》

항우가 유방과 천하의 패권 다투기를 5년, 마침내 천하를 갈라 주고 유방과 강화를 맺었다.

그리고 그가 동쪽으로 돌아가는 도중에 한신이 지휘하는 한군에게 포위당하고 말았다. 그래서 항우의 군사는 이제 얼마 남지 않았으며 군량도 다 떨어졌다.

밤이 되자 어디선가 노래 소리가 들려 왔다. 멀리 혹은 가까이 동서남북 사방에서 들려와 귀를 기울이니 초나라의 노래 소리였다. 이는 장량의 계략으로, 항우의 군사였던 초나라의 군사들이 그리운 고향의 노래 소리에 향수에 젖어 전의(戰意)를 잃고 도망쳐 갔다. 그것은 이미 한나라에 투항한 초나라 군사들의 함성이었다.

"한나라가 이미 초나라를 가로챘단 말인가. 저리도 많은 초나라의 군사가 투항하다니!"

항우는 마지막임을 깨닫고 휘장 속으로 들어가 작별의 술자리를 베풀었다.

그때 우미인이라는 미녀가 있었는데 그녀는 언제나 항우의 곁을 떠나지 않았다. 또 추라는 준마가 있어 항상 추를 타고 싸웠었다. 항우는 우미인이 애처로워 보였다. 그래서 손수 시를 지어 읊었다.

> 힘은 산을 뽑고 얼은 세상을 덮치건만
> 때가 불리하니 추가 안 가는구나.
> 어이 할거나
> 우(虞)여, 우여, 어이 할거나

항우는 몇 번이나 노래하였다.
귀신도 섬찟해 할 항우의 얼굴에 몇 줄기의 눈물이 흘러내렸다.

진중의 신하들도 모두 울고 얼굴을 드는 사람이 없었다. 항우에게 매달려 있던 우미인은 항우에게서 보검(寶劍)을 빌려 꽂고 자결하고 말았다.

그날 밤 불과 백여 기의 기마병을 이끌고 탈출한 항우는 이튿날 적군으로 쳐들어갔으나 스스로 죽음을 선택했다. 그때 그의 나이 31세였다.

271

존경하지만 멀리하는 경원 《논어》

'경원'이란 겉으로는 존경하면서도 내심은 꺼려서 멀리한다는 오늘날의 뜻과는 달리, 본래는 신령을 섬기면서도 그를 멀리한다는 공자의 가르침이다. 공자는 불륜의 죄업으로 태어난 사람이었기 때문에 정상적인 부모 사이에서 태어난 이들보다 더욱 도덕적으로 완전하고자 했다. 그런데 자기 부모의 행실을 부정하면 불효가 될 것이고 반대로 용인하면 배덕(背德)을 승인하는 셈이 된다. 그래서 공자는 도덕은 도덕으로서 받들고 부모는 부모로서 섬기며 도덕과 부모와의 관계에는 관여하지 않는다는 자기 중심주의를 견지하게 되었다.

하늘과 조상 그리고 하늘에서 주어진 도덕률 등 사람의 의지를 초월한 모든 권위에 순종한다는 것이다. 사람의 의지를 초월했으면서도 어째서 권위인가 하는 비밀을 추구하지는 않고, 그런 권위에게 복종하기 위한 실천론만을 가르친 셈이었다.

한번은 공자의 제자인 번지가 영지(英知)란 무엇이냐고 물었다. 그러자 공자가 대답하기를 '백성으로서의 의무에만 힘쓰고 영혼이나 신령은 섬기면서도 그를 멀리하는 것이 곧 영지'라고 했다.

272

도둑 잡은 장자

장자가 험준한 산길을 가다가 도적떼를 만났다. 장자보다 먼저 수레를 타고 가던 사람들은 이미 도적떼들에게 무참히 죽어 있었다. 그리고 백발이 성성한 노인 하나가 나무에 묶인 채 아직 죽지 않고 있었다.

장자가 나타나자 몇 놈의 도적떼가 장자를 둘러쌌다.

"이거, 오늘은 봉이 두 놈이나 걸리는군. 재수가 좋은 날인데."

그 중의 한 도적이 이렇게 지껄이면서 칼을 빼들고 장자에게 대들 듯이 다가섰다.

"목숨을 부지하려거든 가진 것 다 내놔라! 보아하니 돈꽤나 있어 보이는데, 헤헤."

하면서 칼을 휘둘렀다. 순간 장자는 얼른 몸을 피하면서 도적의 팔을 잡아 꺾었다. 그러자 다른 두 놈이 칼을 빼들고 덤벼들었다. 장자는 팔을 꺾은 놈의 칼을 뺏아들고 칼등으로 두 놈을 내리쳤다. 그러자 두 놈이 쓰러졌다. 이번에는 저쪽에 있던 대여섯 놈이 동시에 달려들었다.

순간 장자는 도(道)의 힘으로 정신을 집중시키고 있었다.

이런 장자의 눈에, 도적떼들이 휘두르면서 달려드는 칼이 마치 아이들의 막대기처럼 보였다. 장자는 칼등으로 아이들을 쫓아 버리듯 도적떼들을 내리치며 모조리 쓰러뜨렸다. 칼등으로 쳤기 때문에 도적떼들은 죽지 않고 모두 기절해 버렸다.

이윽고 장자는 나무 있는 쪽으로 가서 나무에 묶여 있는 노인을 풀어 주었다. 노인은 장자가 도적떼를 쓰러뜨리는 것을 보았으므로 몹시 놀라는 표정이었다.

"고맙소. 선생이 아니었더라면 영락없이 죽었을 것이오. 놈들이 수레꾼을 모조리 죽이고 나까지 막 죽이려는 찰나였소."

노인은 안도의 숨을 길게 내뿜더니 말을 계속했다.

"선생의 칼솜씨는 그야말로 신검을 쓰듯 했는데 정말 놀랍소."

그러자 장자가 웃으면서 말했다.

"나는 칼 쓰기를 전혀 배운 적이 없소이다. 그건 그렇고 노인장은 지금 어디로 가시는 길이오?"

"나는 조(趙)나라의 정승으로 있는 몸이오. 마침 왕의 사신으로 양나라에 갔다 오는 길인데 이런 참변을 당한 거요."

노인이 하도 권하는 바람에 장자는 조나라에 있는 노인의 집으로 동행하게 되었다. 노인의 집에서 장자는 생명의 은인이라고 하여 극진한 대접을 받았다. 그리고 노인 집에서 한동안 묵게 되었다.

273

실력자는 위험한 존재 《한비자》

제나라의 환공은 관중의 보필로 국력이 더욱 신장되는 것을 기뻐하여 관중을 중부라 칭하고 보다 많은 권한을 부여하려고 여러 신하들을 불러놓고 말했다.

"관중의 재능은 그대들도 잘 알 것이오. 그래서 그를 중부로 세울까 하는데 찬성하면 왼쪽으로, 반대하면 오른쪽으로 나오시오."

그러자 동곽아라는 신하만이 한복판에 섰다. 환공이 이상히 여겨 묻자 그가 대답했다.

"폐하께서는 관중의 지혜로 천하를 태평하게 하리라고 생각하십니까?"

"그야 물론이지."

"그러면 관중이 큰 일을 맡아 해결할 결단력이 있다고 보십니까?"

"그렇다네."

동곽아는 계속 물었다.

"관중이 천하를 태평케 할 실력과 큰일을 해결할 결단력이 있다고 생각하신다면, 또 한편으로 그가 위험한 존재라는 것을 생각해 보셨습니까?"

환공은 잠자코 듣고 있다가 마침내 그 뜻을 알아채고는 고개를 끄덕였다. 그래서 관중과 함께 포숙아, 습붕을 같은 지위에 두어 관중을 견제토록 했다.

274

묘장왕 셋째딸의 예언 《전국책》

중국 주나라 묘장왕에게는 딸이 셋 있었는데, 특히 셋째딸 묘선공주는 인물이 출중하고 마음씨가 고왔다. 묘장왕도 묘선공주를 특별히 사랑하여 좋은 부마에게 시집보내려 했다. 그런데 공주가 그를 마다하고 늘 불도를 닦으며 지냈다.

공주 곁에는 항상 공주의 설법을 들으러 많은 사람들이 모여들었다.

어느 날 공주가 빈 병을 하나 잘 보이는 곳에 놓으며 말했다.

"이 병에 물이 차고 푸른 버들가지가 자라나면 그때가 바로 내가 열반에 드는 날이다."

그 말을 들은 어린 동자는 참으로 이상하다고 생각했다. 빈 병에 물이 찰 리도 없고 푸른 버들가지가 자랄 수도 없기 때문이었다.

동자는 장난기가 발동해서 남몰래 그 물병에 물을 채우려 했으나 병 가까이에 항상 공주를 따르는 사람들이 많아서 장난을 할 수가 없었다. 그래서 어느 날 동자는 공주님이 거처하는 집 바깥쪽에 섶을 쌓아 놓고 불을 질렀다. 그러자 사람들이 깜짝 놀라 불을 끄러 밖으로 달려갔다.

그때 동자가 재빨리 안으로 들어가 병에 물을 가득 붓고 미리 준비해 둔 푸른 버들가지를 병에 꽂았다.

불을 끄고 집 안으로 돌아온 사람들은 깜짝 놀랐다. 병에 물이 가득 차 있고 푸른 버들가지가 자라 있었기 때문이었다.

사람들이 놀라는 것을 보고 동자는 속으로 매우 재미있어했다.

그때 묘선공주가 말했다.

"이제 때가 왔구나. 나는 곧 열반에 들 것이다."

그리고는 서서히 최후를 준비하는 것이었다.

장난을 친 동자는 깜짝 놀라 울면서 공주 앞에 나아가 고백했다.

"공주님, 사실은 제가 장난으로 병에 물을 붓고 버들가지를 꽂았습니다. 용서해 주십시오."

"동자여, 염려 말라. 서방정토에 계시는 아미타불께서 바로 너의 손을 빌려 병에 물을 붓고 버들을 나게 한 것이다. 이제 나는 아미타불님의 부름을 받고 그분 곁으로 가서 그분의 중생구제 사업을 도와야 할 때다."

공주는 자비롭게 웃으며 열반에 들었다. 그리하여 묘선공주는 관세음 보살로 환생했다고 한다.

275

선을 좋아하나 실행이 없으면 소용없다 《신서》

제(齊)나라의 환공(桓公)이 유람을 나갔다가 폐허가 된 옛 성터를 보았다. 이상하게 생각한 환공이 그 지방에 사는 노인에게 물었다.

"이 성터가 무슨 성터인지 아는가?"

노인이 대답했다.

"예, 이 성터는 예전에 있었던 곽국(郭國)의 성터이옵니다."

"곽국의 성터라? 그렇다면 곽국의 성이 어찌하여 이렇게 폐허가 되었느냐?"

"그건 선을 좋아하고 악을 미워했기 때문입니다."

환공은 영문을 모르겠다는 표정으로 재차 물었다.

"선을 좋아하고 악을 미워한 것은 잘한 일인데, 그 때문에 폐허가 되었다니 무슨 말인가?"

그러자 노인이 대답했다.

"선을 좋아했으나 실행에 옮기지 못했고 악을 미워했으나 제거하지 못했습니다. 그런 까닭에 폐허가 된 것입니다."

276

자웅이 나라를 지킨다 《사기》

춘추 전국시대가 끝나갈 무렵, 진나라에서 조나라로 한 통의 국서 (國書)가 날아들었다. 그것은 '조나라에는 화씨(和氏)의 벽(壁)이라는 훌륭한 보물이 있다는데 우리의 15개 성과 바꿀 수 없겠는가'라는 내용이었다.

그러자 조나라 전체가 발칵 뒤집어졌다. 아무리 보물이긴 하지만

성 15개와 바꾸자는 것은 이만저만한 좋은 조건이 아니었다. 그러나 바야흐로 천하 제일의 강국이 된 진나라인지라 보물만 뺏아 가고 성은 주지 않을 수도 있다. 그렇다고 거부하면 어떤 보복이 따를지 알 수 없어 걱정을 하고 있었다.

그래서 보물인 '벽'을 주지 않을 수는 없을까 하고 이리저리 궁리했다. 그리고 교섭에 나갈 자를 누구로 할지에 대해 백전 노장인 염파 장군을 비롯하여 중신들은 모두 식음을 전폐하다시피 하고 이 문제에 머리를 싸매고 있었다. 그때 시종장(侍從長) 목현이 앞으로 나와 말했다.

"저의 집에 인상여라는 식객이 있는데, 그 사람이라면 이 일을 해낼 수 있을 것 같습니다만……."

조나라 왕이 당장 그 상여를 만나 보니 보통 인물이 아니었다. 그래서 진나라에 가서 교섭하도록 명했다.

조나라 사신이 벽을 가지고 왔다는 말을 들은 진왕은 곧 궁중으로 불러들였다. 상여에게서 벽을 받은 진왕은

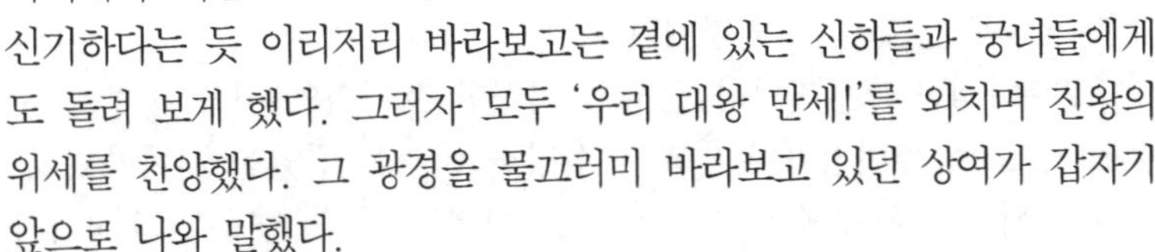

신기하다는 듯 이리저리 바라보고는 곁에 있는 신하들과 궁녀들에게도 돌려 보게 했다. 그러자 모두 '우리 대왕 만세!'를 외치며 진왕의 위세를 찬양했다. 그 광경을 물끄러미 바라보고 있던 상여가 갑자기 앞으로 나와 말했다.

"그러나 벽에는 흠이 조금 있습니다. 곧 알려드리겠습니다."

진왕이 건네준 벽을 받아든 상여는 그대로 기둥 옆으로 가서 노기 찬 얼굴로 왕을 노려보았다.

"왕의 태도는 무례하기 짝이 없습니다. 성과 바꾼다는 약속은 도무지 기억이 없으신 것 같은 얼굴이시니……. 그래, 이 벽을 억지로라도 뺏을 생각이라면 어디 해 보십시오. 그 전에 머리통이 이 벽과

함께 기둥에 부딪쳐 피범벅이 될 것이오."

이 말이 떨어지기가 바쁘게 상여가 기둥을 향해 벽을 든 손을 쳐들었다. 순간 당황한 진왕이 그를 말리며 성을 주겠다고 약속하며, 지도를 가져오라고 명하여 조나라에 인도할 성을 손가락으로 가리켰다. 그러자 상여가 막무가내로 말했다.

"이 벽은 천하의 보물입니다. 조나라 왕은 5일 동안이나 목욕재계하고 내게 건네주셨소. 그러니까 진왕께서도 역시 5일 동안 목욕재계하시고 나서 국보에 대한 예를 갖춘 뒤 받으셔야 합니다."

그래서 진왕도 할 수 없이 그렇게 하기로 했다. 그러나 상여는 진왕이 결국에는 성을 내주지 않을 것이라 짐작하고 다른 사람을 시켜 벽을 가지고 몰래 조나라로 돌아가게 했다.

5일 후 진왕과 다시 만난 상여는 엉뚱한 소리를 했다.

"진나라는 예로부터 약속을 지키지 않기로 유명하기 때문에 벽은 이미 조나라로 보냈습니다. 그러므로 강국인 진나라가 먼저 성 15개를 인도하시면 조나라에서도 벽을 보내줄 것입니다. 그리고 제가 진나라 군주를 속인 죄는 백번 죽어도 마땅하니 어떤 형벌이라도 달게 받겠습니다."

진왕을 비롯해 모두들 놀라고 화가 났다. 그렇다고 상여를 죽인다고 해서 없어진 벽이 손에 들어올 리도 없고 해서 진왕은 상여를 돌려보냈다. 조나라 왕은 벽을 다시 가져오고 국위를 크게 선양한 상여를 상대부(上大夫)로 임명했다.

그로부터 4년 후, 진나라 군사가 자꾸만 조나라의 서쪽 국경을 침공했다. 그로 말미암아 조나라가 상당한 타격을 받았을 것이라고 생각한 진왕은 조왕에게 수교를 맺자고 신청해 왔다. 명목은 수교이지만 실은 굴복을 요구하는 강압이었다.

조나라는 또다시 난국을 맞이했다. 잘못하면 왕이 인질이 될지도 모를 일이었다. 그래서 조왕은 이 수교에 참여하기를 꺼렸다. 그러자 염파와 상여가 설득하여 수교 장소에 나가게 했다.

"그렇게 되면 조나라의 약점을 천하에 드러내는 결과가 됩니다."

이때 물론 상여도 동행했다.

그런데 막상 수교를 조인하는 마당에서 곤란한 문제가 생겼다. 잔치가 한창 무르익었을 때 진왕이 말했다.

"조왕께서는 음악에 뛰어나시다니 어디 거문고를 한 곡조 타 보시지요."

기생처럼 권주가나 불러 보라는 속셈이었다. 그러나 조왕은 수모를 꾹 참고 한 곡을 탔다. 그러자 진나라의 사관(史官)이 나와서 '모년 모월 모일. 진왕, 조왕으로 하여금 거문고를 타게 함'이라고 써서 읽었다. 이것으로 조나라는 진나라의 속국이 되었다는 의미였다. 그러자 상여가 앞으로 나와 말했다.

"진왕은 진나라의 속된 노래를 좋아하신다는 말을 들었습니다. 어디 한번 이 술잔을 두들기면서 장단을 맞춰 보시지요."

그러자 진왕이 그 자리에서 사양했다. 그러나 상여는 굴하지 않고 몇 걸음 앞으로 나와 또 말했다.

"꼭 좀 들려주십시오."

이렇게 되자 진왕은 노기가 충천했다. 그때 상여가 외쳤다.

"진왕과 저와의 사이는 불과 다섯 걸음입니다. 저의 이 목의 피를 진왕의 얼굴에 튀게 할 수도 있습니다!"

만약 자기가 죽게 되면 진왕도 역시 살아 남지 못할 것이라는 협박이었다. 일어선 진나라 신하들은 상여의 기백에 눌려 물러섰다. 드디어 진왕은 풀이 죽어 술잔을 두들겼다. 상여는 재빨리 조나라 사관을 불러, '모년 모월 모일. 진왕, 조왕을 위해 술잔을 두들기며 장단을 맞추다'라고 기록하게 한 뒤 읽었다.

조나라를 굴복시키려던 진나라의 계략도 상여의 용기로 말미암아 이렇게 그림의 떡이 되고 말았다. 귀국한 조왕은 상여를 상경(上卿)으로 승진시켜 그 공에 보답했다.

상여에 대한 이런 후의에 염파 장군은 좀이 쑤셨다. 상여가 출세하여 자기와 같은 상경이 되고 더욱이 자기보다 지위가 높게 되었기 때문이었다.

"난 수없이 전쟁터를 넘나들며 큰 공을 세웠기에 상경이 되었다. 그런데 상여란 자는 세 치 혀를 놀려 나보다 높은 지위에 올라섰다.

게다가 그자는 어느 가문의 후손인지도 분명하지 않다. 그런 자에게 지게 되다니 생각할수록 화가 치미는구나. 그자를 만나면 반드시 혼을 내줘야겠다."
하고 큰소리를 쳤다.
　이 말을 들은 상여는 그로부터 될 수 있으면 염파와 만나기를 꺼렸고, 아프다는 핑계로 조정에도 나가지 않았다. 그리고 혹시 밖에서 염파를 만나게 될 것 같으면 일부러 다른 길로 돌아서 가곤 했다. 그래서 보기 민망하게 여기고 있던 부하가 어느 날 투덜대자 상여가 말했다.
　"너는 진왕과 염파 중에 누가 더 두려우냐?"
　"그야 물론 진왕입니다."
　"그 진왕을 나는 두 번이나 혼을 냈다. 그런데 염파 장군 따위가 문제가 되겠느냐. 다만 저 강한 진나라가 우리 나라에 손을 못 대고 있는 이유는, 오직 우리 두 사람이 있기 때문이다. 그런데 우리 두 사람이 다투게 되면 어느 쪽이든 한 사람은 죽게 된다. 그것은 곧 조나라의 멸망을 뜻하는 것이다. 내가 염파를 피하는 것은 오직 나라의 안녕을 생각하기 때문이다."
　이 얘기가 마침내 염파의 귀에도 들어갔다. 그러자 비로소 상여의 마음을 알게 된 염파는 손수 가시로 된 매를 등에 지고 상여의 집을 찾았다. 그러자 상여가 껄껄 웃으면서 염파를 진정으로 용서했다.
　"장군, 이게 무슨 짓입니까? 저와 둘이서 손을 잡고 조나라를 위해 힘을 합하는 것이 어떻겠는지요?"
　두 사람은 여기서 '문경(刎頸)의 사귐'을 맺었다. 즉 죽어도 함께 죽자는 맹세였다.

277

·

선우곤과 혜왕의 만남

선우곤은 상대의 기분을 거스르지 않는 완곡하고 곡선적인 변설을 장기로 삼는 세객이었다. 그가 위나라에 갔을 때 어떤 사람의 소개로 혜왕을 만나게 되었다.

그런데 선우곤은 왕 앞에서도 입을 꼭 다물고 말이 없었다.

"중신들의 귀를 꺼리는군."

혜왕 역시 그렇게 믿고 훗날 다시 그를 불러 단둘이 대좌했다. 그런데 선우곤은 이번에도 시종 입을 다문 채였다. 혜왕은 어이가 없었다.

'변설은커녕 좀 모자라는 사람이 아닌가.'

혜왕은 선우곤을 소개한 사람을 불러 질책했다.

"그 사람 천하의 세객이라더니, 막상 만나 보니 말 한마디 하지 않으니 어쩐 일인가?"

이 말을 들은 선우곤은 이렇게 변명했다.

"당연합니다. 처음 만났을 때 왕은 말(馬) 생각만 하고 있었습니다. 두 번째도 나와의 회견은 건성이고 그저 음악에만 마음을 빼앗기고 있었습니다. 그러니 제가 입을 다물고 있을 수밖에요."

혜왕은 이 이야기를 전해 듣고 깜짝 놀랐다.

"아니, 그 사람이야말로 현인이다. 처음 그를 만나던 날은 준마를 바친 자가 있어 보러 나가려고 하던 참이었다. 두 번째는 가희를 보낸 자가 있었는데 아직 노래를 들어 보지 못하고 있었다. 마침 그때 그가 왔기 때문에 다 물러가게 하고 둘만의 자리를 만들었지만 그건 모양뿐이었고 내 마음은 준마와 가희에게 빼앗기고 있었다.”

선우곤은 왕의 표정과 몸짓을 보고 그의 마음의 움직임을 알아차렸던 것이다. 일종의 독심술에 가까운 것을 체득한 데다가 상황을 정확히 판단한 뒤에 변론을 전개한다는 것이 그의 방침이었다.

세 번째 만남에서 혜왕은 진지하게 귀를 기울이게 되었다. 그런 혜왕을 상대로 해서 선우곤은 사흘을 내리 설했다. 말하는 사람도 그렇지만 듣는 사람도 전혀 물리지 않았다.

혜왕은 선우곤이 변설에 매혹되어 그를 재상으로 맞으려 했으나 선우곤은 사양하고 선물만 잔뜩 받아 귀국했다.

제3부
·
중국인의 인간관계와 처세

301
·
세객 왕두의 알현

왕두라는 세객이 제나라의 선왕에게 알현을 청했다. 선왕은 당시 명군으로 알려져 세객들에게 어지간히 식상했으나 명군이라는 체면도 있어 알현을 구하는 세객들을 무턱대고 물리칠 수는 없었다. 그래서 잠시라도 만나 보기로 했다.

왕두는 그런 왕의 심정을 너무도 잘 알고 있었다. 그는 우선 시종에게 한방 먹였다.

"내가 왕께로 나아가면 저 사람은 권력에 약하다는 말을 들을 것이다. 왕께서 나와 나를 맞으면 왕은 역시 인재를 좋아한다는 말을 듣는다. 왕께서는 어느 쪽을 택하실까?"

왕은 현관까지 나와 왕두를 안으로 인도했다.

"나는 선왕의 종묘를 지키면서 한 나라의 정치를 맡고 있다. 당신은 누구에게나 직언한다고 듣고 있는데, 과연 그런가?"

왕두가 대답했다.

"아닙니다. 이런 난세에 태어나서 명군을 모시고 있습니다. 섣부른 직언이야 할 수 있습니까."

선왕은 언짢은 얼굴을 했다. 그러자 잠시 후 왕두가 다시 말했다.

"환공께서 좋아하는 것이 다섯 가지 있었습니다. 환공께서는 그로써 제후를 거느리고 제국의 으뜸이 되셨습니다. 지금 왕께서는 그중 네 가지를 좋아하시는 것으로 보입니다."

선왕은 기분이 좋았다.

"그런가. 환공은 말을 좋아했는데 나도 말이 좋아. 환공은 개를 좋아했는데 나도 개를 좋아하고, 환공은 술을 좋아했는데 나도 술이라면 마다는 법이 없으며, 환공은 여자를 좋아했는데 나도 여자가 싫지 않아. 또 환공은 인재를 좋아했지. 그런데 나는 인재만은 좋아하질 않는데."

그러다가 선왕이 주춤했다.

"요즘 세상에 인재가 있어야지. 좋아하고 싶어도 그럴 수가 없단 말이야."

여기서 왕두는 인재 등용의 중요성과 군주 된 자의 자세를 도도히 설파했다.

302

공자의 조카와 제자의 문답

공자가 하급 관리로 있는 공멸에게 물었다.

"네가 이 자리에서 일하며 얻은 것이 무엇이며 잃은 것은 무엇인가?"

이에 공멸이 대답했다.

"얻은 것은 하나도 없고 세 가지를 잃었습니다. 한 가지는 일이 많아 공부를 못했고, 두 번째는 보수가 적어 친척들을 대접하지 못했으며, 세 번째는 공무가 다급해서 친구와 사이가 멀어졌습니다."

그 후 공자는 공멸과 같은 벼슬에 있던 제자 자천에게 같은 질문을 했다. 그러자 자천이 다음과 같이 말했다.

"잃은 것은 하나도 없고 세 가지를 얻었습니다. 첫째는 배운 것을 실행해 보게 되어 배운 내용이 더욱 확실해졌고, 둘째는 보수를 아껴 친척을 접대하니 더욱 친숙해졌고, 마지막으로 공무의 여가에 친구들과 교제하니 우정이 더욱 두터워졌습니다."

이렇게 생각하는 바에 따라 대답하는 것이 확연히 달랐다.

303

어려운 문제를 왕비가 푼다 《사기》

이웃 나라인 조(趙)나라에서 사자가 왔다. 조나라는 전국 7강의 하나로 꼽히는 대국으로서 중산과 같은 소국으로서는 조금도 소홀히 할 수 없는 상대였다. 재상 사마희는 정성을 다해 이 사자를 대접했다. 사자가 연회 자리에서 넌지시 입을 열었다.

"귀국에는 음악에 뛰어난 미인이 많다고 들었는데 사실이지요?"

"아니, 그 정도는 못 됩니다."

여기서 사마희는 목소리를 낮추었다.

"우리 중산에도 귀국 분들이 깜짝 놀랄 만한 여자가 있지요. 왕의 총비인 음간이라는 분입니다. 그야말로 선녀와 같답니다."

그는 온갖 소리를 다해서 음간의 아름다움을 사자에게 귀띔했다.

"그녀의 아름다움과 뛰어난 품위는 일개 제후가 생각할 여자가 아니라 제왕의 비라고도 할 수 있는 분입니다."

이 말을 들은 조왕은 아직 보지도 못했으면서 군침이 돌아 중산 왕에게 사자를 보내 음간을 얻고 싶다고 말했다. 조나라와 같은 대국이 중산과 같은 소국에게 이 정도의 제의를 하는 것은 이상한 일도 아니었다. 참으로 사마희가 뜻한 대로였다.

그러나 왕은 음간을 놓아 보낼 수 없었다. 비록 상대가 누구이든 그토록 사랑스런 여자를 남의 손에 넘길 수는 없었다.

중신들은 당황했다. 잘못하다가는 중산국이 멸망하고 말 거라고 했다. 보옥이나 미녀를 손에 넣기 위해 출병하는 일은 대국에 있어서는 흔한 시대였기 때문이다.

이윽고 조나라 사자에게 회답할 날짜가 다가오자 중산 왕은 어찌할 바를 몰라했다.

그때 사마희는 남몰래 회심의 미소를 띠고 있었다. 그는 기회를 엿보다가 왕에게 진언했다.

“조나라의 요구를 거절하면서도 우리나라의 안전을 유지할 방책이 있습니다.”

“뭐라고? 그같이 좋은 방책이 무엇이냐?”

“차라리 음간님을 정식 왕비로 삼으십시오. 왕비가 되시면 조왕의 요구를 거절하더라도 어색하지 않잖습니까.”

그래서 중산은 살아났다.

그 뒤 자기의 왕비 승격을 권하여 준 사마회를 음간이 소중히 여기게 된 것은 두말할 나위도 없다.

304

작은 것에 이끌려 큰 것을 잃다

진나라 헌왕이 우나라 땅을 지나 괵나라를 치려고 했다. 그래서 곧 어전회의가 열렸는데 그때 구식이라는 신하가 계략을 진언했다.

“수극(垂棘)과 굴(屈)의 명마를 우나라에 바치고 길을 빌리자고 합시다. 그러면 틀림없이 허락할 것입니다.”

수극은 옥(玉)이고 굴은 명마의 산지로서 천하에 알려진 명품이다. 그러나 헌공은 이 진언에 불안을 느꼈다.

“수극은 선왕 때부터 물려온 보물이고 굴의 명마는 나로서는 무엇과도 바꿀 수 없는 준마다. 우나라 왕이 받을 것만 받고 길을 내주지 않으면 어쩔 셈인가?”

"길을 빌려주지 않을 것이면 애초부터 받지 않을 것입니다. 받고 길을 빌려주면 다시 우리 것이 됩니다. 보석은 안의 창고에서 바깥 창고로 옮긴 것에 불과하고 말은 안쪽 마구간에서 바깥 마구간으로 옮긴 것에 불과하니 걱정하실 것 없습니다."

그래서 헌공은 구식을 사자로 내세워서 옥과 말을 우왕에게 바치고 길을 빌리자고 했다. 우공은 옥과 말에 눈이 어두워 그 제의를 받아들이려 했다. 그러자 우나라의 궁지기라는 중신이 만류하며 말했다.

"길을 내주면 안 됩니다. 괵은 우리에게는 버팀대나 같습니다. 버팀대는 수레를 받치고 수레는 버팀대를 의지합니다. 우나라와 괵은 떼려야 뗄 수 없는 관계에 있습니다. 만약 길을 내주어 괵이 멸망하면 얼마 못 가서 우리나라도 위태로워집니다. 당장 거절하십시오."

그러나 우공은 그 말을 듣지 않고 길을 내주었다. 구식은 괵을 치고 돌아온 지 3년 만에 다시 거병하여 우나라를 격파했다. 그리고 말과 옥을 되찾아서 돌아왔다.

옥은 그대로 있었고 말은 더 자라 튼튼해져 있었다.

305
·

자공과 노자의 대화 《장자》

어느 날 자공이 노자에게 물었다.

"삼황 오제(중국을 세운 고대의 임금들)가 천하를 다스릴 때 그 방법은 제각기 달랐으나 모두 성인이라는 점에서는 같았다. 그런데 선생께서는 그들이 성인이 아니라고 하신다니 대체 무슨 까닭입니까?"

그러자 노자가 마음을 가다듬고 말했다.

"젊은 친구, 좀더 가까이 와서 내 말을 들어 보게나. 제일 처음 황제가 천하를 다스릴 때는 백성의 마음을 모두 순수한 상태로 두었기 때문에 어버이가 죽어도 울지 않았지만 예 같은 것을 따지고 비방하지 않았소. 그리고 요임금 때 와서는 백성들간에 서로 친한 관계가 생기게 하는 마음을 갖게 해서 어버이가 죽었을 때 상복을 간소하게 입어도 비방하는 사람이 없었소. 다음에 순임금이 천하를 다스릴 때는 백성들간에 서로 경쟁심을 일으키는 마음을 갖게 해서 지혜가 발달했지. 그래서 아이를 밴 여인들은 꼭 열 달 만에 아이를 낳게 되고 아이는 난 지 다섯 달 만에 말을 하게 됐고 웃을 줄도 모르면서 남의 얼굴을 알아보게 되었소.

이때부터 사람들은 자연 그대로 맡겨 두지 않고 인위적으로 무리하게 기운을 써버렸기 때문에 제 명을 다 살 수 없게 되었소. 우임금 때에 와서는 아주 사람의 마음을 바꾸어 놓았지. 사람들은 욕심을 갖게 되었고 자기의 이익이 되는 것은 모두 선이라고 여기고 무기를 쓰는 것도 정당화되었소. 그래서 도둑을 죽여도 살인이 아니라는 생각을 갖게 되었지. 그래서 온 천하가 자기의 이익을 위해 싸우게 되었소.

유가나 묵가가 다투어 일어나서 세상을 구해 보려 하나 무슨 소용이 있겠는가. 처음에는 자연 그대로인 올바른 질서가 있었지만 지금은 인위적인 타락한 세상이 되었네.

삼황 오제의 다스림이 명목뿐이지 실상은 이렇게 세상을 어지럽혀 놓았소. 소위 그들의 지식은 위로는 일월의 밝음을 어둡게 하고, 아래로는 삼천의 정기를 더럽혔으며, 중간으로는 사시의 혜택을 깨쳤으며, 그 해독은 독충보다 더 심해서 산속의 작은 짐승조차도 자연의 생명을 누리도록 편안히 있지 못하게 했다. 그런데도 성인이라고 자처했으니 부끄럽지 않겠는가?"

자공은 노자의 말에 너무도 놀란 나머지 두려워서 그 자리에 서 있을 수도 없었다.

306

바른말 때문에 홀대받은 흡암 《한서》

한나라 무제를 보필하던 흡암은 무제에게 직언하기를 서슴지 않다가 무제의 미움을 사고 동해군 장관으로 좌천되었다.

동해군에 부임한 그는 부하들을 각자 적소에 배치하고 그들에게 모든 것을 맡겼기 때문에 부하들이 소신껏 일을 잘했다. 그는 몸이 약해서 관청에 나가지 못할 때가 많았는데 특별히 큰 잘못이 아닌 웬만한 잘못은 이를 관대하게 대했다.

그래서 고을의 치적이 크게 올랐다. 이러한 소문이 천자의 귀에까지 들리게 되자 천자가 다시 그를 소환하여 측근으로 발탁했다.

그런데 좌천으로 말미암아 수그러들 줄 알았던 그의 직언은 여전했다. 어느 날 조회 석상에서 너무 심하게 무제에게 직언하자 그의 직언에 만성이 되다시피 한 무제도 새파랗게 질려 조회를 중단시켰다. 곁에 있던 신하들도 모두 그 귀추를 걱정하여 흡암에게 충고했다. 그러자 그가 말했다.

"아니오. 신하가 된 것은 천자를 보필하기 위해서지 아부 아첨이나 하면서 주상에게 추종하여 도를 그르치게 하려는 것이 아니오. 그 직책에 있는 한 내 몸만 생각해서 할말도 못한다면 어떻게 되겠소?"

그래서 무제는 흡암을 어렵게 대했다. 무관인 위청이 문후차 배알해도 침대에 걸터앉은 채로 의관조차도 가다듬지 않고 맞이하는 무제였지만 상대가 흡암일 때에는 언제나 의관을 갖추고 맞이했다.

그 대신 지위는 오르지 못했다. 그래서 그의 밑에 있던 자들이 차
례로 출세하여 그의 윗자리에 오르게 되었다. 그러자 이를 보고 그
도 마음이 언짢았던지 기회 있을 때마다 무제를 비꼬았다.
"폐하의 인사는 장작을 쌓는 것과 같군. 뒤에 온 자가 위로 올라가
니 말이다."

307
·

낮에도 해를 보기 힘든 촉견폐일

촉(蜀)나라 땅은 사방이 높은 산으로 에워싸이고 계곡에 구름과
안개가 끼어 일년 중 대낮에도 해를 보기가 어려웠다.
어쩌다 해가 나타나면 개들이 수상쩍어서 짖어댄다는 것이 '촉견폐
일'이다.
반면 월(越)나라는 남쪽이므로 눈이 드문 까닭에 월나라의 개는
눈을 보고 짖는다는 월견폐설(越犬吠雪)이란 말도 있다. 또한 오(吳)
나라는 남쪽의 더운 고장이기에 소가 달을 보고서도 열을 내뿜는 태
양인 줄 알고 헐떡거린다는 말로 오우천월(吳牛喘月)이라고도 한다.

308
·

너 할 일 나 할 일이 따로 있다 《한비자》

한나라 소후가 어느 날 밤 술에 취해 그대로 잠이 들었다.
그러자 관(冠)지기가 왕이 감기에 걸리면 큰일이라 하여 옷을 덮
어 주었다. 얼마 후에 잠에서 깬 소후는 관지기의 그러한 생각을 가
상히 여기는 것처럼 말하며 곁에 있는 측근에게 말했다.

“나에게 옷을 덮어 준 자가 누구냐?”

“예, 관지기가 그랬습니다.”

그러자 소후는 관지기와 옷을 담당하는 자 두 사람을 모두 벌했다.

또 어느 땐가 소후가 사냥을 갔는데, 도중에서 말의 고삐가 늘어져 있는 것을 발견하고는 주의시켰다.

“고삐가 늘어진 것 같구나.”

그러자 마부가 대답했다.

“예, 그런 것 같습니다.”

사냥터에서 소후가 사냥을 하는 사이에 함께 탔던 사람이 늘어진 고삐를 다시 고쳐 놓았다. 사냥이 끝나고 돌아오는 길에 소후는 고삐가 제대로 매어 있는 것을 보고 물었다.

“누가 저 고삐를 고쳤느냐?”

하고 묻자 곁에 타고 있던 자가 말했다.

“예, 제가 고쳤습니다.”

그러자 소후가 돌아와서 마부와 함께 탔던 자를 모두 벌했다. 그리고는 말했다.

“아무리 작은 일이라도 직무에는 한계가 있어야 한다. 비록 일은 잘 했다 하더라도 내가 할 일이 따로 있다. 그것을 모르고 내가 할 일을 남에게 맡겨서는 안 된다.”

309

미끼를 써서 잡은 환어 《공총자》

자사가 길을 가다가 어느 강가에서 한 낚시꾼을 보았다. 그 낚시꾼은 수레에 가득 찰 정도로 큰 환어를 힘들게 끌어올리고 있었다.

“내가 도와드리리다.”

자사는 낚시꾼을 도와 거대한 환어를 물 밖으로 끌어냈다.

"정말 대단하시오. 환어는 잡기 어려운 고기인데, 당신은 어떻게 잡았소?"

그러자 낚시꾼이 대답했다.

"미끼를 잘 썼기 때문입니다. 제가 처음에 방어 한 마리를 미끼로 썼더니 쳐다보지도 않고 지나치더군요. 그래서 돼지 반 마리를 미끼로 했더니 환어가 걸려든 것입니다."

이 말을 듣고 자사가 탄식하며 말했다.

"환어는 비록 잡기 어렵다고 하나 욕심 때문에 미끼에 죽었도다. 선비도 이와 마찬가지로 비록 도를 품고 있다 하더라도 욕심 때문에 봉록에 죽는 경우가 많다."

310

공은 과대하게 바라지 말라 《후한서》

전한 말기 천하를 두고 다툴 때, 어양의 태수 팽총은 유수를 위해 정예부대를 동원하고 군장비를 수송하는 등 유수가 이끄는 군사의 군비 확보에 전력을 다했다.

그런데 팽총은 자기의 공로에 대해 지나치게 자만하여 광무제(유수)가 내린 포상에 불만을 품고 있었다. 그래서 유주목사 주부가 팽총에게 편지를 보내 그의 자만심을 탓하며 경고했다.

'요동 지방에 있는 어떤 돼지가 새끼를 낳았습니다. 그런데 그 돼지 새끼는 머리가 흰 매우 희귀한 것이었습니다. 그래서 그 돼지 주인은 천자에게 바치려고 돼지를 데리고 서울로 갔습니다. 그런데 도중에서 많은 돼지를 보았는데 모두가 흰 머리를 하고 있었습니다. 주인은 이래서는 별 희소가치가 없다고 해서 도로 요동으로 데리고 갔습니다. 이처럼 당신의 공로도 조정에서 볼 때는 별것이 아닙니

다. 그런데 무엇이 큰 공로라고 그렇게 으스대려고 하십니까?'

311
·

장자의 소용 있는 것과 없는 것 《장자》

소용이 있는 것이 소용이 없을 수도 있고 소용이 없는 것이 소용 있을 수도 있다. 결국 소용이 있거나 없거나 도(道)의 입장에서 본다면 모두가 마찬가지인 것이다.

혜시가 돌아가자 장자가 제자들에게 이런 이야기를 했다.

"원래 하늘은 동물들에게 숨쉬는 작용을 주어서 살게 만들었다. 그

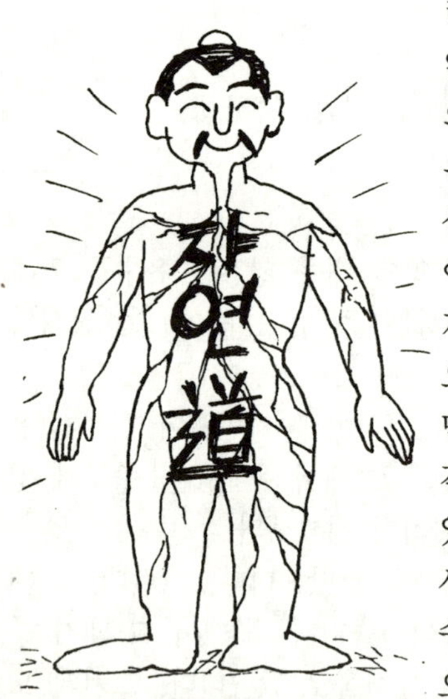

런데 그것이 정상적으로 행해지지 않는 것은 하늘의 죄가 아니라 사람의 허물에 있다고 볼 수 있다. 하늘은 사람 몸에 구멍을 뚫어서 언제나 신선한 숨을 쉬기 때문에 감각 기관이 밤낮 없이 사용해도 피로하지 않게 해 주었으나, 사람들이 욕심을 냄으로써 그 구멍이 메워져 못 쓰게 만드는 것이다. 사람의 몸 속에는 공간이 있어서 서로 기능이 작용할 수 있고 마음에는 타고난 여유가 있어서 그 여유로 무위의 즐거움을 가질 수 있다. 만약 한 집에 빈 자리가 없으면 며느리와 시어머니는 밤낮 싸

움으로 지칠 것이다. 마찬가지로 마음의 여유가 없으면 자연의 도가 들어올 자리가 없어서 사람의 몸의 기능이 서로 충돌하고 조화를 얻지 못할 것이다.

그래서 사람이 높은 산이나 큰 숲을 좋아하는 것은 사람의 정신이 몸의 기능의 부조화를 견디지 못하기 때문이다. 무위 자연의 덕은 사람이 명예를 구하기 때문에 잃게 되며, 또 음흉한 꾀는 마음에 여유가 없어서 생기고, 지식은 서로 다투는 데서 생기고, 마음이 막히는 것은 고집에서 생기고, 관청의 일은 사람의 편의를 봐 주는 데서 생긴다. 고요한 침묵을 지키면 어떤 병이라도 고칠 수 있고, 모든 욕심을 버리면 늙음도 당황하지 않는다. 그러나 이런 것들은 속세의 인간들이 노력해야 할 것으로 스스로 즐기며 무위에 사는 사람에게는 필요없는 것이다. 통발은 고기를 잡는 데 쓰이지만 일단 고기를 잡고 나면 내버려 둔 채 돌보지 않는다. 또 올가미는 토끼를 잡는 데 쓰이지만 토끼를 잡고 나면 내버려진다. 이처럼 말은 뜻을 나타내는 데 쓰이기 때문에 뜻을 알고 나면 버려야 한다. 나는 진정으로 말을 버린 사람을 만나 함께 말을 하고 싶다."

312

좁쌀죽 먹은 공자 《논어》

어느 날 공자가 제자인 자공과 자로를 데리고 먼길을 떠났다. 얼마쯤 가다가 사방을 둘러본 공자는 길을 잘못 들어 엉뚱한 곳으로 온 것을 알았다. 그래서 자공과 자로에게 말했다.

"자공과 자로야, 우리가 길을 잘못 들었구나. 그러니 저기 보이는 저 초가에라도 찾아가서 하룻밤 쉬어 가도록 하자."

"스승님 말씀대로 그렇게 하는 수밖에 달리 도리가 없을 것 같습니다."

공자는 두 제자를 데리고 불빛이 보이는 초가로 찾아가서 문을 두드렸다.

"이 밤중에 누구시오?"

백발의 노파가 문을 열며 말했다. 공자가 하룻밤 쉬어 가기를 청하자 노파는 쾌히 승낙했다.

"쉬어 가는 것은 괜찮은데 원체 집이 누추하고 대접할 것도 없어서……."

"고맙습니다, 할머니."

공자는 노파에게 공손히 인사를 했다. 노파는 공자와 제자를 방으로 안내한 후, 낡은 흙냄비에다 좁쌀죽을 끓여가지고 들어와 먹기를 권하고는 조용히 방문을 닫고 나갔다. 공자는 노인이 가지고 온 좁쌀죽을 맛있게 먹기 시작했다. 그러나 자공과 자로는 얼굴을 찡그린 채 쳐다만 볼 뿐 먹으려 하질 않았다.

이윽고 공자가 좁쌀죽을 다 먹고 나자 자공이 말했다.

"스승님, 방금 잡수신 그 좁쌀죽 말입니다만, 말이 죽이지 어디 그게 음식입니까? 그 노파의 더러운 손과 죽을 담아가지고 온 땟국물 흐르는 대접, 저는 아무래도 넘어가지 않을 것 같아서 수저조차 들지 않았습니다."

그러자 자로도 눈살을 찌푸리며 말했다.

"스승님, 저 역시 그랬습니다. 콧물을 흘리고 있는 노파의 꼴을 보고 또 그 죽대접을 보니 한 술도 먹을 수가 없었습니다. 그런데 스승님은 용케도 잘 잡수시더군요."

자로는 이렇게 투덜거리고는 공자의 눈치를 살폈다. 그러자 공자가 조용히 입을 열었다.

"나그네에게 죽을 쑤어서 대접하는 것은 진심에서 우러나온 친절이다. 그런 친절을 고맙게 받아들이지는 못할망정 트집을 잡고 타박을 하다니, 그건 사람의 도리가 아니다."

스승의 말에 자공과 자로는 부끄러워 고개를 떨어뜨렸다.

"나는 지금까지 그렇게 맛있는 음식을 먹어 본 적이 없다. 땟국이 흐르는 대접이나 노파의 지저분한 모습보다 먼저 그 친절하고 따뜻한 마음씨를 생각해야 한다."

자공과 자로는 아무 말 없이 상 앞으로 가서 좁쌀죽을 맛있게 먹었다. 그들은 차린 음식의 맛보다는 그 음식을 대접하는 친절한 마음씨가 더욱 중요하다는 가르침을 두고두고 마음에 새겼다.

313
·

누구에게나 역린이 있다 《한비자》

'용이라는 동물은 길이 들면 사람을 등에 태울 만큼 온순하다. 그
런데 목 밑에 직경 한 자나 되는 비늘이 거꾸로 나 있어 그것을 건
드리기만 하면 당장 물어 죽인다. 군주에게도 이 역린이 있다. 그것
을 건드리지 않고 진언할 수 있으면 일단 급제라고 할 수 있다.'
한비자는 진언의 어려움을 말하는 자리에서 이런 말을 하고 있는
데, 역린(逆鱗)을 가지고 있는 것은 용이나 왕만이 아니다. 모든 사
람이 그런 역린을 가지고 있고 또 대개는 그것이 자존심의 중심에
있는 콤플렉스와 연관이 있다. 왕의 앙갚음은 일도양단으로 당장 드
러나지만 약한 입장에 있는 사람의 앙갚음은 은근한 모양으로 나타
나기 때문에 더욱 뒤가 좋지 않다.

314
·

내 대신 처벌해 주도록 《한비자》

중산국에 지위가 낮은 공자가 있었는데, 그가 기르는 말은 먹을
것이 없어서 야윌 대로 야위었고 타고 다니는 수레도 낡아서 덜커덩
거렸다. 왕의 시종 중에 이 공자와 사이가 나쁜 자가 있었다. 이 시
종은 공자의 생활이 어려운 것을 보고 한 꾀를 생각해 내어 왕에게
진언했다.
"저 공자님은 불쌍해서 차마 볼 수가 없습니다. 말먹이 꼴이라도

더 늘리는 것이 어떨는지요?"

그러자 예상한 대로 왕이 거절했다. 시종은 그날 밤 사람을 시켜 꼴 저장소에 불을 놓았다. 그러자 왕이 화를 내며 공자를 처벌했다.

"저 공자놈, 내가 말먹이 꼴을 더 늘리지 않은 것에 앙심을 품고 불을 놓았군!"

315 · 조조의 그다운 판단 《삼국지》

조조는 삼국시대 군웅할거의 혼전 속을 이겨 나가면서 위왕조의 기초를 세운 걸물이다. 그런 조조가 여포에게 쫓길 때의 모양새는 초라하기 그지없었다.

그는 성내를 밀통하는 말만 믿고 손수 군대를 지휘하며 총공격을 하기로 마음먹고 야음을 틈타 동문으로 접근했다.

그런데 어찌된 일인지 그때 성내에서 큰 불길이 솟으며 여포군이 공격해 왔다. 속았다는 것을 깨달았을 때는 이미 늦었다. 조조군은 지리멸렬하며 도망치기에 바빴다. 우왕좌왕하는 조조의 주위에 적의 기마가 쇄도하여 창을 휘두르며 악을 썼다.

"조조, 어딨나?"

그러자 조조가 손가락질하며 소리질렀다.

"저기, 저 누런 말을 타고 있는 게 조좁니다."

적의 기마는 조조를 버려 두고 누런 말을 탄 장수를 쫓았다. 그래서 조조는 가까스로 목숨을 부지했다.

또 한번은 적과 대진중에 조조군은 식량이 많이 부족했다. 그래서 조조는 담당 장교를 불러 대책을 의논했는데 그 장교가 좀 째째한 사내였다.

"됫박을 좀 작은 것으로 바꾸면 어떨까요?"

"좋아. 그렇게 하도록 해."

그래서 곧 되를 작게 줄였다. 그런데 얼마 못 가서 병사들이 그것을 알아차렸다.

"대장이 우리를 속이고 있다. 이건 그냥 넘어갈 수 없다."

하고 불온한 공기가 감돌았다. 조조는 당황하여 식량계 장교를 불러서 말했다.

"군사들의 불만을 누그러뜨리려면 네가 죽어 줘야겠다."

하며 목을 베어 내걸고 포고했다.

'이 사람이 되를 작게 줄여 군량을 훔쳤으므로 참수함.'

그렇게 병사들의 동요는 가라앉혔으나 목이 잘려 죽은 장교는 너무도 억울했다. 이렇게 조조는 목적 달성을 위해서는 수단을 가리지 않는 사람이었다.

조조는 어릴 때부터 그렇게 모(謀)가 뛰어났다. 조조가 너무 못된 짓만 하고 다니는 것을 보다 못해 숙부가 조의 아버지에게 버릇을 좀 고쳐 주라고 충고했다. 이에 앙심을 품은 조는 어느 날 길에서 숙부를 만났을 때 얼굴을 찌푸리며 입을 삐죽거렸다.

"왜 그러냐, 얼굴이?"

"중풍인가 봅니다."

숙부가 당장 조의 아버지에게 알렸다. 깜짝 놀란 아버지가 곧 아들을 불러다 보니 아무렇지도 않은 얼굴이었다.

"아니, 네 숙부가 중풍이라던데?"

"제가 중풍이라니요? 말도 안 됩니다. 숙부는 저를 싫어하니까 못할 소리가 없군요."

그 뒤로는 아우가 무슨 말을 해도 조의 아버지에게는 마이동풍이었다.

어릴 때 나타난 그런 조의 태도는 만년에 이르러서도 수그러들 줄을 몰랐다.

316
·
마음이 어디에 있는가

대전(大顚)은 당나라의 고승으로 석두(石頭)에게서 법을 배워 깨달은 사람이다.

어느 날 석두가 대전에게 물었다.

"무엇이 그대의 마음인가?"

"말하는 놈입니다."

대전이 대답하자 석두는 문득 갈(喝)을 했다.

며칠이 지난 뒤 대전이 도리어 물었다.

"먼젓번에 말한 것이 옳지 않다면 그 밖에 어떤 것이 마음입니까?"

"양미동목(揚眉動目)하지 말고 마음을 가져오너라."

"마음을 가져갈 수 없습니다."

"본래 마음이 있는데 어째서 마음이 없다고 하는가? 마음이 없다면 모두 비방하는 것이니라."

대전은 이 말을 듣고 크게 깨달았다.

정원 6년(790) 조주(潮州) 영산(靈山)에 은거하여 법을 전하자 많은 제자와 고명한 학자가 사방에서 모여들었는데, 그때 유명한 문장가 한유(韓愈)도 그를 찾아가서 함께 지냈다.

이때 한유는 그의 도력을 실험하기 위해 밤중에 대전 화상이 거처하는 방에 남몰래 미녀를 들여보냈다.

그러나 대전 선사는 평상과 다름없는 태연자약한 자세로 그녀에게 설법을 마치고, 치맛자락에 '내 어찌 귀한 정액을 그대 몸 속에 쏟으리오'라는 글을 쓰고 여자를 돌려보냈다.

이 일을 지켜본 한유는 큰스님을 시험한 것을 몹시 뉘우치고 오랫동안 좋은 교분을 맺었다.

317

경쟁자를 제거하는 방법 《사기》

병법가 오기가 위나라 무후 밑에서 벼슬하다가 초나라로 망명했다. 그가 위나라에 있을 때는 서하의 태수로서 큰 공을 세웠다.

위나라에서의 라이벌은 전문이었는데, 오기는 자신이 전문에게 미치지 못함을 잘 알고 있었기 때문에 다툼이 없었지만, 재상 전문이 죽고 공숙이 후임으로 들어선 뒤부터는 오기와 공숙의 싸움이 그치지 않았다.

공숙은 오기가 자기 자리를 노린다고 생각하여 어떻게든지 오기를 제거시키려고 하루는 그의 부하와 상의했다. 그러자 그가 말했다.

"그것은 간단합니다."

"어떻게 하면 좋겠는가?"

"그는 사람됨이 곧아 정직하고 지조가 강하며 명예심 또한 강합니다. 그러니까 대감께서는 우선 주군께 이렇게 진언하십시오. '우리나라는 작은 소국이며 게다가 강대국인 진나라와 접해 있으므로 현자인 오기는 언젠가는 진나라로 가게 될 것입니다'라고요. 이렇게 말씀하시면 왕께서는 틀림없이 어떻게 하면 좋겠느냐고 물으실 것입니다. 그때 대감은 이렇게 말씀하십시오.

'시험삼아 공주를 아내로 맞도록 권해 보십시오. 그가 위나라에 머무를 생각이면 그것을 허락할 것이지만, 그렇지 않다면 틀림없이 사양할 것입니다.'

이렇게 진언하고 나서 대감께서는 오기와 함께 대감댁으로 가셔서 대부인(공숙의 아내, 무후의 누이)에게 귀띔하셔서, 일부러 거만하게 행동하라고 말씀하십시오. 그러면 오기는 공주를 부인으로 맞으면 다 이런 것인가 하여 틀림없이 왕의 권고를 물리칠 것입니다."

이유야 어떻든 결과는 이렇게 해서 오기는 공주가 한 나라의 재상인 남편을 업신여기는 것을 보고 공숙이 생각한 대로 공주를 아내로 삼을 것을 포기하게 되었다. 그로부터 무후도 오기를 의심하게 되었다. 그래서 오기는 앞날이 걱정되어 초나라로 야반도주하는 망명을 했고, 공숙은 라이벌의 제거에 성공하게 되었다.

318
·

죽은 달마대사를 만나다

달마는 중국에 간 다음 소림굴(少林窟)에 들어가 9년 동안이나 묵묵히 벽만 대하고 앉아 참선을 했다. 중국 태생인 혜가(慧可)에게 법을 전하고 앉아서 열반에 들었는데, 나라에서는 국장으로 성대하게 장사를 지내고 왕릉과 같이 큰 묘를 만들었다.

중국 땅에 처음 선법(禪法)을 전달한 달마대사는 선종(禪宗)의 시조로 그에 관한 일화가 많이 있다.

그로부터 3년 후 중국 사신 송운(宋雲)이 인도로 갔다가 돌아오는 도중 총령(葱領)에서 달마대사를 만났다.

그는 눈을 의심했다. 달마가 신발 한 짝을 매단 주장자(지팡이)를 등에 걸치고 걸어오는 것이었다.

"3년 전에 돌아가신 스님을 여기서 만나다니 실로 신기한 일입니다."

"나는 생사를 해탈한 사람이오. 생사와는 아무 상관이 없소."

"그러나 내가 여기서 달마 스님을 보았다고 하면 누가 나를 믿겠습니까? 다들 나를 미쳤다고 하지 않을까요?"

"내 묘를 파 보면 알 것이오. 거기에는 내 몸도 없고 빈 관 속에

신 한 짝만 남아 있을 거요."

하고는 나머지 신 한 짝을 주장자 끝에 매달고 태연히 고국으로 돌아갔다고 한다.

319
·

진평과 유방의 전략 《사기》

천하가 어지러울 때 깃발 하나를 세우려고 고향을 떠난 진평은, 유비를 만나 보고 몹시 흡족하여 참모로 들어가게 되었다. 그 뒤로 진평은 유방의 막하에서 시종 행동을 같이하면서 여섯 번 기책(奇策)을 짜내어 유방을 위기에서 구해냈다.

BC 205년, 항우를 상대로 천하를 나누는 싸움을 건 유방은 50만 대군을 이끌고 항우의 본거지인 팽성을 습격했는데, 항우의 강력한 반격으로 패배를 맛보았다. 패주하는 유방의 주위에는 수십 기(騎) 밖에 남아 있지 않았다.

유방은 영양에 머무르며 전선을 정리하려고 했으나 곧 항우의 군세에 포위당하여 중대한 위기를 맞게 되었다. 그때 유방이 진평을 불렀다.

"무슨 좋은 방책이 없겠는가?"

그러자 진평이 말했다.

"항우 쪽에도 비비고 들어갈 틈이 없지 않습니다. 항우를 따르는 강직한 신하는 범증과 장군 종리매 등 몇 사람에 불과합니다. 그러니 이런 때 황금 수만금을 풀어 저쪽 군신 관계에 쐐기를 질러 서로 의심을 품게 만듭시다. 감정적이고 중상에 약한 항우의 사람됨으로 미루어 필시 내분이 일어날 겁니다. 그 틈을 타 공격하면 항우를 무찌를 수 있습니다."

유방은 그 계책을 받아들여 곧 황금 4만금을 마련해서 진평에게 건네주었다.

"이것을 써 주게. 용도는 일일이 보고하지 않아도 되네."

진평은 그 돈을 충분히 뿌려 첩자를 보내면서 소문을 퍼뜨리게 했다.

"종리매 등 여러 장수가 항우의 처우에 불만을 품고 적과 내통하여 항우를 배신하려고 한다."

그런 소문이 꼬리에 꼬리를 물자 휘하 장수들에 대한 항우의 의혹이 깊어졌다.

그러다가 항우측 군사(軍使)가 유방의 진영에 끌려왔다. 진평은 최고의 요리를 갖추어 성대한 환영 잔치를 벌이고 그 군사를 맞았다. 그리고 군사를 보자마자 깜짝 놀라면서 말했다.

"아니, 범증의 사자인 줄 알았더니 항우의 사자 시군."

하고 준비했던 요리를 다 내가게 하고 그만 못한 수수한 음식을 내왔다. 그러자 군사가 진으로 돌아가 그런 상황을 낱낱이 보고했다. 그 뒤로 범증에 대한 항우의 신뢰가 갑자기 무너졌다.

범증이 어떤 묘책을 진언해도 항우는 끄떡하지 않았다. 그래서 화가 불끈한 범증은 사임하고 고향으로 돌아가 버렸다.

그의 음모가 맞아떨어진 것이다. 그는 나중에 '나는 음모에 의존하나 이는 도가에서 금하는 일이다'라고 술회하였다.

320

·

노자가 공자에게 말했다 《장자》

어느 날 노자가 공자와 한자리에서 대화를 나누었다.

"겨를 눈에 뿌리면 사방을 볼 수 없게 되고 모기가 살을 물게 되면 밤새 잠을 못 잘 것이오. 그와 같이 당신의 인의는 사람의 마음을 해쳐서 세상을 어지럽게 하고 있소. 그러니 당신은 사람의 순박한 본성을 잃지 않도록 해야 하는 거요. 그리고 당신도 주어진 자연의 본성에 따라 무위의 덕을 지켜 나가야 하오. 백조는 목욕을 하지 않는데도 언제나 희고 까마귀는 날마다 칠을 하지 않는데도 언제나 검은 것이니, 이 검고 흰 것은 자연의 본질로서 인간의 선과 악으로써 분별하는 것이 아닌 것이오. 인의가 만들어 낸 명예라는 것은 사람이 좀 편안히 살아 보겠다는 임시방편이지 참되고 영원한 가치가 있는 것은 못 되오. 예를 들면 샘물이 말라서 고기들이 마른 땅에 내버려지면 서로 입거품을 내뿜으며 잠시라도 더 오래 살려고 물기를 추겨 주는 것과 마찬가지요. 그러나 참된 도(道)는 큰 강이나 호수를 찾아서 서로가 상대방을 잊어버리고 물 속을 혼자 유유히 노니는 것을 말하는 것이오."

노자를 만나고 온 공자는 사흘 동안 아무런 말이 없었다.

321

·

고매한 언어 청담

위진(魏晉)시대에 죽림(竹林)의 칠현(七賢)이라 하여 그 기교가 뛰어난 언행으로 세상에 알려진 일곱 선비가 있었다. 그들은 정치적 권력은 물론 학문적으로 추종하는 무리들의 생활 태도에 반발하고

유교 등의 속박에 염증을 느낀 나머지 노자·장자 사상에의 심취에
몸을 맡겼다. 그들은 대숲에 모여 술에 취해서 청담을 나누었다는데
그렇게 행동을 같이한 시기는 짧았다. 그 대숲이 당시의 수도 낙양
으로 그들의 이름을 높여 준 것은 술에의 도취요, 혼탁한 정치사회
에서 몸을 지킨 점이며 기성 도덕에 대한 저항이었던 것이다.

칠현 중 일인이었던 완적은 날마다 미역 감듯 술을 마시고는 속물
이 찾아오는 것을 백안시(白眼視)한 것으로 유명하다. 또한 완함이
란 이는 돼지와 함께 큰 독의 술을 마셨고, 유령이란 이는 취하면
집안에서 발가벗고 뒹굴며 찾아오는 이에게 이죽거렸다.

"내게 있어서는 천지가 집이요, 이 오두막집 따위는 고의에 불과한
데, 자네는 어째서 남의 고의 속으로 들어오는 거야!"

이렇게 세속의 희비나 명리를 넘어 고매한 정신세계를 애기한 것
을 청담이라 한다.

322

주처의 참된 회개 《세설신어》

못된 짓만 골라 하는 주처라는 깡패가 있었다. 그는 몹시 포악하
고 싸움을 잘하여 마을 사람들의 걱정거리였다. 또 그 마을 앞으로
큰 강이 흐르는데 그곳은 교룡(蛟龍)이 살고 있었다. 그리고 뒷산에
는 호랑이가 어슬렁거리고 있었다.

주처와 교룡과 호랑이는 모두 사람들을 못살게 굴었다. 그래서 마
을 사람들은 이들을 '악당 세 놈'이라고 불렀다. 그 중에서도 주처의
횡포가 가장 심했다.

어느 날 지혜로운 마을 사람 하나가 주처에게 호랑이를 죽이라고
했다. 이 말에 주처는 흔쾌히 호랑이를 죽이러 뒷산으로 들어갔다.

"둘 중에 하나는 죽겠지?"

"주처가 죽었으면 좋으련만……."

마을 사람들은 주처가 죽기를 바랐다. 그런데 주처는 호랑이를 찔러 죽이고 의기도 양양하게 마을로 돌아왔다.

"정말 용감한 일을 했네. 자네 덕택에 이제 호랑이의 횡포에서 벗어날 수 있게 되었네."

"자네의 힘이면 교룡도 문제없이 해치울 수 있겠지?"

마을 사람들은 소를 잡아 잔치를 베풀고 온갖 말로 주처를 꾀어 부추겼다. 그러자 주처가 강에 들어가 교룡과 격투를 벌였다. 막상막하였고 불꽃 튀는 격전이었다. 한참을 싸우던 교룡이 물 위로 떠올랐다. 주처도 그놈을 꽉 붙잡고 할딱거리며 둥둥 떠내려갔다.

그로부터 사흘이 지나자 주처와 교룡의 행방이 묘연했다.

"두 놈이 모두 죽은 것이 틀림없다!"

누군가 이렇게 말하자 마을 사람들이 '와!' 하고 환성을 터뜨리며 좋아했다.

그런데 주처는 죽은 것이 아니었다. 교룡을 죽이고 녹초가 된 주처는 걸음을 재촉하여 마을로 돌아오고 있었다.

"아니, 사람들이 왜 저렇게 즐거워하지?"

주처는 고개를 갸우뚱하며 사람들 곁으로 갔다. 그러자 순식간에 사람들의 안색이 변했다. 그렇게 즐거워하던 표정이 갑자기 불안한 기색으로 바뀌었다.

주처는 비로소 마을 사람들이 자기를 골칫거리로 여긴다는 사실을 알게 되었다. 그러자 부끄러움을 느끼고는 그 길로 마을을 떠났다.

어느 곳에 이르러 현인을 만나게 되었다. 주처는 참회의 눈물을 흘리며 그 현인에게 말했다.

"저는 이날까지 마을 사람들을 괴롭히며 살았습니다. 이제 뉘우치고 좋은 사람이 되려고 하지만 제 나이로 보아 이미 때가 늦은 것 같습니다. 저는 끝내 아무것도 이룰 수 없는 사람이겠지요?"

그러자 현인이 말했다.

"옛 사람들은 아침에 도를 깨우치면 저녁에 죽어도 족하다고 했네. 당신은 아직도 젊으오. 그런데 어찌하여 당신은 이름이 빛나지 않을 것을 슬퍼하오?"

주처는 마침내 개과천선하여 좋은 사람이 되었다.

323

사실을 왜곡한 아첨 《삼국지》

삼국시대 촉나라의 승상 제갈공명에게 제갈근이라는 형이 있었다. 그는 오나라 손권 밑에서 벼슬을 하고 있었는데 그에게는 각(恪)이라는 아들이 있었다. 각은 두뇌가 뛰어난 재사였다. 어느 날 손권이 각에게 물었다.

"그대의 아버지(근)와 숙부(공명) 중 누가 더 현명하다고 보는가?"

"예, 아버지가 더 현명하지요."

"음, 어째서?"

"예, 아버지께서는 꼭 모셔야 할 주군을 가려 모시는데 숙부는 그렇지 못하기 때문입니다."

이 말에 손권은 크게 기뻐하면서 각을 더욱 총애하게 되었다.

324

왕 앞에서 자기의 공을 내세우지 않는다 《십팔사략》

왕증은 송나라 대왕 인종(仁宗) 밑에서 벼슬하여 재상이 된 사람이다. 그 무렵 정위를 비롯해 왕흠약, 장지백, 장사손, 여이간으로 재상이 바뀌었지만 왕증만은 8년 간이라는 긴 세월을 재상으로서의 중책을 다했다.

왕증은 각급 관리 등용 시험에 모두 일등으로 급제하여 그 뛰어난 재주가 인정되어 평판이 자자했다. 즉 사람들이 그에게 '증은 틀림없이 많은 봉록을 받게 될 것이며, 호화로운 집에 좋은 옷, 좋은 음식에 싫증날 정도로 출세할 것이야'라고 했다.

그러자 왕증이 정색을 하며 말했다.

"내 뜻은 난의포식(暖衣飽食)에 있는 것이 아니다. 그것은 잘못된 평이다."

왕증이 재상이 되면서부터 여러 가지 어려운 문제가 줄을 이었고, 따라서 자연히 정무(政務)도 많이 밀렸다. 그런 가운데서도 왕증은 의연한 자세로 거뜬히 처리해 나갔기 때문에 모든 신하들이 그를 큰 기둥으로 신뢰하였다.

그리고 많은 현자들을 천거했다. 그러나 등용된 사람들은 누가 천거했는지를 모르고 있었다. 보통 사람 같으면 자기가 추천했노라고 자랑하게 마련인데 왕증은 일체 내색하지 않았다. 어떤 사람이 그 이유를 묻자 왕증이 대답했다.

"은혜를 자기 탓이라고 내세운다면 반대로 원수는 누구 탓이라고 내세울 것인가?"

등용시켜 주었다는 은혜를 자기 혼자 독차지한다면, 반대로 좌천에 대한 원한은 모두 왕에게 떠맡기게 되어 불충이 이만저만이 아니다. 그야말로 그의 뜻은 온포(溫飽)가 아닌 고사(高士)였다고 말할 수 있다.

325

손무의 투철한 훈련 방법 《사기》

오나라 왕 합려가 손무에게 물었다.

"공이 저술한 병법서 13편을 다 읽었는데, 한 가지 시험삼아 연병(練兵)을 보여주지 않겠는가?"

"그렇게 하겠습니다."

"여자도 할 수 있을까?"

"할 수 있고말고요."

손무는 궁중의 미녀 180인을 두 무리로 갈라 왕의 총희를 각각 대장으로 삼고 앞으로 갓, 우향 우, 좌향 좌, 뒤로 돌아 등의 구령을 거듭 설명하고 나서 훈련으로 들어갔다.

그런데 막상 북을 치면서 '우향 우' 하고 구령을 하자 여자들이 키들키들 웃기만 했다. 그래서 손무는 다시 구령을 설명했다.

그리고 다시 북을 치며 '좌향 좌' 하고 구령을 하자 여자들이 여전히 웃기만 했다. 그러자 손무가 말했다.

"아까는 내 실수였지만 이번에는 다르다. 이미 구령은 잘 이해하고 있을 텐데 구령에도 움직이지 않는 것은 대장의 책임이다."

그러더니 칼을 뽑아 두 대장을 베려고 했다. 이에 질겁을 한 왕이 단상에서 곧 전령을 내려보내 간청했다.

"공의 뛰어난 연병법은 이미 보았소. 그 두 여자가 없으면 나는 밥이 넘어가지를 않소. 아무쪼록 죽이지만은 말아 주시오."

그러나 손무는 왕의 말에 따르지 않았다.

"이 부대의 대장은 접니다. 장수가 군에 몸담고 있을 때는 왕의 영이라도 받아들이지 못할 때가 있습니다."

하며 두 대장을 베어 버리고 그들 다음가는 미희 둘을 후임 대장으로 삼았다.

그리고 나서 북을 울리고 구령을 하자 여자들이 구령에 따라 일사분란하게 행동하는데 웃기는커녕 사담을 나누는 자도 없었다.

손무는 왕의 전령을 보내서 보고했다.

"연병이 끝났습니다. 이리 와서 시켜 보십시오. 왕명이라면 물불을 가리지 않고 뛰어들 겁니다."

"아니, 그만하면 됐소. 공은 그만 돌아가 쉬도록 하시오."

합려는 손무가 용병에 뛰어난 기량을 가지고 있다는 것을 알고 그를 장군으로 기용했다. 그 뒤로 오나라는 서쪽으로 강국 초나라를 쳐서 수도를 함락시키고 북으로는 진나라를 위협하여 제후 사이에 이름을 높였다.

326

범저의 사리판단 《여씨춘추》

'출정을 할 때는 대단한 결단이라야 한다'는 심중론을 설파한 범저가 말했다.

"병은 흉기라고 합니다. 흉기 휘두르기를 좋아하면 일신을 다치게 됩니다."

그의 그런 말에 귀를 기울이지 않고 출병을 강행했다가 허무하게 대패하여 회계산으로 쫓겨갈 때 구천이 탄식하며 말했다.

"자네 말을 듣지 않아 이 꼴이 됐네."

그러자 범저가 말했다.

246

"공물을 보내 성의를 보이고 몸을 대신 내놓고라도 화의를 청할 수밖에 없습니다."

냉정한 상황 판단이 그에게 이렇게 차가운 말을 만든 것이다.

허락을 받아 귀국한 월나라 왕 구천은 스스로 '상담'하며 복수를 다짐하면서 국정을 범저에게 맡기려고 했다. 그러자 범저가 말했다.

"군사에 관해서는 신이 위이지만 국가를 안태케 하고 제신을 다스리는 데는 문사가 낫습니다."

그리고는 동료 대부(大夫)에게 그 자리를 양보하고 구천과 함께 오로지 군사력 강화에 힘썼다.

오자서가 죽은 지 3년이 지나 이제는 복수전을 할 때가 되었다고 판단한 구천이 범저의 의견을 물었다.

"오자서가 죽은 뒤에 오왕 밑에는 기골 있는 자가 없게 되었으니 들이칠 시기가 아닌가?"

"아니, 아직 이릅니다."

범저는 신중히 때를 기다렸다.

이처럼 범저는 앞에 조금이라도 위험한 데가 있으면 시간을 두고 안전한 우회로를 찾는 신중한 사람이었다. 하지만 막상 호기라는 판단이 서면 주저없이 결단하고 단호히 일어섰다.

1년 뒤에 오왕 부차가 군의 주력을 이끌고 중원으로 출병했다. 오나라의 수도에는 약간의 병력만 남겼다. 구천은 다시 범저의 뜻을 물었다. 그러자 이번에는 범저가 전군에 출격을 명하여 순식간에 오나라의 수도를 함락시켰다.

쫓기게 된 부차는 수도를 버리고 고소산으로 피신하여 화의를 청했다. 구천은 전에 회계산에서 똑같은 처지에 빠졌던 일을 상기하고 항복을 받아들이려 했다. 그러자 범저가 완고히 반대했다. 구천이 망설이자 범저는 스스로 북을 쳐 항복을 청하러 온 사자를 쫓아 버렸다. 그리하여 부차는 자살하고 오나라는 멸망하고 말았다.

범저는 그저 때를 기다리고만 있지는 않았다. 결단할 때는 단호히 결단하고 죌 때는 가차없이 죄었다.

오자서의 말대로 구천의 숨통을 그때 끊어 버렸다면 이런 일은 당하지 않았을 텐데 땅을 치고 통곡을 하면서 후회했지만 어쩔 수 없었다. 마지막 숨을 거두면서는 '지하에서 오자서 볼 낯이 없다'면서 흰 천으로 얼굴을 가렸다고 한다.

327

재상이 할 일 《한서》

전한의 선제 때 재상 병길이 어느 날 길을 하다가 도중에서 편싸움이 벌어져 많은 사람이 다친 것을 보았다. 그러나 그는 모른 체하고 그냥 지나쳤다.

그런데 또 얼마쯤 가니 이번에는 짐을 실은 소가 달구지를 끌고 헐떡이는 것을 보았다. 병길은 주위 사람들에게 명했다.

"저 소를 몰고 얼마나 걸어왔는지 알아오라!"

이 말을 들은 어떤 사람이 비난하며 말했다.

"인간과 소 중에 어느 것이 더 소중한가?"

이 말에 병길이 말했다.

"편싸움 사건은 판관이 법에 따라 처리하면 될 일이지 승상으로서 간섭할 것이 못 된다. 그러나 지금은 봄이라 그렇게 덥지도 않은데 소가 그토록 헐떡이는 것은 때가 절기를 잃었기 때문이다. 이것은 재상인 내가 정치를 잘못하고 있기에 그런 것이다. 그래서 묻게 한 것이다."

328

장군도 군법에 따라 처형 《사기》

병법 칠서의 하나인 《사마법(司馬法)》의 저자로 알려진 사마양저는 제나라 재상 안영에게 등용되어 큰 공을 세웠다. 어느 날 그가 출전하기에 앞서 경공에게 말했다.

"신은 신분이 천한 데다 임명된 지 얼마 안 되어 사병들이 심복하지 않고 백관들도 신뢰하지 않습니다. 그러므로 폐하의 충신으로서 백성들의 신뢰가 높은 사람을 부관으로 같이 보내 주십시오."

그래서 경공이 장가라는 중신을 파견키로 했다. 그러자 양저가 그 중신과 약속을 했다.

"그러면 우리는 내일 정오에 영문 앞에서 만나기로 하자."

다음날 그가 장병들을 정렬시키고 장가를 기다렸는데 장가는 늦게서야 도착했다. 게다가 술까지 마셨는지 약간 취해 있었다.

"어째 이리 늦었는가?"

"예, 실은 친척과 친구들이 전송을 나와서 그만……."

하면서 장자가 사과했다. 양저는 심하게 꾸짖고 법무관을 불러서 물었다.

"집합 시간에 늦은 자는 어떤 벌을 주게 되어 있는가?"

"예, 참수형에 처하도록 되어 있습니다."

일이 이렇게 되자 장가는 겁에 질려 경공에게로 사람을 보내 살려 달라고 애걸했다. 그러자 경공이 사람을 시켜 친서를 양저 앞으로 보냈다.

"이번만은 관대하게 처리하도록……."

그러나 장가의 목은 이 친서가 도착하기 전에 이미 날아가 버렸다. 이 사실을 모든 장병들에게 알리자 모든 사람들이 군율의 엄격함에 놀라 마음을 가다듬었다.

그러나 이것만이라면 그는 오직 형벌로써 부하를 위압하는 장군으로 인식되었겠지만, 그는 온정으로써 부하를 다스렸다.

법으로써 엄격히 다스림과 동시에 사병들의 숙소와 우물, 취사장들을 수시로 순시 점검하고, 환자가 있으면 지체없이 의사에게 보이고 투약에까지 신경을 썼다. 장군용 군량도 사병들에게 나누어 주었으며 식사할 때에는 언제나 사병 중에 몸이 약한 자를 불러서 같이 했다.

329
·

살아 남으려면 머리를 써야 《사기》

한(漢)나라가 천하를 통일한 지 11년째 되던 해에 진희가 반란을 일으켰다. 고조 유방이 이를 진압하려 했으나 미처 반란이 진압되기도 전에 또 한신이 모반을 했다. 한신은 결국 여후의 계략에 걸려 주살되었지만 고조의 마음은 편치 않았다. 어떻게 해서라도 나라를 평화롭게 해야겠다는 생각에 공신 소하를 상국(相國)에 임명하여 5천 호를 증봉하고 병졸 500명을 보내 호위하는 등 그의 뜻을 받들려고 애썼다.

"나라를 진정시키고 백성들을 달래서 병참(兵站)에 만전을 기하는 점에서는 나도 그를 당하지 못한다."
하고 고조가 감탄할 정도로 소하는 실력자였다. 고조는 그러한 그의 모반을 두려워하고 있었다.

많은 사람들이 소하의 상국 임명을 축하했는데 오직 동릉후(東陵侯)인 소평만은 그렇지 않았다.

"이 일로 해서 대감께 큰 재앙이 생길 것입니다. 폐하는 밖으로 원정을 가셨는데 대감은 서울에 계십니다. 대감에게 증봉하고 호위까지 붙인 이유는 대감의 호감을 사려는 것이며, 또한 그 심중을 의심하고 있기 때문입니다. 아무쪼록 증봉을 사양하시고 사재를 털어 군

비로 헌상하십시오. 그러면 폐하도 기뻐하실 것이며 의심도 풀 것입
니다."

소하가 그대로 하자 고조가 매우 기뻐했다. 그 다음해 이번에는
경포가 반란을 일으켰다. 고조는 또 친히 정벌에 나섰는데, 전선에
있으면서 수시로 사람을 보내 상국 소하의 동태를 살폈다. 소하는
그때 백성들을 무마시켜 후방을 견고하게 하고 고조가 마음놓고 싸
울 수 있도록 온갖 후원을 아끼지 않았다. 그러자 어떤 사람이 소하
에게 간했다.

"대감의 일족이 멸살될 날도 그리 멀지 않은 것 같습니다. 대감은
현재 상국이며 공적은 으뜸입니다. 게다가 또 무엇을 바라십니까?
또 대감이 벼슬하시고 백성들의 인심을 얻은 지 10년, 백성들은 모
두 진심으로 대감을 경애하고 있습니다. 그런데도 대감은 또 백성들
의 인심을 얻으려고 하십니다. 폐하가 수시로 대감의 동태를 살피는
것도 대감께서 백성들에게 은혜를 베풀어 두었다가 폐하의 부재중에
이 나라를 뺏으면 어쩌나 하는 노파심에서 그러는 것입니다. 신변의
안전을 바라신다면 이제야말로 못된 짓을 억지로라도 하셔서 인심을
잃어 폐하를 안심시켜야 할 때입니다."

소하는 그 진언에 따라 백성들의 토지를 몰수하는 등 일부러 못된
짓을 저질렀다. 이렇게 해서 소하의 평판이 점점 나빠지자 고조가
비로소 안심했다.

330
·

창피한 줄 모르는 철면피 《북몽쇄언》

왕광원은 학문과 재능에 뛰어나 진사 시험에 합격했다. 그는 출
세주의자로 윗사람을 찾아다니며 아첨하기에 바빴다. 누가 보건 말
건 낯간지러운 칭찬을 늘어놓기 일쑤고 상대방이 무례한 짓을 해도

노여워하기는커녕 도리어 아양스런 웃음을 웃곤 했다.
　한번은 상대가 매를 휘두르며 말했다.
　"어때? 내 손에 한번 맞아 볼 텐가?"
　"각하의 매질이라면 오히려 영광입니다."
하고 그가 등을 내밀자 상대방이 실제로 매질을 했다. 그러자 그 자리에 함께 있던 친구가 나중에 핀잔을 주었다.

　"자네는 창피한 줄도 모르나? 여러 사람이 보는 앞에서 그런 망신을 당하고서도 아무렇지도 않은가?"
　"거, 모르는 소리 말게. 그이한테 잘 보이면 얼마나 이로운지 알기나 하나?"
　이렇게 대답하는 바람에 친구는 어안이 벙벙했다. 사람들은 그를 가리켜 '낯가죽이 두껍기가 마치 열 겹으로 된 철갑 같다'라고 빈정댔다.

331

통솔력이　없으면 가까운 사이라도 뗀다 《송서》

　후주의　공종(恭宗)으로부터 제위를 물려받은 조광윤은 송나라를 세워 태조가 되었다. 그가 즉위한 지 얼마 후에 재상 조보가 진언을 했다.
　"금위군(禁衛軍)사령관 석수신 등은 통솔력이 없는 것 같습니다. 다른 곳으로 돌리심이 좋을 듯합니다."
　조보가 몇 번이고 되풀이하는 바람에 태조가 못마땅하게 여겨 이렇게 말했다.

"걱정할 것 없다. 그들은 옛날부터 나와 잘 아는 처지이니 결코 나를 배반하지는 않을 것이다."

"신도 그렇게 생각합니다. 하지만 통솔력이 약하면 그 부하들 중에 나쁜 자가 나쁜 일을 꾀했다고 해도 이를 다스리지 못할 것입니다."

태조는 과연 그럴 것이라 생각했다. 그래서 얼마 후에 태조는 석수신을 비롯해 옛 동료들을 불러 잔치를 베풀었다. 잔치가 한창 무르익었을 때 태조가 주위 사람들을 물리치고 말했다.

"오늘의 내가 있게 된 것은 오로지 여러분의 덕이다. 나는 진심으로 감사하고 있다. 그러나 천자라는 것은 퍽 고된 자리다. 요즈음에는 잠도 편히 잘 수가 없다."

"그게 무슨 말씀이십니까?"

"그다지 까닭이 있는 것은 아니다. 천자라는 자리는 모두가 앉고 싶어하거든."

"별말씀을 다 하십니다. 폐하, 지금은 천명이 이미 정해졌습니다. 누가 감히 그런 생각을 하겠습니까."

"여러분은 물론 그런 생각이 없겠지만, 혹시 여러분의 부하가 부귀를 바라는 것까지는 막을 수 없지 않은가? 그자들이 만약 황포(黃袍)를 여러분에게 입혀 주면 어떻게 하겠는가? 그렇게 되면 할 수 없겠지. 나 역시 일찍이 부하들이 그렇게 해서 억지로 왕이 되지 않았던가. 그대들도 알고 있겠지만."

이때 석수신 일행은 태조의 뜻을 알아차렸다. 그리고 모두 머리를 조아리고 눈물을 흘리며 충성을 맹세했다.

"미련한 신들은 거기까지는 미처 생각하지 못했습니다. 부디 어여삐 여기시어 저희들이 살 길을 가르쳐 주십시오."

"인생이란 하얀 말이 문틈을 슬쩍 스쳐가는 것같이 그야말로 눈깜짝할 사이에 지나간다. 인간이 부귀를 원하는 것은 돈을 모아 인생을 즐기고 자손들이 가난하게 살지 않도록 하기 위해서다. 옛 동료로서 나에게 말하라면, 차라리 이 기회에 불안정한 병권을 버리고 시골로 가서 적당한 논밭이라도 사서 자손들을 위해 재산을 남기는 것이 낫지 않겠는가? 그리고 기생이라도 불러다가 부어라 마셔라 하며 천수를 다하는 것이 낫지 않겠는가? 그렇게 하면 왕이든 신하든 필요없는 시기심이나 걱정이 없어 좋지 않겠는가?"

신하들은 재배하며 감격했다.

"고마우신 말씀입니다. 시체의 생명이 소생하는 것 같고 뼈에 살이 붙는 듯합니다."

그들은 다음날 모두 병을 핑계대고 사직원을 제출했다. 그래서 태조는 그들에게 후한 상을 내렸다.

332

·

쓰지 않으려면 없애시오 《사기》

상앙이 위(魏)나라의 재상 공숙좌의 가령(家令)으로 있을 때 공숙좌가 주군인 혜왕에게 말했다.

"소신의 집에 있는 공손앙은 인물됨이 여간 범상치가 않습니다. 그러니 등용하심이 좋겠습니다. 만약 등용하시지 않으시려면 차라리 없애버리는 것이 좋사옵니다. 그를 타국으로 보내서는 절대로 안 될 인재이옵니다."

혜왕은 이 말을 잠자코 듣고만 있었다.

집으로 돌아온 공숙좌는 공손앙에게 자기가 왕에게 진언한 내용을 그대로 털어놓았다. 그러자 공손앙이 태연하게 대답했다.

"소인을 등용하라고 진언했으나 듣지 않은 왕입니다. 없애라는 진 언도 듣지 않을 것입니다."

과연 그의 말대로였다. 혜왕은 공손앙을 등용하지도 없애지도 않 았다. 그 후 공숙좌가 세상을 뜨자 공손앙은 진(秦)나라로 갔다.

333

보신을 위해 신중하게 행동한다 《삼국지》

삼국시대 오장원은 촉나라의 제갈공명과 위나라의 사마중달이 대 치하고 있을 때였다. 그때 중달은 공명이 아무리 조롱해도 끄떡도 하지 않았다.

그래서 '공명이 그렇게도 무서운가요'라는 부하들의 조롱을 받았다. 그래도 일체 개의치 않고 꿀먹은 벙어리마냥 싸움에 나서지 않았다.

마침내 공명이 진중에서 죽게 되었다. 이 소식을 듣고 사마중달은 부하들의 성화에 못 이겨 철수하는 촉나라 군사들을 뒤쫓았다. 그 런데 도중에서 수레 위에 있는 공명의 나무 형상을 보고 서둘러 군 사를 돌렸다. 그래서 '죽은 공명이 산 중달을 도망치게 하다'는 말이 나오게 되었다.

이때 중달은 공명이 이미 죽었다는 것과 수레 위에 있는 것이 공 명의 목상이라는 것을 잘 알고 있었으면서도 공명이 아직 살아 있다 고 잘못 본 체하며 군사를 되돌린 것이다.

그가 촉나라 군사를 추격하여 섬멸하지 않은 것은 그럴 만한 이유 가 있었다. 그것은 자신의 신변 보신책 때문이었다. 일찍이 그가 모 시고 있던 조조에게 '한중(漢中)으로부터 출진하여 촉나라로 공격해 야 한다'고 진언했을 때, 조조의 얼굴에 떠오른 놀라움과 경계의 빛 을 보고 그는 아차 하고 후회했다. 그는 '군주가 말하지 않는데 그 심중을 알아 말한다든가 행동하는 신하는 신변이 위태롭다'라는 말을 상기했던 것이다.

그로부터 중달은 애써 언동을 삼가하게 되었다. 조조가 죽자 자원해서 지방으로 내려갔는데, 모반의 의심을 받고 관직을 박탈당했다. 그래서 그는 더욱 신중하게 되었다.

대장군이 된 지 4년, 중달은 바야흐로 위나라에서 제일가는 신분이 되었다. 이런 인물은 흔히 조정으로부터 경계되고 색안경으로 보여진다는 것을 그는 잘 알고 있었다. 이런 의심의 도가 높아지면 결국 주살되고 만다.

전쟁에 있어서도 압승하는 것은 바람직하지 않다. 웬만큼 이기고 물러서야지 그렇지 않으면 조정에서 '두려운 존재'라고 하여 경계당하게 된다. 또 한 가지, 적은 전멸시킬 것이 아니라 조금은 남겨 두어야 한다. 적이 존재하는 한 군인으로서의 지위가 안전하기 때문이다. 그런데 적이 없게 되면 군인은 날쌘 토끼가 죽자 사나운 사냥개도 삶겨지는 신세가 되기 십상이다.

'죽은 공명이 산 중달을 도망치게 하다'는 비웃음을 받고 별 인물이 아니라는 평을 받는 것이 몸을 위해서 안전하다고 중달은 생각했던 것이다.

귀국길에 오른 중달은 서울인 낙양으로 가지 않고 중간에 있는 장안에 눌러앉았다. 이것도 역시 보신을 위해서였다. 대군을 이끌고 서울로 입성한다는 것은 아무래도 몸을 위태롭게 할 것이라고 생각했기 때문이다.

334

장자가 새로 신방을 맞다

땅거미가 질 무렵 산길을 걷고 있던 장자는 고개를 넘어서 하룻밤을 쉬어 갈 생각으로 민가로 발길을 옮겼다.

조그마한 산채를 찾아갔는데 산채는 밤이 깊어서인지 불이 꺼져 있었다. 일찍 잠자리에 들었나 보다고 생각하고 장자는 울안에 들어 섰다. 그리고 막 주인을 부르려고 하는데 방안에서 남자와 여인의 목소리가 간간이 들려왔다. 가만히 들어 보니 희한한 소리였다. 말 투로 보아 부녀간인 것 같은데 서로 말을 주고받으면서 바둑을 두고 있었다. 부친인 듯한 노인이 화점에다 바둑알을 놓는다고 말을 하자 딸이 또 그 옆점에다 놓는다고 응수했다. 바둑판도 없이 서로 누워 서 말로만 바둑을 두니 바둑에 신기를 가졌다고 볼 수 있었다.

장자는 재미가 나서 한참을 듣고 있었다. 이윽고 장자의 머리 속 에도 바둑판이 그려졌다. 그때 노인의 딸이 놓는 곳이 지는 점이었 다. 그래서 장자가 한마디 훈수를 했다.

"그 아랫점에다 놓으시오."

"밖에 귀한 손님이 오신 모양인데 불을 켜고 나가 보아라."

그래서 장자가 얼른 말했다.

"훈수를 해서 미안하오마는 더 두십시오."

"허, 이미 우리 딸애가 졌소이다. 말로 두는 바둑은 물릴 수가 없 지요."

안에서 노인이 호탕하게 웃는데 방문이 열리면서 딸이 등불을 켜 들고 나왔다. 스무 살 가까이 되어 보였는데 무척 아름다웠다.

"누추하오나 안으로 들어오십시오."

"아니올시다. 지나가는 나그네인데 하룻밤 신세를 질까 해서 들렀 소이다. 어디 빈방이라도 있으면 잠시 머물게 해 주십시오."

그러자 이번에는 안에서 노인이 말을 받았다.

"사양 말고 들어오시오. 빈방을 좀 치워야 하니 우선 들어와서 계 시다가 주무시도록 하시오."

그때 딸이 약간 수줍은 듯한 웃음을 띠고 있었다. 장자는 할 수 없이 그녀를 따라 마루로 올라서서 방으로 들어갔다.

방에는 허연 백발의 노인이 앉아 있었다. 나이는 일흔이 넘어 보 였는데 그 얼굴빛은 홍안이었다.

"송나라에 사는 장주라는 사람입니다. 양나라에 갔다 오는 길에 밤이 늦어 신세를 지게 되었습니다."

장자가 두 손을 모으고 정중히 인사를 하자 노인도 따라서 정중히 인사를 받았다. 노인은 한눈에 장자를 귀인으로 알아차린 듯했다.

"나 양우라고 하오. 그리고 딸애는 연옥이라 하는데 하나뿐인 외딸이오. 두 부녀가 살고 있소이다."

"매우 쓸쓸하시겠습니다. 그런데 노인장께서는 아직 홍안이신데 어떻게 그리 건강하십니까?"

딸 연옥이가 건넌방을 치우러 나간 사이에 노인과 장자는 마주 앉아서 이야기를 나누었다.

"글쎄요, 속세를 떠나 사니 마음에 번거로운 일이 없어 그런가 보오. 헌데 보아하니 선생께서도 세상과는 인연이 없는 사람 같구려. 상(相)은 재상감으로 생기셨는데."

노인의 말에 장자는 호탕하게 웃었다.

"저 역시 세상에 뜻을 못 가지고 사는 몸이올시다. 노인장 말씀대로 벼슬 같은 것은 마음의 번거로움이 싫어서 못했습니다. 헌데 노인장께서는 벼슬을 많이 하신 것 같은데요."

"허, 선생의 눈은 도저히 못 속이겠습니다. 옛날 일이라 이젠 다 때를 벗은 줄로 알았소만. 어쨌든 지금은 자연에 파묻혀 사니 마음이 더없이 한가롭소. 봄이 되면 밭에 씨앗을 뿌리고 가을이면 거둬들여서 그것으로 양식을 삼아 지낼 수 있으니 딴 근심이 없는 탓인가 보오."

"자연에 따라 사는 것이 곧 하늘의 뜻이 아니겠습니까. 그런데 노인장께서는 바둑에 묘기를 가지신 듯합니다."

장자가 바둑 이야기를 하자 노인이 껄껄 웃었다.

"훈수를 한 당신이 더 잘 두시던데요."

"원래 구경하는 사람은 수가 좀 낮아도 잘 보게 마련입니다."

"내 딸애하고 심심풀이로 하다 보니 어쩌다 좀 두게 되었나 보오."

그때 그의 딸 연옥이 조촐한 술상을 갖고 들어왔다. 얼굴에는 여전히 수줍은 듯한 미소가 가시지 않았다. 장자에겐 그녀의 모습이 어쩐지 낯설어 뵈지 않았다.

　노인과 술을 몇 잔 나누고 장자는 건넌방에 마련해 준 잠자리로 돌아갔다. 먼 길을 오느라 피곤했는지 자리에 눕자마자 곧 잠이 들었다.

　얼마나 되었을까. 연옥이 물 그릇을 쟁반에 받치고 들어와 목이 마르면 드시라면서 머리맡에 갖다 놓았다. 장자가 고맙다고 말하자 연옥이는 그 자리에서 물러가지 않고 있었다. 장자는 몹시 거북해서 그만 돌아가라고 하자 연옥이 흐느껴 울었다. 장자는 간신히 울음을 그치게 하고 그 사유를 물었다.

　5년 전 부친과 초나라에서 살 때 어느 집 도령과 혼약을 맺었는데, 벼슬을 하던 부친이 어느 간신배의 모함으로 죽음을 당하게 되자 곧 몸을 피해 이 산골로 와서 숨어 살게 되었다는 것이다. 그 바람에 그 도령과는 혼례도 올리지 못하고 생이별을 하게 되고 지금까지 소식도 모르고 있다는 것이다. 하지만 연옥의 본심은 이런 말을 하려는 데 있지 않았다. 자기는 이미 그 도령을 잊었다는 것이다.

　그러면서 장자를 처음 봤을 때 자기가 운명적으로 기다리던 사람이 왔구나 하는 마음이 그 순간 들었다는 것이다. 하지만 그런 과거를 지닌 여자이기 때문에 마음의 가책을 느낀다는 것이었다.

　장자는 어이가 없는 마음으로 연옥의 말을 듣고 있었다. 그런데 연옥이가 말한 그 운명이란 말이 이상하게 자신의 마음을 사로잡았다. 그 순간 연옥은 부끄러움을 무릅쓰면서 자기 품속으로 기어 들어오는 것이 아닌가. 그리고 그녀의 부드러운 육체가 장자의 감촉을 흠뻑 적셔 놓았다. 장자는 순간 함정에 빠진 듯한 기분이었다.

　이윽고 옷을 벗어 버린 연옥의 풍만한 앞가슴이 장자의 눈을 가렸

다. 장자의 몸 구석 어딘가에 남아 있던 관능이 샘솟듯이 흘러나왔
다. 한편 남자를 그리워하던 연옥의 육체가 사납게 파동쳤다.

얼마 동안의 시간이 흐르고 그 파동이 가라앉자 연옥은 장자의 품
속에서 만족한 표정을 짓고 있었다. 장자도 자기 자신이 변한 것을
알고 있었다. 온몸이 새로운 감각으로 꽉 차서 마치 자기 자신이 새
로운 인간으로 태어난 기분이었다.

"내일 아버님께 말씀드리고 선생님과의 인연을 허락받겠어요."

연옥은 이미 마음속으로 장자와 떨어질 수 없다는 것을 못박아 놓
고 있었다. 그녀는 신기하게도 장자가 상처를 한 몸이고 혼자 살고
있다는 것을 직감으로 판단하고 있었다. 장자도 자기의 어쩔 수 없
는 운명에 굴복하고 말았다.

장자는 이제 완전히 속인이 되고 말았다. 그러자 연옥의 육체가
더없이 소중하게 여겨졌다. 장자는 연옥의 육체를 힘차게 끌어안았
다.

"연옥이, 우리 평생을 같이 삽시다. 이 즐거움이 우리들의 행복이
아니겠소!"

"네, 그래요. 저는 이 행복을 영원히 놓지 않겠어요."

장자와 연옥은 숨가쁜 대화를 주고받았다.

양우 노인은 의외로 연옥의 청을 순순히 들어주었다.

나이는 좀 많았으나 딸도 혼기가 찼으니 안성맞춤이었다.

그날부터 세 사람은 단란하게 지냈다. 장자는 양우 노인과 같이
밭에 나가서 일을 했는데, 오랜만에 땅을 갈아 보면서 싱그러운 흙
냄새에 취하기도 했다. 그리고 아내인 연옥을 위해서 일을 한다는
보람이 그의 마음을 흡족하게 했다.

"운명이란 참 이상합니다. 노인장을 제가 장인으로 모시게 될 줄이
야 생각이나 했겠습니까?"

"그런 것을 인연이라고 하네. 우연히 만났으나 그 우연 가운데서도
필연이 있어서 합치는 것, 세상 이치가 다 그런 것이 아니겠나."

"그렇습니다. 그것이 자연의 도(道)일 것입니다."

장자는 밤마다 연옥의 부드러운 육체를 안는 것이 더없이 즐거웠

다. 게다가 또 다른 기쁨이 장자의 마음을 사로잡았는데 연옥이가 임신을 한 것이었다. 자기의 혈육이 생겨난다고 생각하자 장자는 이상한 감동까지 받았다.

이윽고 연옥이 바라던 아들을 낳았다. 장자와 양우 노인의 기쁨은 이루 말할 수 없었다. 집안에는 전에 없던 화기가 돌아 모두 희색이 만면했다.

장자는 아들을 순(舜)이라고 이름지었다. 순임금같이 어질고 훌륭한 사람이 되라고 그렇게 지은 것이었다. 순은 아무 탈 없이 무럭무럭 자랐다. 하루하루 자라는 모습을 볼 때마다 장자는 새로운 인간의 행복을 맛보는 것 같았다. 돌이 지나자 순은 재롱을 떨었다. 아들의 재롱을 볼 때마다 장자는 자기의 피를 타고난 혈육에 대한 정이 기쁨으로 벅차오는 것을 느꼈다. 하루도 순을 보지 않고는 못살 것 같았다.

이듬해 연옥이 또 아들을 낳았다. 둘째아들은 이름을 요라고 했다. 요임금처럼 어질고 훌륭한 사람이 되라는 뜻이었다.

요도 형처럼 무럭무럭 잘 자라고 집안 살림살이도 넉넉해져서 기와를 얹은 새 집도 마련했다. 연옥의 기쁨은 장자보다 더했다. 자기와 두 아들을 진심으로 사랑해 주는 마음에 감동할 정도였다.

그런데 호사다마라고 장자에게 서서히 불행이 닥쳐오고 있었다.

어느 날 냇가에서 빨래를 하던 그의 아내가 얼굴이 새파랗게 질려 가지고 장자에게 달려왔다. 장자를 보고도 그녀는 한동안 말을 못하고 몸만 떨고 있었다.

"무슨 일이오?"

"그 사람이 이제야 나타났어요."

"그 사람이라니? 누구 말이오?"

"저와 혼약하기로 했던 그 사람 말이에요."

그녀는 흐느껴 울고 말았다. 등에 업혀 있던 요도 덩달아 울기 시작했다.

"도대체 지금에 와서 어쩌자고 그런답디까?"

한동안 침묵을 지키던 장자가 겨우 한마디 했다.

"자기하고 초나라로 가자고 했어요."

"아이들은 어떻게 하고?"

장자는 참고 있던 분노를 간신히 누르며 말했다.

"지금 그 사람 어디 있소?"

"냇가에서 낚시하시던 아버님과 얘기하고 있어요."

장자가 이 말을 듣고 곧 그곳으로 가려고 하자 그녀가 앞을 가로막았다.

"가지 마세요. 그 사람은 무슨 벼슬을 했는지 병사들을 많이 데리고 왔어요. 가셨다가 봉변이라도 당하시면 어떻게 해요."

그러나 장자는 그녀를 뿌리치고 냇가로 향했다.

냇가에 이르자 아내와 혼약을 맺었다는 자가 병사들을 데리고 팔짱을 낀 채 버티고 서 있었다. 그런데 저쪽 바위 옆에 양우 노인이 쓰러져 있었다. 칼에 맞았는지 등덜미에 선혈이 낭자했다.

"이봐, 젊은이! 이게 무슨 짓인가! 무엇 때문에 노인을 죽였지?"

별안간 치밀어 오르는 분노에 장자는 몸을 떨며 소리질렀다.

"저 영감은 역적이다! 그리고 그 딸 연옥은 나를 배신했다. 나와 혼약을 맺은 처지이면서 너와 몰래 도망간 것이 아닌가?"

말을 끝내기가 바쁘게 그자는 곧 칼을 빼들었다. 그러자 뒤에 있던 졸개들도 일시에 칼을 빼들었다.

"너도 내 여자를 뺏아간 놈이니 내 칼에 죽어야 한다. 그러니 얌전히 내 칼을 받아라!"

하더니 칼을 휘두르며 장자에게 덤볐다. 장자는 순간 정신을 가다듬고 복부에 힘을 주었다. 그러자 장자의 몸에 새로운 정기가 솟았다. 장자는 얼른 그자의 칼을 피하면서 맨손으로 등덜미를 내리쳤다. 그러자 저만치 여남은 발짝이나 나가 떨어졌고 그의 졸개들이 대들었다. 장자는 한 놈의 칼을 빼앗아 들고는 칼등으로 여러 몸을 모조리 때려 눕혔다.

그때 그의 아내가 이쪽을 향해 달려오고 있었다. 마침 그쪽으로 쓰러져 있던 그녀와 혼약을 맺었다는 자가 갑자기 벌떡 일어나더니 그녀를 향해 달려가면서 칼을 휘둘렀다. 그러자 그녀가 비명을 지르면서 갑자기 쓰러졌다. 그놈은 등에 업힌 요까지도 마구 칼로 내리치고는 그 길로 달아나 버렸다.

장자는 눈앞이 아득했다. 정신없이 아내가 쓰러진 곳으로 달려가 일으켜 안았으나 이미 숨져 있었다. 요까지도 처참하게 죽어 있었다. 가슴속에서 오열이 터져 나올 것 같았으나 너무나도 큰 충격에 목이 메여 눈물도 나오지 않았다.

"아, 가혹한 운명이로구나!"

장자는 하늘을 향해 울부짖으며 가슴을 내리쳤다. 자기의 운명이 저주스러웠던 것이다. 그런데 이상하게 목이 타올랐다. 지독한 갈증이었다. 가슴에서 불이 타는 듯했다. 장자는 기어가다시피 해서 냇가에 이르렀다. 물을 마시려고 강물을 들여다보자 뻘건 핏빛이 흐르고 있었다. 구역질이 나서 도저히 마실 수가 없었다.

그때 그 물에 자신의 얼굴이 비쳤다. 비통에 잠긴 모습은 처참하기 짝이 없었다. 장자는 자기 얼굴을 향해 침을 뱉았다. 지나온 짧은 과거가 행복했던 만큼 이제 그 행복을 잃은 슬픔이 견딜 수 없을 정도로 컸던 것이다. 장자는 자기의 더러운 몰골에 다시 침을 뱉았다. 그리고 물 속으로 뛰어들어 물고기의 밥이 되고 싶었다. 그는 죽음으로써 육체의 번뇌로부터 해방되고 싶었다. 장자는 비통하게 부르짖으며 자신을 물 속으로 내던졌다. 그때 깜짝 놀라서 눈을 떴다. 이미 날이 훤히 밝아 있었고 들창 밖에서는 새들이 지저귀고 있었다. 장자는 꿈을 꾸었던 것이다. 너무도 현실처럼 생생했던 꿈에 장자는 아직도 멍한 기분이었다. 장자는 심한 갈증에 아내 연옥이 갖다 놓은 물 한 그릇을 단숨에 마셔 버렸다. 어째서 이런 속된 꿈을 꾸었는지 자신도 이상할 정도였다.

335
·

요숭과 송경 재상의 적임 《신당서》

요숭(姚崇)과 송경(宋璟)은 나약한 현종을 보필한 명재상이다. 현종이 양귀비와 사랑에 빠져 정치를 팽개치고 나라가 위태롭게 되자 요숭에 이어 송경이 지혜롭게 일을 처리했다.

어느 날 요숭이 과장급 인사 이동에 대해 아뢰자 현종은 얼굴을 돌린 채 딴청을 부렸다. 그래서 요숭이 재삼 아뢰었으나 현종은 여전히 못 들은 체하고 궁전 지붕만 바라보았다. 요숭은 민망해서 그대로 물러나왔다. 뒤에 측근인 고력사가 이에 대해 간하자 현종이 말했다.

"짐은 서정 일체를 요숭에게 맡기고 있다. 국가 대사라면 모를까, 과장급 인사 정도를 짐이 일일이 참견할 필요가 있는가."

또 어느 때에 요숭이 병으로 쓰러졌을 때 원건요라는 재상이 대신 정무를 아뢰었는데 현종은 그 내용이 마음에 들 때는,

"이건 필시 요숭의 뜻이렷다."

하고 마음에 들지 않을 때는,

"어째서 요숭에게 의논하지 않았는가?"

하고 나무라면서 중대한 사항은 다 병상에 있는 요숭을 거친 뒤에 결재를 했다.

현종이 이처럼 요숭을 신뢰하자 요숭도 그 신뢰에 보답함으로써 '개원의 치'라는 창업 궤도를 폈다.

요숭이 재상 자리를 물러나며 후임으로 추천한 것이 송경이다. 그
는 '강정(剛正)하기로는 요숭보다 더하다'고 《신당서》는 쓰고 있다.
요숭을 유(柔)라 한다면 송경은 강(剛)이었다.

336

큰 일을 짚는 재상 《송서》

송나라 태종은 관리의 임용에 엄정을 기했기 때문에 관리의 비행
이나 악행이 적었다. 특히 재상의 인선에는 신중을 기하여 임명되는
사람마다 모두가 정치에 능력을 발휘하여 왕의 기대에 보답했다. 최
후의 재상 여단도 그 중의 한 사람이었다.

여단이 재상이 된 지 얼마 안 되었을 때 어떤 사람이 말했다.

"여단의 일처리는 애매해서 곤란합니다."

그러나 여단의 사람됨을 익히 알고 있는 태종이 이렇게 말했다.

"그렇다. 여단은 과연 작은 일에는 애매하다. 그러나 큰 일에는 결
코 그렇지 않다."

그 동안에 왕이가 병이 들어 위독하게 되었다. 그때 환관인 유력
자 왕계은은 태자를 못마땅하게 생각하고 있었기 때문에 이 기회에
태자를 폐하고 자기 마음에 맞는 왕의 장자인 원좌를 후계자로 세우
려고 했다. 계은의 이런 생각에 동조하는 신하들도 많아서 사태는
심각했다.

왕이 죽자 왕후는 계은에게 명하여 여단을 불러들였다. 그때 여단
은 계은을 서고(書庫)로 유인하여 그 속에 가두어 놓고 왕후를 만났
다. 왕후가 후계자 문제를 꺼내자 여단이 말했다.

"선왕께서 미리 태자를 정하신 것은 오늘과 같은 사태를 걱정하셨
기 때문입니다. 그야 물론 장자가 왕위에 오르는 것이 당연하지 않
겠습니까?"

이 말을 듣고 왕후도 반대하지 못했다.

태자는 곧 즉위하고 여러 신하들이 알현하게 되었는데, 알현장의 왕과 신하들 사이에는 얇은 망(주렴)이 드리워져 있어서 서로 얼굴을 볼 수 없었다. 그때 여단이 그 주렴을 걷어 올려 즉위한 왕이 틀림없는 태자라는 것을 확인시키자 모든 신하들이 엎드려 머리를 조아렸다. 계은이 서고에서 풀려났을 때에는 벌써 태자가 왕위에 올라 있었다.

337
·

행동으로 먼저 드러낼 필요 없다 《한비자》

습사미가 제나라 신하 전성자를 찾았다. 전성자는 습사미와 함께 전망대에 올라 사방을 둘러보았다.

그런데 동서북의 세 방면은 전망이 좋아서 탁 트였으나 남쪽만은 습사미의 정원에 있는 나무에 가려 잘 보이지 않았다. 그러나 그에 대해 전성자는 아무 말도 하지 않았다.

집으로 돌아온 습사미는 곧 일꾼들을 불러 그 나무를 베려고 했다. 일꾼들이 도끼로 두서너 번 나무를 찍자 습사미는 무슨 생각을 했는지 그 일을 중지시켰다. 그래서 집안 사람들이 이상히 여겨 그 까닭을 물었다.

"아까는 당장 베어 없애라고 하시더니 어째서 그만두라고 하십니까?"

그러자 습사미가 말했다.

"옛말에도 깊은 못 속에 있는 고기를 아는 자는 불행하다고 했다. 저 전성자라는 사람, 제나라를 자기 것으로 하려는 큰 야심을 품고 있다. 그런 큰 일을 꾀하는 자의 가슴속을 내가 빤히 알고 있다는 것을 알렸다가는 내 신변이 위태로워진다. 나무를 그대로 둔다고 해도 별일은 없을 것이다. 아무튼 상대가 말하지 않은 것을 내가 먼저 알게 된다는 것은 대단히 위험한 일이야."

그래서 나무를 그대로 두었다.

338

왕을 믿게 상을 조른 왕전 《사기》

천하통일을 눈앞에 둔 진나라의 왕정(시황제)은 초나라를 치려고 먼저 장군 이신을 불러서 물었다.

"초나라를 치려면 어느 정도의 병력이 필요한가?"

"예, 20만이면 충분합니다."

정은 다시 노장 왕전을 불러 똑같은 것을 물었다. 그러자 왕전이 대답했다.

"초나라는 대단한 강국입니다. 60만은 있어야 합니다."

여기서 정은 생각했다.

'왕전은 늙어서 기력이 쇠했다. 역시 젊은 이신을 믿어야겠구나.'

그래서 이신에게 군사 20만을 주어 출전케 했다. 그러자 왕전이 자기의 의견이 받아들여지지 않은 데 불만을 품고 병을 빙자해 고향으로 내려가 버렸다. 그런데 왕전이 예측한 대로 강력한 초나라 군사에게 밀려 이신은 크게 패하고 말았다. 그 소식을 들은 정은 당장 시골에 있는 왕전에게 달려가 사과했다.

"내가 장군의 의견을 따르지 않아 이렇게 되었소. 비록 병중이긴 하나 어서 서울로 가십시다."

"그토록 말씀하시니 가기는 하겠습니다만, 저에게 60만 군사를 내려 주십시오."

"물론 그렇게 할 생각입니다."

아무리 세력이 당당한 진나라이지만 60만 대군을 조달한다는 것은 이만저만한 일이 아니었다. 그래서 온 나라 장정들을 다 모아 겨우 60만을 채웠다. 왕전은 그 군사를 이끌고 출전하게 되었다.

드디어 출전하는 날, 정은 친히 왕전의 군사를 파수까지 배웅했다. 그 도중에서 왕전은 출전하는 대가로 좋은 집과 전답을 달라고 간청했다. 그러자 정이 웃으며 말했다.

"안심하고 출전하시오. 서운하게는 하지 않을 테니."

"아닙니다. 폐하를 모신 장군은 이제까지 아무리 공을 세워도 후(侯)에 봉해지지 않았습니다. 신은 폐하의 신임을 받는 동안에 받을 것은 다 받고 싶습니다."

그러자 정이 배를 쥐고 크게 웃었다.

군대는 함곡관에 이르렀다. 여기에서도 왕전은 서울로 사자를 보내 토지를 달라고 간청했다. 그 뒤로 몇 번이고 가는 곳마다 졸라댔다. 이를 보고 어떤 사람이 충고했다.

"너무하신 것 같습니다. 이제 그만 조르십시오."

그러자 왕전이 말했다.

"이것도 내 몸을 위해서야. 잘 생각해 보게나. 왕은 성격이 잔인해서 남을 믿지 못해. 나에게 진나라 전체의 군사인 60만 대군을 맡긴 지금, 폐하의 심중은 혹시나 배반하지 않을까 하고 불안하기 그지없을 것이네. 그런데 내가 상만 조르고 있으면 폐하는 이렇게 생각하실 것 아니겠는가. '왕전은 나의 충실한 신하로서, 나에게서 상과 명예를 받아 진나라에서 편하게 지내려는구나' 하고 말이야. 이렇게 폐하가 안심하면 나도 안전하게 된단 말일세."

339

공자와 노자의 만남 《장자》

어느 날 공자가 노자를 찾아갔다.

"잘 오셨소. 내가 듣기로는 당신이 북방의 현인이라고 하는데 진정한 도를 깨달았소?"

노자의 말에 공자가 대답했다.

"아직 제대로 깨닫지 못해서 다시 찾아왔습니다."

"당신은 무엇에서 도를 찾아 봤소?"

"예에서 찾아 봤습니다만 오 년이 지나도록 아직 구하지 못했습니다."

"그 밖에 또 무엇에서 구하려고 해 봤소?"

"다음에는 음양의 원리에서 구해 보았지만 12년이나 지나도록 역시 헛수고였습니다."

"그럴 것이외다. 원래 도라는 것은 무슨 물건처럼 남에게 줄 수 있는 것도 아니고 또 말로는 전할 수 없는 것 아니오. 그 까닭은 도라는 것은 도를 듣는 사람의 마음속에 바탕이 마련되어 있지 않으면 머물러 있지 않고, 도를 듣는 사람의

행위가 바르지 않으면 도가 절대로 찾아오지 않는 거요. 당신이 말하는 인의란 옛날 왕들의 주막집 같은 곳으로 하룻밤쯤 묵고 갈 뿐이지 오래 있을 곳은 못 되는 것이오. 만약 오래 머문다면 사람 눈에 띄어 비난을 받게 될 것이오. 그래서 옛날 성인들은 인(仁)을 임시로 가는 길로 삼고 의(義)를 하룻밤 묵는 것으로 삼아 얽매임이 없는 소요의 경지에서 노니는 것이오. 소요란 자연을 따라서 사는 무위를 말함이오. 그리고 자기가 먹을 만치의 밭을 갈아 양식을 얻고 또 남을 도와줄 것이 없어 번거롭지 않으니 이것을 옛날에는 '참된 도(道)의 놀음'이라고 했던 것이오. 명예나 재물이나 권세를 탐하는 자는 그것을 얻으려고 고심하고 또 그것을 얻으면 이번에는 잃지

않을까 걱정하고 또 그것을 잃게 되면 몹시 슬퍼할 것이오."

340
·

나라는 재능 외에 권력이 따라야 다스려져 《한비자》

제나라의 환공은 포숙아의 진언에 따라 그의 친구이자 재능 있는 관중에게 국사를 맡겼다. 그런데 나라가 제대로 다스려지지 않았다. 그래서 환공이 관중에게 그 까닭을 묻자 그가 말했다.

"가난한 자가 어떻게 부자를 부릴 수 있겠습니까?"

그래서 환공은 관중에게 나라 세금의 1년분을 넘겨 주었는데 나라는 오히려 그전보다 더 어지러워졌다.

환공이 이상히 여겨 또 관중에게 묻자 관중이 말했다.

"폐하와 가깝지 못한 몸이 어찌 왕족들을 다스릴 수 있겠습니까?"

그래서 환공은 관중을 중부(仲父)로 모셨다. 그러자 나라가 비로소 제대로 다스려졌다. 환공이 패자가 된 것도 오직 관중의 보필에 힘입은 것인데, 공자는 이 일에 대해 다음과 같이 말하고 있다.

"관중의 현(賢)으로도 삼권(三權:貴·富·權)이 없으면 왕을 천하의 패자로 만들지는 못했을 것이다. 군주를 보필하여 뛰어난 실적을 올리기란 매우 어려운 일이다."

341
·

벌로만 기강이 서는 것은 아니다 《여씨춘추》

송나라 강왕(康王)이 재상 당앙에게 말했다.

"나는 여태까지 죄인에 대해서는 조금의 사정도 두지 않고 모조리 사형에 처해 왔다. 무서운 왕이라는 생각을 백성들이 갖게 하기 위해서였다. 그러나 백성들은 조금도 나를 무서워하지 않는다. 도대체 어찌된 일인가?"

이에 당앙이 대답했다.

"폐하께서 죄인으로 처단한 자들은 모두 악한 자들이었습니다. 그러나 악인을 아무리 죽여 봤자 사람들은 기뻐할 뿐이지 두려워하지 않습니다. 참으로 두려움을 주려면 악인이나 선인이나 구별하지 말고 마구 처벌해야 합니다."

이 말에 강왕은 얼마 후에 당앙까지 죽이고 말았다. 그러자 백성들이 왕을 두려워하게 되었다.

반면 나라는 말이 아니게 어지러워졌다.

342
·

자산의 정치 스타일 강유(剛柔) 《송명신언행록》

북쪽의 진(晉)나라와 남쪽의 초(楚)나라의 압력으로 대외관계가 불안한 상태에서 재상이 된 정나라의 자산은, 뛰어난 정치 수완으로 국내 정치를 바로잡고 국제사회에서도 대국을 상대로 당당히 외교 교섭을 전개하여 소국인 정나라의 지위를 끌어올렸다.

자산은 정치를 함에 있어서 강유(剛柔)를 가려 썼다.

먼저 강에 있어서 자산은 농지 구획정리와 관개용수의 정비 등 농촌진흥책을 강구하는 한편, 농민을 '오(伍)'로 편성하여 새로운 군사비용을 부담하도록 명하는 '구부(丘賦)제도'를 발족시켰다. 이때 농민들은 부담이 늘어났다고 원성이 많았다.

"자산을 죽여 버리자."

그 얘기를 들은 자산이 말했다.

"나라에 이익이 되는 일이라면 이 몸을 희생해도 좋다. 선을 행하려면 끝까지 관철해야지, 그렇지 않으면 선 자체가 무용하다."

그리고 3년, 5년이 지나면서 농촌진흥책이 본 궤도에 오르고 농민 생활도 향상되어 처음에 자산을 죽이자고 하던 농민들도 차츰 자산의 시정을 칭송하게 되었다.

비판에 굴하지 않고 정책을 관철한 것이 강이라면 유는 향교(鄕校) 대책에서 나타나고 있다.

이 나라에서는 전부터 지방 지도층의 교육기관으로서 향교라는 학교제도를 두고 있었다. 그런데 그것이 어느 때부터인가 중앙정치에 불만을 품은 사람들이 정치활동 거점으로 사용되게 되었다. 그대로 방치하면 반란의 직접적인 활동으로 발전할 수도 있는 상황이었다. 이를 우려한 측근자가 향교를 폐쇄할 것을 진언하자 자산이 말했다.

"아니, 그럴 것까진 없다. 그들은 하루 일을 마치고 향교에 모여 우리 정치를 비판하고 있다. 우리는 그들의 의견을 참고삼아 좋은 정책은 실행하고 나쁜 정책은 고쳐야 한다. 말하자면 그들은 우리의 스승이다. 물론 탄압을 하면 그들의 언론을 봉쇄할 수는 있다. 그러나 그것은 강의 흐름을 막는 것과 다름없다. 그렇게 되면 물이 둑을 무너뜨리고 넘쳐나서 큰 홍수가 되어 많은 사상자가 생길지도 모른다. 그리 되면 손을 댈 수가 없다. 그보다는 조금씩 방수하여 수로로 이끄는 것이 좋다. 백성의 언론도 그와 같아서 탄압보다는 들을 것은 들어 약으로 삼아야 한다."

343

공을 세운 자에게 상을 준다 《한비자》

한(韓)나라의 소후가 어느 날 시종에게 명하여 헌옷을 간수하라고 명했다. 그것을 본 신하들이 말했다.

"폐하, 그런 헌옷은 신하들에게 나눠 주시면 될 것을 간수하라고 하시니 어찌 된 일인지요?"

그러자 소후가 대답했다.

"아니다. 그렇지 않다. 생각이 있어서 그러는 것이다. 옛말에도 현명한 군주는 한번 찡그리거나 웃는 것조차도 마음대로 하지 않는다는 말이 있다. 얼굴을 찡그리는 것이나 웃는 데도 각각 까닭이 있으므로 군주는 공연히 찡그린다거나 웃어서는 안 된다. 신하가 그것을 보고 영합하려 하기 때문이다. 하물며 헌옷이라고는 하지만 멋대로 신하들에게 내준다면 그것을 받지 못한 신하는 질투를 할 수도 있다. 그렇다고 이 옷을 내주지 않는다는 것은 아니다. 줄 만한 이유가 있을 때 줄 것이다. 가령 전쟁에서 공을 세웠다든가 나라를 다스리는 데 지방관이 공을 세웠을 때 말이다. 공이 없는 데 주게 되면 죄가 있어도 벌하지 않는 것과 같아서 정치를 문란하게 하는 주요인이 되는 것이다."

344

주왕을 간하다 죽은 비간 《사기》

은나라 최후의 왕 주왕은 입이 무척이나 컸으며 손의 길이도 여덟 자나 되었다. 그리고 무엇에나 선견지명이 있고 지력과 기력, 담력, 완력도 대단해서 그 위에는 사람이 없다고까지 했다. 게다가 술을 좋아하고 정력이 강해 미녀 달기를 얻은 뒤로는 정치에는 일체 관심이 없고 밤낮 주색에만 빠져 궁궐에 잔치판이 그칠 날이 없었다. 그리고 그를 비방하는 자나 배반하는 자는 그야말로 닥치는 대로 불에 태워 죽였다.

이를 보다 못한 왕자 비간이 체면 불구하고 간했다. 그는 곁에 누가 있건 없건 가리지 않았다.

그날도 주왕은 달기를 오른팔에 껴안고 큰 술잔을 들고 있었다. 눈은 이미 초점을 잃었고 몸은 좌우로 흔들렸다. 그때 그 앞에 단정히 앉아 있던 비간이 입을 열었다.

"부왕마마, 몇 번이나 말씀드려야 알아들으시겠습니까? 안타깝게도 인심은 이미 간데없고 제후들의 움직임도 심상치 않습니다. 지금이라도 당장 고치시지 않으면 탕왕 이래 연연히 이어 내려온 은조(殷朝)도 중대한 위기에 직면하게 될 것입니다. 부왕마마, 부디 헤아려 주십시오."

은왕으로서도 그것쯤 모르는 왕이 아니었다. 천하의 사태도 훤히 알고 있었으며 자기가 하는 짓이 좋지 않다는 것도 알고 있었다. 그러나 몇 번이나, 그것도 면전에서 말하는 것을 보고 반감이 앞섰고, 왕으로서의 체면도 있고 해서 더욱더 술을 마시고 달기를 껴안고 노닥거렸다.

그날은 특히 일진이 안 좋았다. 믿고 있었던 주나라의 발(무왕)이 맹진에서 800이나 되는 제후들과 회합하여 뭔가 심상치 않은 음모를 꾀하고 있다는 정보를 받은 데다가, 또 왕자로부터 면전에서 공박을 받고 보니 주왕은 더욱 기분이 나빠져서 억지 술을 퍼마시게 되었다. 그리하여 참다 못한 주왕은 들고 있던 술잔을 내던지며 비간을 욕했다.

"너의 그 성인 군자 같은 얼굴은 보기도 싫다! 내가 취태를 보이면 보일수록 너는 더욱 태연한 체한다. 너는 나를 얕보고 불쌍히 여기는 태도다. 그건 나의 형편없는 꼴과 너의 의젓한 모습을 비교하려는 것이 아니냐? 내 덕분에 넌 더욱 훌륭한 군자가 되었겠구나. '나는 군자다. 나는 큰 인물이다' 하고 뽐내고 있는 것 아니냐. 그러나 은나라는 내 나라다. 내가 어떻게 하든 네가 알 바 아니다. 삶아 먹든 구워 먹든 애비를 애비같이 보지 않고 멋대로 탓하는 네가 있는 한 난 차라리 은나라와 함께 망해 버리는 것이 낫겠다. 아아, 그렇지. 성인의 심장에는 구멍이 여덟 개가 있다고 했지. 성인인 체하는 너에게는 틀림없이 구멍이 여덟 개가 있을 것이다. 어디 한번 보자. 네가 정말로 효자라면 이 애비에게 그것을 보여줘야 할 것이 아니더냐!"

이렇게 말하고 주왕은 측근을 시켜 비간을 죽이게 하고 가슴을 열어 심장을 살펴보았다.

345

쇠 꼬리보다 닭 머리 《사기》

소진은 '차라리 계구(鷄口:닭의 부리)가 될망정 우미(牛尾:소의 꼬리)는 되지 말아라'고 하여 약소국의 군주에게 용기를 북돋워 주었다. 그는 여러 나라를 방문하며 강대한 진(秦)에 대항하기 위해 동맹을 추진하고 있었는데, 마지막에 발길을 멈춘 곳이 제(齊)나라이다.

제나라는 오늘날의 산동성 일대에 위치한 해안에 면해 있으면서 산물도 많고 역사도 오랜 대국이었다. 여기서 소진은 대신격의 고문인 객경(客卿)의 대우를 받는다. 당시는 오늘날보다도 인재 교류가 자유화되어 있어서 다른 나라 사람(손님)이더라도 높은 자리에 오르고, 또 몇 나라의 대신을 겸무할 수 있었다.

여러 나라의 내정에 정통한 소진은 곧 왕의 마음에 들게 되었고 매사에 상담을 받기에 이르렀다.

제나라의 고관들이 볼 때는 그리 달갑지 않은 일이었다. 그런데 하루는 소진이 누군가의 습격을 받아 중상을 당했다. 그를 시샘한 고관 누군가가 보낸 자객이라는 것은 짐작할 수 있었으나, 범인은 자취를 감추어 잡을 수가 없었다.

소진의 병세는 악화되어 마침내 죽음에 임박하게 되었다. 소진은 병문안을 하러 온 왕을 향해 임종 때 이렇게 말했다.

"범인을 알아낼 수 있는 방법이 있습니다. 찾아내 주시겠습니까?"

"아무렴, 찾아내야지. 말해 보시오."

"제가 죽으면, 소진은 연(燕)나라의 첩자였던 것이 판명되었다고 포고를 내리십시오. 그리고 제 시체를 차열(車裂)의 형에 처하여 거리에 내보이시기 바랍니다. 그렇게 하시면 반드시 범인을 잡을 수 있을 것입니다."

차열의 형이란 사람의 다리를 두 대의 수레에 각각 묶고 수레를 달리게 하여 찢어 죽이는 참혹한 형벌이다.

이윽고 그는 절명하였다. 왕이 그의 유언대로 하자 과연 범인이 제 발로 걸어 나왔다. 상을 받으리라고 여겼던 것이다.

왕은 지체없이 이 사내를 잡아서 처형하였다.

346

용이 살아나는 화룡점정 《역대명화기》

남북조 시대에 남조인 양나라에 장승요라는 이가 있었다. 그는 관료로서도 상당한 지위에 올랐으나 그를 더욱 유명하게 한 것은 화필(畵筆)이었다. 그는 온갖 것을 살아 있는 듯이 그려냈다는 중국의 전설적인 화가였다. 그가 금릉 안락사(安樂寺)에 한 쌍의 용을 그렸을 때 먹구름을 박차고 금시라도 하늘로 날아갈 듯한 두 마리의 용을 그렸다. 그 비늘 하나하나와 날카롭게 펼친 발톱에 강한 생명력이 충만해 있었다. 그런데 이상하게도 눈동자는 하나도 그려 넣지 않고 있었다. 그래서 집요하게 까닭을 물었더니 그가 대답했다.

"눈동자를 그려 넣는 날이면 용이 벽을 뚫고 하늘로 날아가 버릴 것이오."

사람들은 이 말을 믿지 않았다. 그래서 눈동자를 그려 넣어 보라고 졸라댔다. 장승요는 마침내 눈동자를 그리려고 먹물이 홍건한 붓을 눈에다 갖다 댔다. 그 순간 번뜩하는 섬광이 일었다. 그러자 벽에 그려진 한 마리의 용은 그대로였는데 한 마리는 살아서 하늘로 승천했다.

사람들은 이를 가리켜 '화룡점정'이라 했다.

소원이 성취되는, 아니 하는 일이 뜻대로 이루어진 일을 두고 하는 말이다.

347

자기 만족은 부끄러운 일 《오자》

위나라의 무후가 여러 신하들을 모아 놓고 국사에 대해 상의했는데 무후의 의견보다 더 나은 의견을 내놓은 자가 없었다. 신하들은 모두 입을 모아 무후를 칭찬하는 지당파뿐이었다.

이를 보고 오기가 말했다.

"옛날 초나라의 장왕이 어떤 일에 대해 신하들에게 의논했을 때, 신하들이 온갖 지혜를 짜냈으나 장왕의 생각보다 못했습니다. 회의가 끝나자 장왕은 몹시 못마땅한 얼굴을 했습니다. 그래서 어떤 신하가 왜 그러시냐고 묻자 장왕이 이렇게 대답했습니다.

'나는 일찍이 어느 세상에나 성인이 있게 마련이고 현인도 많다고 들었다. 그리고 그런 인재를 발굴하여 그를 스승으로 삼을 수 있는 자만이 진실한 왕이라고 말할 수 있다는 말을 들었다. 그런데 지금 여러 신하들 중에 나의 지혜를 앞서는 자가 한 사람도 없다. 도대체 성인이나 현인은 어디에 있는가? 나의 능력이 모자라 미처 찾지 못하고 있는 것인가? 내가 과연 현군이 될 자격이 있는 것일까? 나라의 앞날이 심히 걱정스럽구나.'

이것이 장왕의 걱정거리였는데 우리 폐하께서는 만족스러워하고 계십니다. 이래서야 되겠습니까?"

이 말에 무후는 자기 만족을 부끄럽게 생각했다.

348
·

견오의 짧은 식견 《장자》

견오(肩吾)가 연숙(連叔)에게 접여(接與)로부터 들었던 이야기를 해 주었다.

"막고야산에 신인(神人)이 살고 있는데 그 피부는 얼음이나 눈처럼 희고 살결은 처녀처럼 부드럽다오. 그는 곡식을 먹지 않고 바람과 이슬을 마시고 산답니다. 또 구름을 타고 용을 몰아 천지 밖에서 노닌다오. 그의 정신이 집중되면 모든 것이 병들지 않고 곡식도 잘 익는다는 거요. 이야기가 하도 허황해서 믿어지지 않습니다."

견오는 접여가 들려준 이야기를 믿지 못했다. 막고야산에 산다는 신인의 이야기가 너무도 상식에서 어긋나는 까닭이었다.

그래서 연숙은 견오에게 장님과 귀머거리는 네 마음속에 있다는 사실을 일러주었다.

"장님에게는 빛깔의 아름다움이 안 보이고 귀머거리에겐 황홀한 가락이 안 들린다네. 마찬가지로 지식에도 장님이 있고 귀머거리가 있는 것이라네. 그게 바로 자네를 두고 하는 말일세. 신인의 덕은 만물을 혼합하여 하나로 만들려는 거라네. 세상 사람들은 그가 세상을 편안하게 만들어 주기를 바라지만 신인이 무엇 때문에 애써서 수고를 하겠는가. 신인은 외계의 사물로는 피해를 입지 않는다네. 홍수가 나서 하늘에 닿을 지경이라도 그는 빠지지 않고, 가뭄이 극심하여 쇠붙이가 녹아내려도 뜨거운 줄을 모르는 거야. 신인은 그 몸의 먼지나 때, 쭉정이나 겨로도 요(堯)나 순(舜)을 만들 수 있는데 무엇 때문에 천하 따위를 위해 애써 수고하겠나.”

연숙은 요나 순은 신인의 때만도 못하다는 사실과 곡식의 낟알이나 껍질만도 못하다는 비유를 들어 그 견줌을 일축하고 있었다. 궁극적으로는 사람들이 이처럼 마음을 넓게 쓴다면 안 되는 일이 뭐가 있겠는가라고 자문자답을 한 셈이다.

349
·

잘하면 상을 주고 죄지으면 벌을 주다 《삼국지》

촉나라의 승상 제갈공명은 ‘울면서 마속(馬謖)을 참수하다’라는 고사로 알려졌듯이 신상필벌로써 정치와 군사를 집행한 사람이다.

공명이 너무나 지나치게 법을 적용하므로 그것을 보다 못한 참모 법정이 충고했다.

“옛날 한의 고조가 진나라 서울 함양을 함락시켰을 때, 법삼장을 포고하여 진나라의 학정에 고통받던 백성들로부터 큰 환영을 받았습니다. 승상께서도 좀더 법을 완화시켜 백성들의 기대에 보답하시면 어떨는지요?”

그러자 공명이 대답했다.

“그대는 하나만 알고 둘은 모르는구나. 진나라의 학정으로 말미암아 백성들이 모두 고통당했기에 고조는 법을 완화시켜 백성들의 환

영을 받아 천하를 얻은 것이다. 그런데 촉나라의 옛 군주였던 유장
은 은혜를 베푼 것도 아니고 그렇다고 형벌을 가하는 것도 아닌 우
유부단한 그런 정치를 했기에 신하들과 국민들이 모두 타락하여 결
국 나라를 잃고 말았다.

그래서 나는 흐트러진 이 나라의 기풍을 바로잡기 위해 법을 엄히
집행하고, 공 있는 자에게는 상을, 죄지은 자에게는 벌로써 대하고
있는 것이다. 치세는 대덕(大德)으로 해야지 작은 은혜로 대해서는
안 된다. 유장은 해마다 대사면령을 내렸지만 백성들이 따르지 않았
으며 나라는 더욱 어지러워졌다."

이와 같이 공명은 엄하게 법을 적용했지만 백성들이 원망하지 않
았다. 그에 대해 그의 부하인 장예가 이렇게 평했다.

"공명께서는 공을 세우면 그 사람의 신분이 아무리 낮아도 반드시
상을 주었으며, 죄를 범하면 그 사람이 아무리 높은 지위에 있어도
반드시 벌을 주었다. 거기에는 일체 사심이 없었다. 이것이 사람들
에게 신뢰를 얻고, 그들에게 의욕을 북돋우게 한 까닭이다."

상대방을 그 자리에 있게 하려면 《전국책》

남방의 실력자인 초나라의 대군이 북상하여 위나라를 공격했다.
그러자 위군이 모두 무너져서 대장이 피살되고 여덟 성이 공략되었
다. 초군을 이끄는 장수는 초의 귀족 출신으로 왕의 신임도 두터운
소양이었다. 그는 '선견(先見)과 선수(先手)술'에서도 등장한 심려원
모(深慮遠謀)한 인물이지만, 무장으로서도 여간 아닌 솜씨를 보여 초
나라를 위해 자주 무훈을 세우기도 했다.

소양이 이끄는 초군은 위나라를 항복시키자마자 동으로 돌아서 제
나라로 진격을 개시하였다. 파죽지세의 초군을 맞아 제나라는 어찌
할 바를 몰라했다. 그리하여 제나라는 책사인 진진을 특사로서 초군

의 본영으로 파견했다. 그는 이름 있는 유세사로서 진나라와 초나라에서도 중용된 일이 있었는데 그때 마침 제나라에 머물고 있었던 것이다.

현자(賢者)와 책사의 회견이다.

진진은 소양에 대해 먼저 전승을 축하하고 난 뒤 물었다.

"귀국에서는 적에게 이기고 대장을 죽이면 어느 정도의 관작이 돌아옵니까?"

"글쎄요, 관위는 상계국(대신), 작위는 상집규(上執珪)가 됩니다."

"그 위로는요?"

"그 위로는 영윤(재상)이죠."

"그렇군요. 그럼 이런 얘기 한 가지를 들어 보시겠습니까? 초나라의 한 집에서 축제를 열고 종들에게 술을 대접했습니다. 한데 나누어 버리면 술은 얼마 되지 않지요. 그래서 종들은 땅 위에 막대기로 뱀의 그림을 그리기로 하고 먼저 그린 사람이 혼자서 술을 모두 마시기로 했습니다."

"허허, 그래서요?"

"종 하나가 맨 먼저 다 그렸습니다. 이 사내는 왼손으로 술항아리를 끌어안고 오른손으로 여전히 그리면서, '어때, 또 다리도 그릴 수 있어' 하고 말했습니다. 바로 그때 두 번째로 그린 사내가 술항아리를 뺏아들고, '다리가 있는 건 뱀이 아니야. 술은 내것일세' 하고 마셔 버렸습니다. 뱀의 다리까지 그렸다가 그 사내는 손에 넣기까지 했던 술을 잃고 말았던 것이죠."

"……."

"소양 어른, 당신은 이미 상계국의 관위를 손에 넣은 것을 알고 있으면서도 계속 군대를 진군시키십니다. 멈추는 것을 모르는 자는 죽을 날이 멀지 않다고 하더군요. 뱀의 다리를 그리는 것과 같은 일이 아닙니까?"

이 말에 소양은 크게 수긍하여 군대를 되돌렸다.

351
·
욕망을 억제하여 부하의 인심을 산다 《삼국지》

조나라의 장군 조사는 평생 손수 음식을 권할 정도로 친한 동료가 10명이나 있었고, 인간적으로 사귄 사람도 100명이나 되었다. 왕실로부터 하사품이 있을 때에는 그것을 모두 장병들이나 사대부에게 나눠 주었다.

이는 조사가 욕심이 없어서 그런 것이 아니라 장군으로서 욕심을 억제할 줄 알았던 것이다. 그런 만큼 일찍이 진(秦)나라 군사가 알여(閼與)를 포위했을 때 나라의 명장 염파조차도 알여의 포위망을 뚫기 위해 어려움을 느꼈다. 그때,

"이를테면 두 마리의 쥐가 쥐구멍 속에서 싸우는 격이다. 용기 있는 장군이 이기게 될 것이다."

라고 말하며 진나라 대군을 격파하고 알여를 진나라 군사의 포위로부터 풀어 주었다.

352
·
존귀하면 아내를 바꾼다는 조강지처 《후한서》

후한의 세조가 된 광무제는 홀로 된 누이 호양공주가 진작부터 대사공 자리에 있는 송홍에게 뜻이 있음을 알고 있었으나 송홍에게 직

접 의향을 떠볼 수는 없었다. 그래서 미리 호양공주를 옆방에 불러다 놓고 송홍을 청해다가 넌지시 말을 건넸다.

"부유해지면 친구를 바꾸고 존귀해지면 아내를 바꾼다는 말이 있는데 경은 어떻게 생각하오?"

그러자 송홍이 말했다.

"아니올시다, 폐하! 빈천할 적 친구는 잊지 않으며 조강지처는 당하로 내려놓지 않는다는 말이 옳다고 생각합니다."

그래서 남의 남편을 가로채려던 공주도 단념할 수밖에 없었다.

여기서 조는 찌게미를 먹고 강은 쌀겨로 거칠고 조잡한 음식을 함께 먹었던 아내를 이른다.

353
·

인심을 얻는 일이 최고의 뒷수습 《삼략》

오기는 그의 병법 〈응변편〉에서 다음과 같이 결론을 내렸다.

적국을 공격하고 적의 성을 포위하는 경우에는 반드시 지켜야 할 원칙이 있다. 성읍을 공격하여 함락시킨 다음에는 우선 행정부를 점거하여 행정 기능을 마비시켜야 하는데 그러기 위해서는 모든 자료를 손에 넣어야 한다.

또 적의 영내에 들어갔을 때에는 다음과 같은 사항을 금해야 한다.

첫째, 수목을 베는 일, 둘째, 민가를 부수는 일, 셋째, 곡물을 못 쓰게 하는 일, 넷째, 가축을 죽이는 일, 다섯째, 재화를 불태우는 일. 이상과 같은 것을 금한다는 취지를 널리 공포하고, 투항을 바라는 자에게는 널리 그 문을 열어 민심을 진정시켜야 한다.

이와 같이 적의 성을 점령한 뒤에는 불지르지 않으며, 약탈하지 않고, 살생을 금해야 한다. 적의 관리를 무마하여 협력하도록 유도

하고, 더불어 치안을 확립하는 것이 그 무엇보다도 중요한 일이다.

354

선비는 자기를 알아주는 사람을 위해 죽는다 《사기》

지백을 없앤 조무휼이 진양성에서 기거하던 어느 날 마구간에 들어서자 어쩐지 묘한 기분이 들었다. 누군가가 자기를 노리고 있는 것 같은 생각이 들어 당장 주위를 조사하도록 명령했다. 그러자 얼마 후에 한 죄수가 무휼 앞에 끌려나왔다.

"이놈이 마구간의 벽을 바르고 있었습니다. 여양이라는 자로서 주군의 목숨을 노리는 것 같아 붙잡아 왔습니다. 그리고 비수도 품고 있었습니다."

그러자 그 죄수가 태연하게 무휼을 노려보며 말했다.

"그렇다. 내가 바로 지씨의 신하였던 여양이다. 우리 군주의 원수를 갚기 위해 당신의 목숨을 노린 것인데 이렇게 발각되었으니 분하기 그지없다!"

이를 보고 곁에 있던 신하들이 발을 동동 구르자 무휼이 그들을 말리며 말했다.

"아니다. 내가 앞으로 조심하면 된다. 주인의 원수를 갚는다니, 그야말로 떳떳한 의인이다. 어서 그를 풀어 주어라."

여양은 지백이 망하자 혼자 산속으로 피신했으나 지백의 영토가 셋으로 나뉘고, 지백의 해골이 조무휼의 술잔이 되었다는 말을 듣고 이를 갈았다.

"선비는 자신을 알아주는 자를 위해 죽고, 여자는 자신을 좋아하는 사람을 위해 몸을 치장한다고 한다. 지백은 과연 많은 결점을 가지고 있었지만 그래도 나를 알아주었고 내 말이라면 전적으로 믿어 주었다. 나는 지백을 위해 조무휼을 없애야 한다. 그렇지 않고는 저 세상에 가서 어떻게 지백을 만나 보겠는가!"

복수를 맹세한 여양은 산에서 내려와 이름을 바꾸고 죄인으로 가장해 궁중으로 잠입했다. 죄값으로 중노동에 복역케 했는데, 궁중의 마구간 벽바르기와 같은 천한 노동은 언제나 죄수들에게 시켰다. 여양은 그것을 이용하여 남이 싫어하는 마구간 벽바르기를 자청해 무휼을 덮칠 기회를 노리고 있었는데 무휼의 예감으로 그만 기회를 놓치고 만 것이다.

무휼의 관대한 처분으로 석방된 여양이었지만 그 뜻만은 굽히지 않았다. 그 뒤에 다시 나타났을 때는 여양의 모습이 전혀 달랐다. 얼굴에 옻칠을 하는 바람에 옻이 올라 문둥이 같았고 탄가루를 먹고 목을 쉬게 해서 목소리도 알아들을 수가 없었다. 타인은 말할 것도 없고 부인조차도 그를 알아보지 못할 정도였다.

"이제 됐다!"

여양은 혼자 중얼거리면서 거지 행세를 하며 무휼이 문 밖으로 나오기를 기다렸다.

그런데 어느 날 옛 친구가 그를 알아보고 말을 걸어왔다. 할 수 없이 여양이 아는 체하자 그 친구가 눈물을 흘리며 말했다.

"여보게, 자네같이 재능 있는 사람이 왜 무휼의 신하를 자청하지 않는가? 무휼은 틀림없이 자네를 중용하여 가까이 둘 것일세. 그렇게 되면 자네는 수월하게 목적을 이룰 수 있네. 그런데 그런 생각은 않고 몸에 일부러 상처까지 내며 어려운 방법을 취하려고 하는가?"

그 친구는 여양의 속을 모르겠다는 식으로 얘기했다. 그러자 여양이 대답했다.

"아닐세. 자네 생각은 틀렸어. 스스로 자원해서까지 그의 신하가 되었다가 그를 죽인다면 이율배반이 아닌가? 내가 취하고 있는 방법은 물론 더디고 어렵고, 게다가 위험하기까지 하네. 그러나 굳이 그런 방법을 취하는 것은, 신하로서 주군에게 두 마음을 갖는 것은 부끄러운 일이라는 것을 후세에 알리려 함이네."

순간 불어터지고 일그러진 여양의 얼굴이 빛났다. 얼마 뒤에 여양은 무휼의 외출을 탐지하고 길거리에 있는 다리 밑에 숨어서 기다렸다. 드디어 무휼이 탄 수레가 다가왔다. 그러나 수레를 끄는 말이 사람이 매복하고 있는 것을 냄새라도 맡았는지 그 자리에 우뚝 섰다. 거기에 무휼의 육감까지 번득였다. 그러자 동행하는 자에게 버럭 소리를 질렀다.

"저자를 끌고 와라!"

끌려 나온 여양의 모습에 무휼은 어안이 벙벙했다.

"그대는 일찍이 범씨와 중행씨 밑에서 벼슬하였을 텐데, 그 사람들이 지씨에게 멸망된 뒤 옛 주인의 원수를 갚을 생각은 않고 오히려 지씨의 신하가 되었다. 그런데 이번에는 지백이 망하자 끈질기게 두 번이나 나를 노렸다. 이건 도대체 어찌된 일인가?"

이에 여양이 대답했다.

"그렇소. 나는 범씨와 중행씨 밑에서 벼슬했는데 그 두 분은 모두 나를 보통 사람으로 대했습니다. 그래서 나도 보통 사람으로 보답한 것이오. 그런데 지백께서는 나를 국사(國士)로 예우해 주셨소. 그래서 나도 국사로서 보답하려는 것이오."

듣고 있던 무휼은 크게 한숨을 지었다.

"여양, 그대가 지백에 대해 보답하는 그 절의는 이 정도면 되었다. 그대의 마음을 충분히 이해했으니 이 이상은 더 양보할 수 없다. 각오는 되었겠지?"

무휼은 곁에 있는 사람들에게 눈짓을 했다. 그러자 여양이 달려드는 병사들을 막아서며 말했다.

"무휼 대감, 호의는 감사합니다. 기꺼이 이 목숨을 내놓겠습니다. 다만 한 가지, 마지막으로 부탁이 있습니다. 대감의 옷을 벗어 주시면 그것을 찔러 복수를 대신할까 합니다."

무휼은 여양의 마음에 감동하여 옷을 벗어 주었다. 그러자 여양이

칼을 빼 세 번 절하고는,
"지백 대감의 원수, 이 칼을 받아라!"
하면서 옷을 찌르고 나서 외쳤다.
"아아, 이제야 겨우 원수를 갚았으니, 지하에 계신 지백 대감을 떳떳이 만나 뵐 수 있겠구나!"
그리고는 스스로 목숨을 끊었다. 이 광경을 보고 무휼이 한숨을 지으며 말했다.
"아아, 선비로서 예우한다는 것은 사람으로 하여금 이토록 마음을 분발케 하는가!"
그리고는 감개 무량한 마음으로 여양의 주검에 머리를 숙였다.

제4부

·

중국인의 정치의식과 철학관

장석지의 공평한 재판 《사기》

장석지는 한나라 문제 밑에서 벼슬하여 명 재판관으로 이름을 떨친 정위(최고 재판관)이다. 그의 법 적용은 지위 고하를 막론하고 공평했다.

어느 날 문제가 외출하여 장안에 있는 어떤 다리 위를 지나게 되었다. 그런데 갑자기 한 남자가 다리 밑에서 뛰어나오는 바람에 문제가 탄 마차의 말이 놀라서 우뚝 서 버렸다. 그래서 문제를 수행하던 신하들이 그를 붙잡아 정위에게 넘겼다. 그러자 장석지가 왕에게 상소를 했다.

"왕의 통행을 방해한 죄는 벌금형에 해당됩니다."

그러자 문제가 화를 내며 말했다.

"무엄하게도 나의 행차를 방해했는데 그 형벌은 너무 가볍지 않은가?"

"그러나 법에 비추어 본 바로는 그렇게 됩니다. 그런데 만약 법을 어기고 마음대로 무거운 죄를 준다면 법에 대한 백성들의 신뢰가 없어집니다. 정위의 역할은 천하의 시비곡직을 공정하게 판단하는 직책입니다. 그런 정위가 만약 공정을 잃은 행사를 한다면 천하에서 법을 다스리는 자 모두가 이를 본따 법의 적용을 멋대로 하게 됩니다. 이것은 곧 정치의 신뢰를 잃고, 나아가서는 천하가 어지러워지는 근원이 됩니다."

문제는 잠시 생각에 잠겼다.

"그렇다. 정위의 판단이 옳다!"

문제도 결국 장석지의 의견에 동의했다.

402
·

모르는 것이 아는 것이다 《장자》

장자가 말했다.

"네가 알고 있다는 것이 실은 모르는 것인지도 모른다. 그리고 내가 모르고 있다는 것이 실은 알고 있는 것인지도 모른다. 그럼 어디 너에게 물어보자. 사람은 습한 데서 자면 허리병이 생겨 반신불수로 죽지만 미꾸라지도 그렇던가? 사람은 나무 위에 있으면 무서워하지만 원숭이도 그렇던가? 이 셋 중에서 어느 것이 올바른 거처를 알고 있는 것일까? 사람은 고기를 먹고 순록은 풀을 먹고 지네는 뱀을 먹고 올빼미는 쥐를 먹는다. 이 넷 중에서 어느 것이 올바른 맛을 알고 있는 것일까? 암원숭이는 긴팔원숭이를 짝으로 삼고 순록은 사슴과 교배하며 미꾸라지는 물고기와 노닌다. 사람마다 미인이라고 하는 여희(麗姬)를 보면 미꾸라지는 물 속으로 숨고, 새가 그녀를 보면 날아가 버리고, 순록이 그녀를 보면 부리나케 달아나 버린다. 이 넷 중 어느 쪽이 세상의 올바른 아름다움을 알고 있다고 하겠는가? 내가 보기에는 인의(仁義)의 발단이나 시비의 길이란 어수선하고 어지럽다. 어찌 내가 그 구별을 알겠나."

403
·

전쟁터에는 나가지 않았어도 일등 공신 《정관정요》

명군 당태종이 즉위한 뒤 논공행상에서 방현령과 두여회, 장손인 무기 세 사람을 일등 공신으로 하여 각기 공의 칭호를 주고 식읍 1,300호를 주었다. 그러자 이를 본 태종의 숙부인 회안왕 신통이 불평을 했다.

"고조가 거병했을 때 맨 처음에 병사를 이끌고 달려간 사람은 제가 아니었던가요? 그런데 이번 논공행상은 도대체 어찌된 연유입니까? 기껏 문필로 행세한 그자들이 일등 공신이라니요."

그러자 태종이 말했다.

"물론 이 세 사람은 전쟁터에 나가 싸우지는 않았으나 본영에 있으면서 전략을 세우고 건국의 터전을 굳혔습니다. 이 세 사람이 없었던들 어찌 오늘의 당나라가 있었겠습니까? 숙부님께서는 일찍이 한나라 고조가 소하를 일등 공신으로 한 사실을 알고 계시잖습니까. 이 세 사람의 공로는 소하에 못지 않습니다. 숙부님은 저에게는 가장 가까운 혈족이십니다. 육친이라는 이유만으로 천하의 대사이자 공정을 기해야 할 상벌을 마음대로 해서야 되겠습니까."

이 말을 들은 신하들은 서로 입을 모아 말했다.

"폐하께서는 육친이라고 해서 사정을 두지 않으셨다. 이렇게 공정한 폐하께서 정하신 논공행상이다. 만약 불평한다면 그 사람이 잘못이다."

이보다 먼저 고조는 당나라 건국과 함께 형제는 말할 것도 없고 사돈의 팔촌까지 끌어다가 왕으로 봉했는데, 태종은 공 없는 자를 우대할 수 없다고 하여 그 공적을 재검토하여 공이 없는 자는 모두 공(公)으로 격하시켰다.

404

사사로운 감정을 감추고 상을 주다 《송사》

송나라의 태조가 가장 신뢰한 인물은 재상 조보였다. 그는 태조의 창업에 가장 공적이 많은 사람이었다.

조보가 일찍이 어떤 사람을 승진시키려고 왕에게 천거한 일이 있었다. 그런데 왕이 화를 내며 그 상소문을 찢어 버렸다. 그러자 조보는 말없이 찢어진 그 상소문을 쓸어 모아 다음날 또 상소했다. 그러자 왕이 느낀 바가 있어 그 인물을 승진시키는 것에 동의했다. 그결과 그 사람은 자기가 맡은 일을 훌륭하게 해냈다.

또 공을 세워 승진시켜야 할 사람이 있었는데, 왕이 평소에 그 사람을 좋게 보지 않았기 때문에 승진을 보류하려고 했다. 그때도 조보가 또 상소를 하자 왕이 말했다.

"내가 싫다면 그만이다. 나는 그자가 도무지 마음에 들지 않아!"

그래도 조보는 물러서지 않고 간했다.

"형벌이나 포상은 모두 천하의 것입니다. 결코 폐하 혼자의 것이 아닙니다. 아무리 폐하라 할지라도 사사로운 감정을 가지고 그것을 좌우하실 수는 없는 것입니다."

그러나 태조는 끝내 듣지 않고 그대로 안으로 들어가 버렸다. 이렇게되자 재상이라도 그곳까지 따라 들어갈 수는 없는 일이었다. 그래서방문 앞에 엎드려 왕이 나오기를 기다리고 있었다.

얼마 후 왕이 문을 열자 재상이문 앞에 엎드려 있는 것이 보였다. 그래서 왕은 할 수 없이 재상 조보의 고집에 굴복하여 승진을 허락했다.

그런데 태조가 일찍이 보필하고 있었던 후주의 세종도 난세에는보기 드문 일대의 명군이었다. 부국강병과 내치에 힘을 쏟아 외적을격파함으로써 5대에 걸쳐 으뜸가는 성천자(聖天子)로 불리었다. 세종은 기회 있을 때마다 이렇게 말했다.

"나는 희(喜)로써 사람을 상주지 않고 노(怒)로써 사람을 벌하지않는다."

그는 언제나 사사로운 감정을 버리고 현명하고 능력 있는 인물을 골라 등용했다. 후주가 세종대에 이르러 크게 부흥한 까닭도 여기에 있다.

405
·

어떠한 경우에도 신의를 지켜야 《환자》

명재상 관중의 빈틈없는 보필로 국력을 크게 신장한 제나라의 환공은 숙적인 노나라와 싸워 이기고 가(柯)라는 곳에서 강화회담을 열었다.

그 자리에서 노나라 장공이 항복 문서에 막 조인을 하려는 순간, 노나라 장군 조말이 갑자기 단상으로 뛰어올라가 환공에게 단도를 들이대며 말했다.

"빼앗아 간 토지를 돌려주시오! 그렇지 않으려면 목숨이라도 내놓으시오!"

"그래? 알았다."

환공이 이렇게 말하자 조말은 단도를 집어던지고 단상에서 내려와 제자리에 앉았다.

환공은 협박으로 인해 마지못해 대답은 했지만 생각하면 할수록 분했다. 그래서 조말을 죽이고 그때의 약속을 없었던 것으로 하려고 했다. 그에 대해 관중이 간했다.

"아무리 협박받아 할 수 없이 약속했다고 해도 약속은 약속입니다. 그것을 없는 것으로 하기 위해 상대를 죽인다는 것은 신의에 어긋나는 일입니다. 그렇게 하면 결국 한때의 화풀이에 지나지 않습니다. 게다가 결과적으로 제후들의 신뢰를 잃고 천하의 따돌림을 받게 됩니다."

그래서 환공은 조말과의 약속을 지키고 빼앗은 땅을 노나라에 돌려주었다. 이 소식을 들은 천하 사람들이 환공을 칭송하며 말했다.

"환공은 신의에 두터운 분이다. 제나라와 손을 잡으면 걱정할 필요
가 없다."

환공이 제후들에게 천거되어 패자가 된 것은 그로부터 1년 뒤의
일이다. 거기에는 신의의 힘이 컸다.

406
·

정치는 자연스럽게 해야 《육조》

문왕이 태공에게 자문했다.
"성인은 무엇을 지켜야 합니까?"
그러자 태공이 말했다.
"성인에게는 아무런 근심거리도 아까워할 것도 없습니다. 그것은
마치 네 계절이 어느 사이에 바뀌었는데도 그것을 의식하지 못하는
것과도 같은 것입니다. 성인이 이 자연의 도를 지키고 있는 것으로
서 만물은 감화를 받는 것입니다. 성인의 도에는 궁극이라는 것이
없습니다. 네 계절이 한 계절이 끝나면 어느새 또 다른 계절이 시작
되는 것처럼 돌고 돌아 멈추는 일이 없기 때문입니다.

성인도 스스로 그 공덕을 밝히지 않음으로 해서 그 명성이 저절로
드러나는 것입니다.

고대의 성인은 사람을 모아 집을 이루게 하고, 집을 모아 국가를
만들고, 국가를 모아 천하를 열었습니다만 다시 분할하여 현인에게
봉하여 만국 제후의 제도를 정하였습니다. 이 봉건제도를 천하의 큰
기강이라고 하는 것입니다.

정치와 교육을 보급하고 민속의 풍습에 순응하여 개혁을 진행시켰
으므로, 많은 사악한 것들이 정직해져 얼굴의 모습마저 바뀌었습니
다. 만국의 백성들은 서로 오고가는 일이 없이, 각각 마음으로부터
즐겨 그 나라에 살면서 그 지방의 상관을 친애하게 되었습니다. 이

것을 큰 안정이라고 합니다.

위에 있는 사람이 그 마음의 피로에 견딜 수 없게 되어 정치를 등한히 하게 되면 형벌이 번거로워지고 많아집니다. 형벌이 번거롭고 많아지면 백성은 근심과 괴로움이 생길 뿐입니다. 근심스럽고 괴로워지면 백성은 그것을 피해 유랑하거나 도망치게 됩니다. 이렇게 되면 위에 있는 사람이나 아랫사람이 다 그 생업에 편안히 있을 수 없게 되어, 안심하고 휴식을 취할 수조차 없게 됩니다. 이것을 바로 큰 실정(失政)이라고 합니다.

천하의 백성들은 마치 흐르는 물과 같은 존재입니다. 흐르는 것을 막으면 멈추어 흐르지 않고, 장애물을 치워 버리면 다시 흐르고, 휘젓지 않고 가만히 놓아 두면 물이 맑아집니다. 곧 윗자리에 있는 사람의 지도하는 방법에 따르는 것입니다. 얼마나 신묘한 일입니까."

407

좋으면 끝이 없다 《한비자》

위(魏)나라의 혜왕이 복피라는 현자에게 물었다.
"나의 평판은 어떤가?"

"폐하는 자비심이 많고 은혜로우신 분이라 듣고 있습니다."

복피의 대답에 왕은 기분이 좋아서 흐뭇해 했다.
"그렇다면 그 성과는 어떤 것일까?"
"글쎄요, 성과는 멸망일 것입니다."

"뭐라고? 은혜로운 것은 좋은 일이 아닌가? 선행의 결과가 멸망이라니, 도대체 무슨 소린가?"

"자비로우면 사람의 고통을 가만히 보고만 있지 못합니다. 은혜로우면 남에게 물건을 주고 싶어합니다. 남에게 괴로움을 주지 못하는 사람은 신하가 과실을 범해 처벌을 하지 못합니다. 남에게 무엇을 주고 싶어하는 사람은 공적이 없는데도 신하에게 상을 내릴 것입니다. 과실을 범해도 벌하지 못하고, 공적이 없는데도 상을 준다면 이런 나라는 멸망하는 것이 당연하지 않습니까."

408

천하의 이(利)는 사람들의 것 《육조》

주나라의 태공망이 말했다.

"천하는 군주 한 사람의 것이 아니다. 천하에 사는 모든 사람들의 천하이다. 천하의 이(利)를 천하에 살고 있는 모든 사람들에게 균등하게 나눠 준다면 천하를 얻을 수 있다. 그러나 천하의 이를 독점하려는 자는 천하를 잃고 만다."

천하는 만민의 천하라는 인식은 천하 획득의 인심 수렴을 위한 확실한 정보의 수단이었던 것이다.

그런데 주권은 만민의 것이다, 독점은 하지 않는다고 말하면서 천하를 차지했다면 참으로 만민을 다스릴 통치술이 필요하게 된다.

제나라의 선왕이 당역자에게 새 잡는 법을 물었다.

"새를 잡으려면 무엇이 가장 중요하오?"

"그것은 덫을 잘 놓아야 합니다."

"어떻게 해야 잘 놓는 것이 되오?"

"새는 수십 개의 눈으로 사람을 보고 있는데 사람은 두 눈으로만 새를 볼 수 있지요. 그러므로 잘 놓아야 합니다."

"그렇구면. 그러면 천하를 다스리는 것과 꼭 같지 않은가? 군주는 두 개의 눈으로 온 나라를 보고 있는데, 백성들은 수십, 수백 개의 눈으로 군주를 보고 있으니 역시 신중히 해야 할 일이야."

그러자 당역자가 덧붙였다.

"정나라 장자는 이런 말을 했습니다. 허정무위하는 심경으로 굳이 보려고 하지 않는다고요. 그 점을 잘 헤아리셔야 합니다."

409

장오자가 장자에게 한 말 《장자》

장오자가 공자의 제자 구작자에게 은근히 공자에 대한 비평을 늘어놓았다.

"꿈속에서 즐겁게 술을 마시던 자가 아침에는 불행한 현실을 보고 슬프게 울고 꿈속에 울던 자가 아침이면 기쁘게 사냥을 떠나오. 꿈을 꿀 때는 그것이 꿈인 줄도 모르고 꿈속에서도 그 꿈을 점치기도 하다가 깨어서야 꿈인 것을 아는 게지요. 참된 깨어남이 있고 난 뒤에야 인생이 한바탕 꿈인 것을 아는 게요. 그러나 어리석은 자는 깨어 있다고 자만하면서 아는 체를 하고 군주를 우러러 받들고 소 치는 목동이라고 천대하는 차별을 하오. 옹졸한 짓이오. 공자도 당신도 모두 꿈을 꾸고 있는 것이오. 지금 내가 당신에게 꿈 이야기를 하고 있는 것도 또한 꿈인 게지요."

이렇게 인생을 한바탕의 꿈이라고 말하며 덧붙여 말했다.

"당신과 내가 논쟁을 한다고 칩시다. 당신이 나를 이기고 내가 당신에게 졌다면 당신은 옳고 나는 그르다는 것일까요. 당신이 지고 내가 이겼다면 당신이 그르고 내가 옳다는 말인가요. 어느 한쪽이 옳고 다른 쪽이 그른 것인가요. 아니면 두 쪽 모두 옳은 건가요. 아니면 두 쪽 모두 그른 건가요. 이러한 것은 당신도 나도 알 수 없는 것이오. 그렇다면 삼자도 판단을 내릴 수 없는 게지요. 우리가 누구를 시켜서 판단하게 하는 것이 좋다는 말이오. 당신과 입장이 같은 사람에게 판단을 시킨다면 그는 당신의 편에 설 테니 공정한 판단이란 불가능하오. 나와 입장을 같이하는 사람에게 판단을 맡겨도 마찬가지겠지요. 당신과 나의 입장을 모두 달리하는 사람에게 판단을 맡긴다 해도 우리 둘을 알지 못하므로 공정한 판단은 불가능하오. 우리의 입장과 같은 사람에게 판단을 맡긴다 해도 그 역시 우리의 입장과 같으므로 공정한 판단을 내리지 못하지요. 그러니 나도 당신도 삼자도 무엇이 옳다고 판단을 내릴 수 없는 거요. 그러니 누구에게 기대한단 말이오."

장오자의 말은 무엇이 진실이며 무엇이 거짓인지 어느 것이 좋고 그른지 판단하기 어렵게 만든다.

장오자는 장자가 등장시킨 인물로 도를 깨달은 달인으로 묘사하고 있다.

410
·

상대를 묶는 법 《전국책》

진(秦)나라 왕이 중기라는 강직한 신하와 논쟁을 하다가 지고 말았다. 중기는 침착하게 물러났으나 왕은 몹시 화가 났다. 이런 상태로 가면 중기가 위험하다고 깨달은 다른 신하가 왕을 달랬다.

"중기란 놈, 정말이지 무례하기 짝이 없습니다. 폐하께서 현명한 군주이셨기 때문에 귀를 기울이고 계셨던 것이지, 만일 옛날 얘기에 나오는 걸(桀)이나 주(紂)와 같은 폭군이었다면 이미 목숨을 잃었을 것입니다."

이 말에 왕은 중기를 어떻게 할 수가 없었다.

411
·

유수가 끝내 받아들인 천자 《후한서》

전한 말기에 유수가 어느 날 지도를 펴 보이면서 곁에 있는 등우에게 말했다.

"천하는 이렇게 넓다. 그런데 난 이제 겨우 고을 하나를 손에 넣었다. 천하를 통일하려면 어느 세월이 될지 엄두가 나지 않는다."

"그렇습니다. 바야흐로 천하는 이전투구 형세로서 군웅이 각처에서 할거하여 앞을 내다볼 수가 없습니다. 그러나 백성들은 명군의 출현을 학수고대하고 있습니다. 어린아이가 어미를 그리워하듯이 말입니다. 예부터 흥망성쇠는 덕의 깊이에 있지 토지의 대소에 있지 않았습니다. 아무쪼록 비관하지 마시고 왕도의 덕을 쌓아 가십시오."

등우는 간절한 어조로 격려했다.

그로부터 반 년 뒤 유수는 동마(銅馬)라고 자칭하는 농민군을 토벌했는데, 항복한 장수에게는 덕으로써 대하고 제후에 봉했다. 그러자 적장들은 유수의 뜻밖의 대접을 이상히 여겨 받으려고 하지 않고 외려 불안과 의혹을 품었다. 이를 알게 된 유수는 이들에게 옛 부하들을 감독하게 하고 유수 자신은 혼자서 각 부대를 돌아보았다. 그때 그들이 마음만 먹으면 얼마든지 유수를 없앨 수도 있었다. 그러자 유수의 그런 태도를 보고 모두 감격하여 그로부터 유수의 심복이되었다.

"남도 자기 마음과 같은 줄 알고 조금도 남을 의심하지 않는다. 그얼마나 도량이 넓고 덕이 있는 분인가! 그런 줄도 모르고 우리는 그를 의심했으니 부끄러운 일이 아닌가. 그분을 위해서라면 목숨도 아깝지 않다. 이분은 참으로 어지신 분이로구나!"

유수가 이끄는 군사가 계속 진격하여 중산국까지 왔을 때 여러 장수들이 유수에게 천자의 칭호를 바쳤으나 그는 이를 사양했다. 그리고 다시 진군하여 남평극에 이르렀는데 그때도 또 천자 칭호를 바쳤으나 유수는 여전히 거절했다. 그러자 명장 구순까지도 합세하여 천자가 되기를 간청했다.

"장병들이 육친과 토지를 버리고 싸움터에서 우리 군주를 따르고 있는 것도 모두가 천자에게 의지하여 각자의 뜻을 이루기 위해서입니다. 여러 사람들의 소원을 물리치지 마십시오. 만약 그러시면 장병들은 희망을 잃고 흩어져 버릴 것입니다."

그러자 온후한 풍이조차도 구순의 뜻에 동조하여 간청했다.

"부디 여러분의 뜻을 따르십시오."

거기에 유생인 강화라는 자가 '유수는 천자가 될 것이다'라는 미래기(앞일을 예언한 기록)를 가지고 장안으로부터 달려왔다. 이렇게 되자 유수가 마지못해 여러 사람들의 뜻에 따라 제위에 올랐다. 이가 바로 후한의 시조 광무제이다.

412

뇌물로 얻은 환심 《한비자》

위(魏)나라의 서문표는 청렴결백한 지방 장관으로서 선정을 베풀었으나, 왕의 측근에게 선물을 하지 않았기 때문에 중상을 받고 면직당하게 되었다.

그래서 그는 왕에게 필사적으로 탄원하며 다시 기회를 얻어 관직에 오를 수 있게 되었다. 그리하여 이번에는 왕의 측근에게 부지런히 선물을 함으로써 환심을 샀다.

그러자 측근이 왕에게 서문표의 일을 좋게 말하게 되었고, 때문에 왕의 신임이 두터워졌다.

그는 왕에게 고해 올렸다.

"전에 저는 폐하를 위해서 정치를 행했지만 면직될 뻔했습니다. 그래서 이번에는 측근을 위해 정치를 행하고 보니 폐하의 신뢰를 얻게 되었습니다. 이와 같은 처지에서는 도무지 책임을 질 수가 없습니다."

그리고는 관직에서 물러나려 했다.

그러자 왕이 당황하여 그 잘못을 인정하였다.

413

남을 칭찬할 줄 안 장탕 《사기》

한나라 무제 때 사법관 장탕은 인심 수렴의 능력이 뛰어났으며 보신술에도 일가견이 있었다.

이를테면, 상소한 판결문이 무제의 마음에 들지 않아 질책을 받을 경우에는 즉석에서 사죄하며 무제의 의향을 따랐는데, 그때는 언제나 부하 중에서 유능한 자의 이름을 들어 다음과 같이 대답했다.

"방금 꾸중하신 점에 대해서는 여기 이 사람이 꼭 같은 취지를 신에게 말했는데도 어리석게 신은 그것을 받아들이지 않았습니다. 모든 책임은 신에게 있습니다."

또 그와 반대로 판결문을 상소했다가 칭찬을 받을 경우에도 역시 부하의 이름을 내세웠다.

"이것은 신의 판단이 아니라 여기 이 사람이 신에게 제출한 의견입니다."

이렇게 해서 그는 항상 부하를 내세워 천거했으므로 부하들이 모두 그를 따랐다.

또 무제가 중죄에 처하려고 하는 안건에 대해서는 평소에 엄격한 판결을 내리고 있는 자를 골라 그에게 담당시켰으며, 그 반대인 경우에는 인정이 많은 법관에게 맡기고, 피고가 권력자인 경우에는 기어코 중죄를 과하고, 반대로 돈과 지위가 없는 자에 대해서는 관대한 처분을 바라는 상소문을 내기도 했다.

이와 같이 그의 재판은 법의 적용이 공정하지 않았지만 평판이 좋았고, 평탄한 출세 가도를 달려 드디어 무제의 측근 중 제일인자가 되었다. 그것은 그가 높은 자리에 있으면서도 중신들에 대한 예의나 뜻을 받들었으며, 자기 마음에 들지 않은 자에 대해서도 표면적으로는 원만하게 대하는 것을 잊지 않았기 때문이다.

414

안정이 최고의 무기다 《진사》

사안이 진(晉)나라의 재상으로 있을 때 북방에 있는 부견이 대군을 이끌고 쳐들어왔다. 그리하여 사안의 조카 사현이 대장이 되어 이를 맞아 싸우기로 했는데 그는 불안했다. 그래서 사안을 찾아가서 의논했더니 사안이 말했다.

"걱정하지 않아도 된다. 다 생각이 있다."

큰 인물 백부의 말인지라 사현은 안심하고 출전했다. 그런데 사안은 그 시기에 시골로 가서 한가로이 때를 보냈다.

이때 환충이라는 장수가 서방에서 찾아와 수도 방위를 위해 휘하에 있는 정예부대 3천 명을 보내겠다고 제의하자 사안이 말했다.

"호의는 고맙소만 조정에서는 이미 손을 써 놓았소. 장군의 군사는 서쪽을 지키기 위해 장군 곁에 두도록 하시오."

재상 사안의 이 우유부단한 태도는 싸움터에 나간 사현을 비롯하여 조정에 있는 여러 신하들에게 이상하게도 커다란 안도감을 안겨 주었다.

드디어 사안 앞으로 소식이 날아들었다. 사현으로부터 승전의 소식이었다. 그때 그는 손님과 바둑을 두고 있었는데, 서면을 일단 읽고 나서 그대로 곁에 놓고 바둑판으로 눈을 돌렸다.

그러자 손님이 물었다.

"급한 일인가요?"

이에 사안이 싱겁게 대답했다.

"아니오. 별것 아닙니다. 그 조무래기들이 적을 섬멸했다는군요."

그러나 바둑이 끝나고 손님이 돌아가자 사안은 방으로 돌아와 너무도 기쁜 나머지 방안을 껑충껑충 뛰어다녔다. 그 바람에 쓰고 있던 망건이 벗어지고 말았다.

415

의표를 찔러 역으로 행동하게 한다 《사기》

한(漢)나라의 무제는 어렸을 때에 양육을 책임맡은 유모를 소중히 여기고 재위에 오른 뒤에는 유모의 말이라면 무엇이든 들어주었다. 그러자 유모의 집안 사람들이 차츰 힘을 떨치게 되고 그 종들까지도 우쭐거리며 난폭해졌다.

이것이 너무나 지나치자 관리도 그대로 내버려 둘 수 없게 되어, 무제의 허락을 받아 유모의 일가를 먼 곳으로 유배시키기로 했다.

마침내 출발할 날이 다가오자 유모가 입궐하여 무제에게 작별 인사를 하게 되었다. 그런데 그에 앞서 그녀가 전부터 알고 있던 궁정 소속의 어릿광대인 곽사인을 만나 울음을 터뜨렸다.

그러자 곽사인이 측은하게 여기고 말했다.

"당신은 작별 인사를 드리고 물러날 때 몇 번이고 뒤를 돌아보도록 하시오. 그 다음은 내가 알아서 하겠습니다."

유모는 무제에게 인사를 한 뒤 곽사인이 시킨 대로 자꾸만 뒤를

돌아보면서 물러나려고 했다. 그러자무제 옆에 있던 곽사인이 일부러 큰소리로 욕설을 퍼부었다.

"이 할망구야, 뭘 그리 꾸물거리고 있는 거야. 폐하께서는 이미 장년이시란 말이야. 네 젖 따위는 필요 없어. 미련을 못 버리고 돌아 본들 무슨 소용이 있어!"

이에 무제는 유모가 가엾게 여겨져 도읍에서 내쫓는 일을 그만두었다.

416

군주는 전문가의 말을 들어야 《전국책》

진나라의 무왕이 종기로 고생하다가 유명한 의사 편작에게 보이자 편작이 말했다.

"수술을 해야 합니다."

그러자 왕의 측근이 말리며 말했다.

"수술을 한다고 완쾌되는 건 아닙니다. 오히려 귀가 멀어진다든가 눈이 어두워지는 수가 있습니다."

그래서 왕이 이 말을 편작에게 알리자 그가 화를 내며 말했다.

"폐하께서는 어찌 전문가의 의견을 버리고 문외한의 의견을 따르

려 하십니까? 그런 생각으로 정치를 하시면 나라가 어떻게 되겠습니까."

417
·

사도 통사에 임명한 사광 《세설신어》

송나라의 태조가 어느 날 장사광에게 사도통사(司徒通史)의 벼슬을 주겠다고 약속했다. 그래서 기대에 부푼 장사광이 정식 발령을 일일천추의 마음으로 기다렸으나 종무소식이었다. 기다리다 지친 장사광은 한 가지 꾀를 생각해 냈다. 그래서 일부러 바짝 마른 말을 타고 태조 앞에 나타났다. 그러자 태조가 이상히 여겨 물었다.

"그대의 말이 몹시 야위었군. 도대체 하루에 얼만큼 먹이를 주기에 그러는가?"

"예, 하루에 한 석(한 말)입니다."

"그 정도면 적은 것이 아닌데 왜 그렇게 바짝 말랐는가?"

"예, 저는 하루에 한 석씩 주도록 허락했는데도 실제로는 그렇게 주지 않았기 때문입니다."

눈치빠른 태조는 이 말의 뜻을 금세 알아차렸다. 그래서 당장 장사광을 정식으로 사도통사에 임명했다.

418
·

주객을 바꾸어 대접받다 《한비자》

어느 날 주인과 종이 길을 가며 대화를 나누었다.

"나리, 뱀이 이사한 이야기를 들으신 적이 있습니까?"

"아니, 못 들었는걸."

"어떤 늪에서 두 마리의 뱀이 살고 있었습니다. 그런데 햇볕이 계속 내리쬐어서 늪이 말라 다른 곳으로 이사하려고 했습니다. 작은 뱀이 큰 뱀에게 말했습니다. '네가 먼저 가고 내가 뒤에서 따라가면 사람들은 보통 뱀인 줄 알고

틀림없이 너를 죽이고 말 것이다. 그러니 서로 상대방의 꼬리를 물고 내가 등에 업혀 가는 것이 어떻겠느냐? 그러면 틀림없이 신사(神蛇)라고 여길 거야.' 이 말을 듣고 그렇게 하고서 가자, 과연 사람들이 겁을 내어 길을 비켜 주었다고 합니다."

"재미있군. 그래서?"

"나리께서는 풍채가 좋으시고 저는 빈상(貧相)입니다. 제가 나리를 따르는 건 당연한 일로, 기껏해야 백석지기로밖에 보이지 않을 것입니다만, 제가 나리가 되고 나리께서 저를 따른다고 하면 천석지기 왕의 미복잠행(微服潛行)으로 보일 것입니다."

그리하여 주종이 바뀌어 여관에 당도하자 여관 주인이 공손히 맞으며 매우 융숭하게 대접해 주었다.

419

장군이 갖추어야 할 사기 《오자》

싸움에서 이기기 위해서는 사기, 즉 네 가지 중요한 점을 파악해야 한다. 사기란 기기(氣機), 지기(地機), 사기(事機), 역기(力機)를

말한다.

기기는 비록 삼군의 장병을 움직이는 경우라도 그 운용을 잘 하느냐의 여부는 오직 한 사람의 장수가 내리는 결단 여하에 달려 있다는 것을 말한다.

그리고 지기는 길이 좁고 험하며 산악이 가로막고 있는 지형에 진지를 구축하면 몇 사람이 천 사람의 적을 물리칠 수 있다는 것을 일컫는다.

또 사기는 교묘하게 첩자를 이용하며, 기동부대를 출몰시켜 교란 작전을 구사하면 적의 내부 분열을 일으킬 수 있음을 말한다.

마지막으로 역기는 군장비를 견고히 하고 병사들에게는 충분한 보급을 실시하여 전투 훈련에 만반을 기함을 말한다.

위의 네 가지 조건을 갖추어야 장수로서의 자격이 있고 만군을 지휘할 수 있다.

그러나 이것만으로는 부족하다. 그 위에 또 위(威)와 덕(德), 인(仁), 용(勇)도 갖추어야 한다. 이렇게 되면 비로소 부하를 통솔하고 백성을 안심시키며 적을 위압하고 주저없이 결단을 내릴 수 있다. 이런 장수가 지휘하는 군대는 백전백승, 감히 맞설 적이 없게 된다.

420

누구를 반려자로 삼겠는가 《전국책》

전국시대 중기 여러 나라를 유세한 책사 진진은 연횡(連橫)정책으로 유명한 책사 장의(張儀)의 라이벌이자 '사족(蛇足)의 고사'의 주인공으로 유명한 인물이다.

우연히도 이 두 사람은 같이 진(秦)나라의 혜왕 밑에서 일한 적이 있는데, 이들은 매사에 대립했다.

어느 날 장의가 몰래 왕에게 아뢰었다.

"진진은 우리 진나라의 내정을 초나라에 통보하고 있습니다. 저는 그와 같은 사람과 자리를 같이할 수 없습니다."

"뭐라고? 증거라도 있소?"

"그는 진나라를 탈출하여 초나라로 망명하려 하고 있습니다. 그것이 무엇보다도 큰 증거입니다. 조사해 주십시오. 만일 초나라로 망명할 낌새가 보이면 곧 처형하시는 게 좋을 듯합니다."

왕은 진진을 불러 힐문했다.

"그대가 혹시 가고 싶은 데가 있는가? 있으면 숨김없이 말해 보시오."

진진은 이미 장의의 중상을 알아차렸다. 그래서 여기서 한 차례 겨룰 판이었다.

"예, 신은 초나라로 가고 싶다고 생각했습니다."

진진은 선수를 치고 나섰다. 그러자 왕이 어리둥절해 했다.

"뭐라고? 역시 장의의 말대로였군. 그대가 초나라에서 평판이 좋은 것은 우리의 내정을 잘 통보해 주기 때문이 아니오?"

"무슨 말씀이십니까. 초왕이 저를 높이 사 주시는 것은 틀림없습니다. 그러나 그것은 제가 이 나라에 충실하기 때문입니다. 자기가 받들고 있는 나라의 비밀을 누설하는 인간을 누가 신용하겠습니까. 폐하께서는 이런 얘기를 알고 계십니까?

두 사람의 아내를 거느린 남편이 있었습니다. 어떤 남자가 남편 몰래 연상의 아내에게 추파를 보냈으나 퇴짜를 맞고 말았지요. 그런데 그 사내가 연하의 아내 쪽에 손길을 뻗자 그 여자는 유혹에 넘어갔습니다. 얼마 뒤 그녀의 남편이 죽자 어떤 사람이 예의 사내에게 '어때, 두 여자 중 아내로 삼는다면 연상의 여자 쪽인가, 연하의 여자 쪽인가'라고 묻자, 사내는 '당연히 연상의 여자지' 하고 말했습니다. '하지만 연상의 여자는 자네를 퇴짜놓지 않았나. 자네를 따른 건 젊은 쪽이 아닌가' 하고 이상하게 생각하자, '그러기에 아내로 삼는다면 나를 마다고 한 쪽일세. 남의 유혹에 걸려들어 쉽게 바람 피울 것 같은 여자를 맞을 수야 있겠는가' 하고 말했습니다. 만일 제가 진나라의 비밀을 흘릴 것 같은 인간이라면, 과연 초나라 왕이 저를 받아들이겠습니까?"

진왕은 옳은 말이라 여기고 그 뒤부터는 진진을 신용하게 되었다.

421
·
원칙을 세워 살았던 원앙 《사기》

주발은 한나라 초기 여후(고조의 황후) 일족에게 빼앗긴 나라를 되찾아, 당초의 유씨에게로 돌려주는 데 큰 공을 세운 사람이다. 그는 이 공으로 재상이 되어 문제(文帝)의 총애를 받았다. 아침 조회를 끝내고 물러갈 때에는 왕이 스스로 전송할 정도였다. 이를 보고 원앙이 문제에게 진언했다.

"주발 대감은 공신임에는 틀림없지만 일천만승(一天萬乘)의 폐하의 권위를 사양하심은 장래를 위해 바람직하지 않습니다."

그러자 그로부터 문제의 태도가 고쳐지고 주발도 그전처럼 안하무인으로 행동하지 않았다. 그러나 주발은 속으로는 기분이 나빴으며 원앙을 은근히 원망했다.

그 후 몇 년이 지나 주발이 어떤 사건으로 실각하여 체포되었다. 이렇게 되자 아무도 그를 변호하려고 하지 않았다. 그런데 그때 원앙이 주발의 무고함을 주장하여 결국 석방되었다. 그러자 주발이 비로소 원앙의 사람됨을 알고, 그로부터 두 사람의 사이가 더욱 돈독해졌다.

422
•

싸울 때를 알아야 《삼국지》

제나라와 위나라 군사가 마릉에서 싸울 때의 일이다.

이때 제나라 군사 손빈(손자)이 퇴각한 듯이 위장하여 위나라 군사를 유인했는데, 그때 적을 안심시키기 위해 취사용 가마솥의 수를 날마다 줄여 나갔다. 처음에는 10만 명 분량의 취사용 가마솥을 놓고 철수했고, 다음날은 5만, 그리고 그 다음날에는 3만 명 분량의 가마솥을 놓아 두고 퇴각했다.

그것을 본 위나라 장군 방연이 제나라 군사 중에 도망병이 속출한 것으로 판단하고 경기병(輕騎兵)만 이끌고 이를 추격했다. 손빈이 생각하기에는 그날 저녁때쯤 위나라 군사가 마릉에 도착할 것 같았다. 그래서 손빈은 길가에 있는 큰 나무의 껍질을 벗기고 그 부분에 방연사차수하(龐涓死此樹下:방연은 이 나무 아래에서 죽으리라)라고 써 놓았다. 그리고 저격병들을 근방에 매복시키면서 이렇게 명령했다.

"해가 지면 이 나무에 횃불이 켜질 것이다. 그때 그 불을 향해 활을 쏘아라!"

그날 밤 과연 위나라의 기병부대가 그 나무 아래에 이르렀다. 그러자 껍질이 벗겨진 나무줄기에 무엇인가 적혀 있는 것을 보고 횃불을 밝혔다. 그 순간 제나라 복병들이 일제히 그 횃불을 향해 활을 쏘았다. 느닷없이 기습을 받은 위나라 군사들은 우왕좌왕했다. 그러자 방연이,

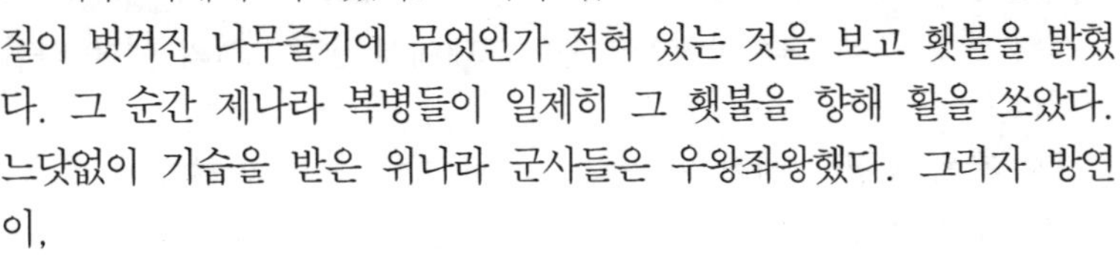

"아아, 그 더벅머리 아이놈에게 공명(功名)을 이루게 하였구나!"
하고 내뱉듯이 한마디를 남기고는 자결하고 말았다.

· 423 ·

공신은 이름보다 공신으로 불러야 《전국책》

제나라의 전단은 초발의 현명함을 보고 양왕에게 천거했다. 그보다 먼저 연나라에 빼앗긴 국토를 회복하는 위업을 이룬 전단의 공적에 보답하기 위해 왕이 전단을 재상에 임명했다. 그러자 왕의 총신 9명이 전단을 질투함으로써 말이 많아 그를 실각시키려고 왕에게 압력을 가했다.

"전단은 최고의 지위에 있으면서도 폐하에 대한 군신의 예도 지키지 않으며, 상하의 구별도 없습니다. 게다가 안으로는 은혜를 팔아 민심을 독차지하고, 밖으로는 오랑캐나 천하의 현자들과 손을 잡고 제후의 준영호걸들과 친교를 맺고 있습니다. 이것은 필시 딴 생각이 있어서 그러는 것입니다. 폐하께서는 부디 이 문제를 잘 헤아려 주십시오."

그러자 왕이 명했다.

"전단을 불러오라!"

왕은 재상이라고 하지 않고 전단의 이름을 불러 그를 모욕했다. 그러자 전단이 맨발에 갓을 벗은 채 처형될 때의 모습으로 들어와서 왕에게 죽여달라고 고했다.

"그대는 나에게 죄를 짓게 해서는 안 된다. 그대는 나에 대해 신하로서의 예를 다하도록 하여라. 나는 그대에게 군주로서의 예를 다할 것이다."

잠시 후에 초발이 잔치 자리에 있을 때 양왕이 또 명했다.

"전단을 부르라!"

그러자 초발이 말했다.

"폐하, 그게 무슨 망발이십니까? 폐하께서는 옛 주나라의 문왕에 비해 어떻다고 생각하십니까?"

"그야 물론 미치지 못하지."

"그렇다면 제나라 환공과는요?"

"그에도 미치지 못하지."

"그런데 주나라 문왕은 여상(呂尙)을 얻어 태공(太公)으로 예우했고, 환공은 관중을 얻어 중부로 모셨습니다. 하지만 지금 폐하께서는 안평군을 얻으시고 하필이면 그 이름을 부르십니까. 지금 폐하께서 제나라의 왕이 되신 것은 오직 안평군의 공적 때문입니다. 그러한 공신인 나라의 재상을 이름을 불러 모욕하시다니 천부당만부당합니다. 지체 마시고 저 9명의 아첨배들을 벌하시고 친히 안평군에게 사과하십시오. 그렇지 않으면 이 나라도 위태로워질 것입니다."

그러자 왕이 9명의 총신을 벌한 뒤 전단에게 사과하고 1만 호를 하사했다.

424

현자도 좋지만 현직자를 잘 다스려야 《한비자》

조나라 무령왕은 중산국에 대한 공격을 놓고 한 신하를 시켜 사전에 중산국을 정찰하게 했다. 그러자 그 신하가 돌아보고 와서 보고했다.

"당장 공격해야 합니다. 우물쭈물하다가는 다른 나라에게 빼앗기고 말 것입니다."

"왜 그렇게 서둘러야 하는가?"

"예, 중산국 군주는 초야에 묻혀 있는 무명의 학자나 군자들을 찾아내 그들과 만나기를 좋아합니다. 또 길거리에서 은자를 만나면 정중히 대하고 궁중으로 불러들여 가르침을 받기도 합니다. 이제까지 빈민굴에서 살고 있는 현자들을 몇십 번이나 찾아가서 벼슬하기를 권했는데, 그것을 사양하는 고결한 선비에게 대등한 예우를 한 일이 이루 헤아릴 수 없이 많았다고 합니다."

"그렇다면 그 중산국 군주는 대단히 인덕이 많은 사람인 모양인데, 그런 군주가 있는 나라를 공격해 봤자 이길 가망이 없을 것 같군."

"아닙니다. 그렇지 않습니다. 벼슬하기를 바라지 않는 현자들을 찾아다니면서 존경하기 때문에 직접 벼슬하고 있는 신하들은 모두 기분이 나빠서 의기를 상실하고 있습니다. 그리고 학자들만 존경한다면 농민들도 역시 의기를 잃게 됩니다. 여러 신하가 의기를 잃고 농민들이 농사에 힘쓰지 않고서야 어찌 나라가 지탱될 수 있겠습니까? 중산국 군주는 혼자 현자인 체하지만 실은 어리석은 군주입니다. 이런 나라라면 단번에 멸망시킬 수 있습니다."

425
·

만장일치는 신하를 뺏기는 일 《전국책》

위나라 중신이 된 장의(연횡책을 제창한 웅변가)는 진나라와 한나라가 동맹하여 제나라와 초나라를 칠 것을 주장하면서, 이에 반대하는 혜시와 조회 석상에서 심하게 논쟁을 벌였다.

위나라 왕의 근신들은 모두 장의의 주장에 찬성하고 혜시에게 편드는 자는 한 사람도 없었다. 그래서 위왕도 장의의 주장을 받아들여 제나라와 초나라를 치기로 했다.

회의가 끝난 뒤 혜시가 왕에게 말했다.

"한 말씀만 더 올릴까 합니다."

그러자 왕이 혜시의 말을 가로막았다.

"모두가 제나라와 초나라를 치자고 하는데, 더 이상 이 문제에 대해서는 말하지 마시오."

그러자 혜시는 이에 반론을 제기했다.

"설사 장의가 주장하는 대로 제나라와 초나라를 친다는 그 설이 유리하다 하더라도 폐하의 근신들 모두가 입을 모아 이에 찬성하고 있습니다. 그렇다면 폐하의 근신들은 모두가 어리석은 자들입니다. 적어도 하나의 안건을 토의한다는 것은 미비한 점이라든가 의심스러운 점이 있기 때문이며, 토의 과정에서는 당연히 찬반 양론이 있게 마련입니다. 그런데 폐하의 근신들은 빠짐없이 모두 찬성하고 있습니다. 그것은 매우 무책임한 일이며 오직 장의를 두려워하여 자기 한 몸의 안전을 위해 저지른 처사입니다. 폐하께서는 만장일치를 기뻐하고 계시지만 이래서는 모든 신하를 장의에게 빼앗기는 결과가 됩니다."

426

신하의 권한이 세면 위험하다 《육도》

진(晉)나라 여공 때 여섯 명의 대신들이 큰 권한을 쥐고 있었다. 그래서 서동과 장어교가 여공에게 간했다.

"군주에 버금갈 정도로 신하의 권한이 강하여 모든 일에 걸쳐 번번이 군주와 주도권을 다투고, 시정(市井)에서는 무리를 지어 국법을 문란케 하며, 위로는 군주를 위협하는 상황인데 어찌 나라가 안태하겠습니까?"

이 말을 듣고 여공은 세 사람의 신하를 숙청했다. 그러자 또 서동과 장어교가 간했다.

"연루된 자를 모두 없애야지, 남겨 두면 그들의 원한은 더욱 커지고 또 기회를 주는 셈이 됩니다."

"하지만 세 사람을 없앴으면 그들도 뉘우치는 점이 있겠지. 어찌 모든 신하를 없앨 수야 있겠는가? 그건 너무 잔인하지 않은가?"

"아닙니다. 마마께서 잔인하게 대처하지 않으시면 저쪽에서 마마에 대해 잔인하게 대할 것입니다. 안 됩니다."

그러나 여공은 듣지 않았다. 그로부터 3개월 뒤 나머지 신하들이 작당하여 반란을 일으켜 여공을 죽이고 말았다.

427

·

의중을 감추고 추천한 지모 《사기》

한제국의 6대 왕인 경제의 왕후는 자식 복이 없어서 왕후 자리에서 밀려나고 말았다. 그래서 그 후임으로 누가 앉게 될 것이냐 하는 것이 후궁들의 큰 화젯거리였다.

그런데 몇 명의 측실 가운데 율희라는 부인이 먼저 아들을 낳았다. 그래서 이 장남이 왕태자가 되었다. 따라서 생모인 율희가 왕후로 승격될 판이었다. 그런데 율희는 질투심이 많은 여자로 대궐 안에서의 평판이 좋지 않음이 경제의 귀에까지 들어가 왕의 마음이 차츰 그녀에게서 멀어지고 있었다.

이를 알아차리지 못한 율희는 장남을 낳은 것을 기화로 차츰 거드름을 피우기 시작했다. 그래서 왕이 우연히 다른 측실에서 태어난 아들의 장래를 율희에게 부탁하자, 그녀가 발끈하면서 한마디로 거절했다.

왕은 더욱 정나미가 떨어졌으나 왕태자의 생모이고 보니 섣불리

나가라고 할 수도 없었다. 이런 형편을 측실인 왕부인(王夫人)이 알
아차렸다. 그래서 그녀는 몰래 시종을 불러 말했다.

"왕후의 자리가 공석으로 되어 있는 것은 참으로 부자연합니다. 이
런 때 태자의 생모이신 율희님을 왕후 자리에 앉히시도록 진언하시
는 게 어떻겠습니까?"

왕부인은 라이벌인 율희를 나쁘게 말하기는커녕 그녀의 승격을 권
했다. 그래서 곧 경제에게 진언이 이루어졌다.

"태자의 생모이신 율희님께서 일반 부인과 동격으로 계신 것은 참
으로 부자연합니다. 왕후로 세우시는 것이 마땅하다고 생각합니다."

그러자 왕이 발끈했다.

미워하고는 있지만 내쫓는 것을 망설이고 있는 여자를 승격시키라
고 하자 그만 분노가 폭발한 것이다. 왕은 당장 시종을 투옥하고 율
희가 낳은 태자를 폐하고 말았다.

왕부인은 역효과를 노렸던 것이다. 그녀는 율희를 왕후로 승격시
키도록 진언하면 왕의 분노가 폭발하리라는 것을 미리 계산했던 것
이다.

428

결혼 중계인 월하빙인 《진서》

당나라에 위고라는 총각이 송성에 갔을 때였다. 그때 달밤에 땅바
닥에 앉아서 책을 뒤적이는 노인이 있고 그 곁에 큰 자루가 놓여 있
었다. 그래서 위고가 물었다.

"무엇을 하시는지요?"

"이 세상의 혼인에 관해서 살펴보는 중이라네."

"자루에는 무엇이 들었는데요?"

"빨간 끄나풀이 들어 있는데, 이것이 부부를 맺어 주는 끄나풀이라

네. 일단 이것으로 이어지면 두 사람이 아무리 멀리 떨어져 있어도 또는 어떠한 원수지간이라도 부부가 되게 마련이지."

"그렇다면 제 처가 될 사람은 지금 어디에 있나요?"

"이 송성에 있네. 저 북쪽에서 채소 장사를 하고 있는 진씨 성받이 노파가 있는데 그녀가 안고 있는 아이가 장차 자네 배필이야."

위고는 정나미가 떨어져 냉큼 돌아서 버렸다. 그로부터 14년이 지나 위고가 상주에서 관리가 되어 군 태수의 딸과 결혼하였다. 신부는 열예닐곱 살로 아름다웠으니 노인의 예언이 어긋난 셈이었다.

그래서 어느 날 밤 위고가 아내에게 신상 얘기를 물었다. 그러자 그녀가 대답했다.

"저, 실은 태수님의 양녀라요. 아버지는 송성에서 관리를 지내다가 돌아가셨기 때문에 유모가 채소 장수를 하면서 저를 길렀어요. 송성 아셔요? 그 북쪽에 있는 가게였는데……."

또 이런 얘기가 있다.

진나라 때 색탐이라는 유명한 점쟁이가 있었는데 하루는 고책이 그에게 해몽하러 왔다.

"제가 얼음판 위에 있었는데 얼음판 밑에도 사람이 있어서 그와 얘기를 나누는 꿈이었답니다."

그러자 색탐이 해몽해 주었다.

"얼음판 위는 양(陽)이요 밑은 음(陰)인데 양과 음이 얘기를 했다니 당신이 중매를 해서 혼인이 성사될 징조로구려. 성사될 시기는 얼음이 풀릴 무렵이 될 것이오."

이윽고 고책에게 태수로부터 부탁이 왔다. 자기의 아들과 장씨네 딸과의 중매를 서 달라는 청이었는데 과연 봄철이 되자 혼인이 이루어졌다.

여기서 앞 얘기의 월하로(月下老)와 뒷 얘기의 빙상인(氷上人)이 한 낱말을 이루어 '월하 빙인'이라 한다.

429
·

싸움을 시작해야 할 시점 《삼국지》

진격을 서두르는 군사는 앞길이 급하므로 병사들은 먹는 것도 제대로 못 먹고 수레를 끄는 말이나 소도 제대로 못 먹인다. 이런 군사들을 공격하려면 야밤에 협공해야 한다.

위나라 장공의 공자에 주우라는 사람이 있었다. 그는 매우 난폭해서 항상 요주의 인물로 지목되었다. 장공이 죽고 환공이 뒤를 이어 왕이 되자, 주우는 환공을 죽이고 그가 대신 왕이 되어 송나라에 사신을 보내 함께 정나라를 공격하자고 제의했다. 그때 송나라 공자 빙이 정나라로 망명했기 때문에 송나라 왕을 꼬드겼던 것이다. 송나라 왕은 주우와 함께 정나라 서울의 동문을 공격했다. 그런데 5일간을 싸웠으나 끄떡도 하지 않아 할 수 없이 철수했다. 이 무렵 노나라 은공이 측근과 함께 주우에 대해 이야기를 나눴는데 측근이 말했다.

"그는 병란으로 말미암아 공을 바라고 있습니다. 병(兵)은 불과 같아서 잘못 부리게 되면 오히려 자신까지 타서 죽게 됩니다."

과연 주우는 싸움터에서 죽지는 않았으나 위나라 충신의 참언으로 진나라에서 사로잡혀 주살되었다.

다음해 정나라는 보복에 나서 위나라 서울 교(郊)를 공격했다. 그러자 정나라에서는 전열을 가다듬어 이에 맞섬과 동시에 은밀히 두 공자로 하여금 적의 후방에서 협공작전을 펴기로 했다. 위나라 군사는 눈앞에 있는 적만 바라보다가 결국 이 협공에 휘말려 대패하고 말았다.

430
·

옛 친구를 보고 과시하는 공손술 《후한서》

후한의 광무제가 즉위한 뒤 사천성의 공손술은 그때까지 와이라고 칭하며 독립정권을 유지하고 있었다. 그 무렵 농서에 할거하고 있던 외효는 광무제를 따를 것인가, 아니면 공손술에게로 갈 것인가에 대

해 망설이다가, 우선 두 사람의 의향을 알아보기 위해 부하인 마원을 먼저 공손술에게 보냈다. 마원은 공손술과 옛 친구였으므로 자기가 가면 예전과 같이 정답게 맞이해 주리라고 믿었다.

그런데 공손술은 궁전의 층계 밑에는 수많은 호위병을, 그리고 층계 위에는 문무백관을 거느리고 자신은 맨 윗자리에 버티고 앉아 있었다.

"아니, 그대는 마원이로군. 먼길 고생 많았다. 어서 이쪽으로……"

마원은 놀람과 동시에 실망하여 주위를 둘러보며 말했다.

"천하는 아직 어느 쪽으로 기울지 모르지 않는가? 공손술, 자네는 마땅히 정중히 국사(國士)를 맞이해야 할 것이거늘 겉치레와 위세만 과시하려고 하는가? 이래서야 어찌 뜻있는 선비의 마음을 살 수 있겠는가?"

내뱉듯이 이렇게 말하고 그대로 물러나와 외효에게 보고했다.

"공손술은 기껏해야 우물 안 개구리밖에 되지 못합니다. 상대하실 필요가 없다고 봅니다."

이어서 그는 광무제를 찾았다. 궁중으로 들어가자 광무제는 손수

복도까지 나와 맞았다. 게다가 그는 왕의 옷차림이 아닌 평상복 차림이었다.

"어허, 잘 오셨소. 자, 안으로 듭시다."

그러자 마원이 머리를 조아리며 말했다.

"첫대면하는 제가 속이 검은지 아니면 자객인지도 모르는데 이렇게 스스럼없이 맞이해 주시니 이건 도무지……."

하고 감탄하자 광무제가 껄껄 웃으며 말했다.

"그게 무슨 말씀이오. 자객이라니? 귀공은 국사가 아니시오."

이 사실을 마원으로부터 들은 외효는 즉석에서 그 아들을 광무제에게로 보내 그를 모시도록 했다. 공손술이 광무제에 의해 멸망된 것은 그로부터 얼마 뒤의 일이다.

431

다시 만난 부채 여인 《장자》

길을 가던 장자가 어느 주막집을 지나게 되었다. 장자는 문득 시장기를 느껴 주막을 찾아 들어갔다. 주막집 안은 손님 하나 없이 적막했다. 주인인 듯한 여인이 부엌에서 일을 하다 말고 뛰어 나왔다.

"아니, 이게 누구십니까?"

여인이 놀라면서 말했다.

"전에 무덤에서 뵌 일이 있었지요."

여인이 반가움에 못 이기는 듯한 표정을 지으며 말했다.

"아, 그때 나에게 부채를 준 부인이구먼."

장자의 마음에 가벼운 동요가 일어나면서 죽은 아내의 생각이 문득 떠올랐다.

"오늘 아침에 까치가 와서 울더니만 귀한 분이 오셨네요."

"그 동안 개가라도 하셨소?"

"개가는 무슨 개가입니까. 이렇게 주막이나 하면서 마음을 달래고 살고 있지요. 그런데 참 이상한 일이에요. 선생님이 언젠가 꼭 한번 들르실 것 같다는 생각을 항상 하곤 했어요. 그때 무덤에서는 무심히 헤어졌지만 그 후로 선생님이 머리 속을 떠나지 않으니 나 자신도 이상하게 생각했습니다."

여인은 부끄러운 표정을 지으며 쓸쓸히 미소를 띠었다. 어느 새인가 장자의 앞에는 음식상이 차려져 있었다.

"어서 드세요. 음식이 마땅치 않네요."

그러나 음식은 갖은 정성을 들인 진수성찬이었다. 마치 장자가 오기를 기다리기나 한 듯이 준비되어 있었다.

"잘 먹겠소."

장자는 태연히 말했으나 여인의 시선이 자꾸만 자기에게 집중되는 것을 느끼고 있었다. 스물이 조금 넘은 듯한 여인의 모습은 아름다웠다. 유난히 커 보이는 동그스름한 눈에서는 무엇인가 호소하는 빛이 역력했다.

장자는 마음의 평정을 다시 찾으며 말했다.

"그 동안 좋은 사람을 못 만난 것 같구려."

"그때 선생님을 본 뒤로는 어쩐지 개가할 생각이 들지 않는 것 같아요. 그러니 지금까지 독수공방을 지키고 있지 않습니까."

여인은 다시 그 쓸쓸한 웃음을 띠었다. 그리고는 말을 계속했다.

"선생님과는 전생에 무슨 인연이라도 있는 듯하군요. 저의 죽은 남편은 곧 잊혀졌는데 어째서 선생님은 잠시 뵈었을 뿐인데 오래 잊혀지지 않을까요."

"이승이나 저승은 다 인간의 망상에서 오는 것입니다. 즉 미워하고 좋아하는 사람의 정이 다 망상으로부터 생기는 것입니다. 이 망상을 벗어나야만 참된 인간을 찾는 것입니다. 참된 인간의 세계에 참된 도가 있는 것입니다. 이 도를 따르며 사는 것이야말로 참된 행복이라고 할 수 있는 것입니다. 이러한 행복은 하늘의 행복이므로 사람의 고통이 스며들 수가 없는 것입니다."

물론 장자의 말을 여인이 알아들을 수는 없었다.

432

정나라는 끝내 손을 들었다 《십팔사략》

초나라 장왕이 정나라 서울을 공략했을 때 나라를 빼앗을 결의로 17일 동안이나 포위했다. 결국 정나라 사람들은 망해 가는 나라에 고별을 하기 위해 성 안 광장에 전차를 늘어놓았다. 최후의 일전을 감행하기로 결의한 것이다. 이를 보고 초나라 군사가 철수했다.

그 사이에 정나라 사람들은 성벽을 보수하고 전비(戰備)를 갖추었다. 그러나 3개월 후에 다시 초나라의 공격을 받고 정나라는 항복하고 말았다. 성문이 열리고 광장에는 초나라 군사가 진을 쳤다. 입성한 초나라 왕 앞에 정나라 양공이 양을 끌고 와서 사죄했다.

초나라 왕은 스스로 깃발을 날리며 군사를 이끌고 30리 밖으로 물러나서 진을 쳤다. 이렇게 해서 정나라는 결국 망했다.

433

사적인 정을 버린다는 읍찰마속 《사마천》

촉나라의 제갈공명은 각지에서 위나라의 대군을 무찔러 천하를 석권하고 있었다. 그때 위나라의 장수 사마중달은 이십만의 대군을 이끌고 기산벌에서 촉군을 맞으려고 부채 모양으로 진을 쳤다. 공명은 그것을 물리칠 작전이 돼 있었으나 꼭 한 군데 불안한 곳이 있었다. 그것은 촉군의 군량 수송로인 가정 땅이었다. 만일 이곳을 위군에게 빼앗긴다면 전선(前線)의 촉군은 꼼짝 못하게 되기 때문이다. 그래서 그 가정 땅을 누구에게 수비케 하느냐 하는 점이 공명의 고민거리였다.

이때 스스로 그 소임을 자원하고 나선 사람이 있었는데, 공명의 친구인 마량의 젊은 아우 마속이었다. 재기환발(才氣喚發)하여 공명은 그의 대성을 내다보며 아우처럼 사랑하는 터였다. 그러나 상대방의 장수 중달과 대항시키기에는 아직 젊었기에 공명은 선뜻 결단을 내리지 못했다.

"다년간 병법을 배운 터에 가정 땅 하나를 지켜내지 못하겠습니까. 만일 패하는 날이면 저는 물론 저의 가문도 모조리 군벌에 처하십시오."

"그래, 진중에서는 허튼 수작이 없느니라."

마속은 기꺼이 공명의 명령을 받들었다. 공명은 특히 왕평을 부장으로 택하여 마속을 보좌토록 했다. 가정산은 삼면이 절벽이므로 그 산기슭을 사수하여 위군의 접근을 막으라는 것이 공명의 명령이었다. 그러나 마속은 적군을 끌어들여서 역습하기에 알맞은 지세라고 판단하고 왕평의 만류를 뿌리치고 산 위에다 진을 쳤다. 그 결과 위군이 산기슭을 포위하니 물이 끊겨 마속은 궁한 나머지 전군을 이끌고 쳐내려왔으나 위군에게 에워싸여 참패를 보고 말았다.

공명은 마속을 기용한 것을 뉘우치며 전군을 한중(漢中) 땅으로 후퇴시키는 수밖에 없었다. 이윽고 철수가 끝나자 공명이 패전의 책임을 물어 마속의 목을 베기로 했다. 마속은 유능한 인재인 만큼 그를 잃는 건 나라의 손실이라는 주장도 있었으나 공명은 단호히 말했다.

"마속은 아까운 사내다. 그러나 사정(私情)은 그가 범한 죄보다도 더욱 큰 죄악이다. 마속을 잃는 건 나라의 손실일지도 모른다. 허나 그를 용서한다면 더욱 큰 손실을 가져올 것이다. 아까운 사람일수록 그를 처단하여 대의를 바로 잡아야 한다."

마속이 형장으로 끌려가자 공명이 얼굴을 소매로 가리고 자리에 엎드려 울었다. 이윽고 마속의 목이 진중에 내걸리자 전군의 장병은 공명의 심정을 헤아리고 모두 울었다.

434
·

악을 미워하고 선을 사랑한 사람 《잠서》

어느 마을에 몹시 선량한 사람이 있었다. 그는 악(惡)을 싫어하고 선(善)을 좋아했다. 또 신용을 생명처럼 여기고 남이 싫어하는 일은 조금도 하지 않아 마을 사람들이 모두 그를 따랐다.

그러나 그는 끼니를 걱정해야 할 정도로 가난했다. 마을의 한 부자가 그것을 안타깝게 여겨 그에게 말했다.

"장사를 해 보는 것이 어떻겠는가?"

"하지만 밑천이 있어야지요."

"그건 걱정 말게. 자네가 장사를 하겠다고만 하면 내가 밑천은 대 줌세."

"고맙습니다."

부자는 그의 신용을 믿고 증서 없이 거금 천 냥을 빌려 주었다.

그는 고향을 떠나 다른 지방으로 가서 장사를 했다. 그리고 마을 사람들에게 했던 것과 똑같이 다른 사람들을 상대했다. 그러자 3년 후 그 밑천을 모두 날리고 거지가 되어 고향으로 돌아왔다.

435

결속은 신의를 바탕으로 《사기》

진나라의 문후가 오기에게 물었다.

"예로부터 나라를 다스리는 자는 반드시 신하를 교육하고 백성들을 사랑하되 그 단결과 결속을 꾀했다. 그런데 그 결속을 방해하는 것은 무엇인가?"

"예, 결속을 방해하여 불화를 불러오는 네 가지가 있습니다. 첫째는 국내의 불안입니다. 국내가 불안하면 안심하고 출병할 수가 없습니다. 둘째는 군부 내의 불안인데, 군부 내가 불안하면 군대를 진군시킬 수가 없습니다. 셋째는 진중의 불안으로서 그렇게 되면 계획하는 대로 진격시킬 수가 없습니다. 그리고 넷째는 전략과 전술이 서로 일치하지 않는 것입니다. 이렇게 되면 승전을 기약할 수가 없습니다."

"음, 그렇다면 군주가 결속을 꾀하는 데는 어떤 대책이 필요한가?"

"현명한 군주는 백성을 동원하기에 앞서 국내를 화평케 해야 하고, 그런 다음에 대사를 도모해야 합니다. 또 자신의 판단에만 의존할 것이 아니라 많은 사람들이 공감할 수 있도록 모두에게 그 목적을 이해시킨 다음에 결행해야 합니다.

특히 개전(開戰)에 있어서는 각별히 신중을 기해야 합니다. 반드시 조상의 영전에 고하고 비장해 둔 귀갑(龜甲)을 꺼내 신의(神意)를 살피고 또 천시(天時)를 얻었는지의 여부를 헤아려서 모든 것이 길하다는 판단이 내려졌을 때 비로소 출병해야 합니다. 이렇게 하면 백성들은 자기들의 목숨을 아껴 주는 군주의 뜻을 알아 일치단결하게 됩니다."

문후는 오기의 말을 긍정적으로 받아들였다.

436
•

잘하는 일 속에 그렇고 그런 일도 있다 《사기》

진시황제에게 옛 이야기를 들려주는 우전이라는 사람이 있었다. 어느 날 황제가 주최하는 큰 잔치가 벌어졌는데 그날 따라 가랑비가 내렸기 때문에 계단 아래에서 경비하고 있는 병사들이 온통 비에 젖어 추워서 와들와들 떨고 있었다. 그런데 누구 한 사람 그 사실을 황제에게 알리는 자가 없었다.

그때 우전이 안쓰럽게 생각하여 그들에게 물었다.

"너희들 쉬고 싶겠지. 그렇게 비를 맞고 서 있으니 말이다."

"예, 그렇게 되면 좋겠습니다만……."

"그래, 알았다. 내가 자네들을 부르면 모두 큰소리로 예- 하고 대답하기 바라네."

얼마 뒤에 궁전 안에서 '성수만세(聖壽萬歲)' 소리가 들려 왔다. 우전은 이때 난간에 나와 외쳤다.

"경비병들이여!"

"예-"

"자네들은 키가 크지만 그렇게 빗속에 서 있고 난 키는 작아도 이렇게 비에 젖지 않고 있다."

그러자 이 광경을 보고 시황제가 경비병들에게 교대로 처마 밑에 와서 쉬도록 했다.

또 어느 날 시황제가 정원을 동쪽 함곡관에서부터 서쪽 진창까지 넓히려고 했다. 그러자 우전이 말했다.

"잘하시는 일입니다. 그 속에 여러 가지 짐승들을 기르면 적의 내습을 막을 수 있습니다."

시황제는 이 말을 듣고 정원 확장 계획을 중단했다.

시황제가 죽고 2세가 즉위했다. 2세도 역시 엉뚱한 계획을 세워 성벽을 새로 단장하려고 했다. 그때도 우전이,

"좋은 일입니다. 실은 저도 진언하려던 참이었습니다. 비용은 많이 들겠지만 근사할 것입니다. 아름답게 번쩍여 만약 적이 공격해 오면 모두 미끄러질 것입니다."
라고 하여 2세의 계획을 중지케 했다.

437
·

적의 이용 가치 《전국책》

한(韓)나라의 재상 공숙은 태자 기슬과 대립하고 있었다. 권력 싸움이었다. 그 결과 상대인 기슬이 망명했다. 그래도 안심이 되지 않은 공숙은 망명처까지 자객을 보내 그를 암살하려고 했다. 그러자 한 책사가 말했다.

"그건 중지하십시오. 기슬 나리의 망명 후 뒤이어서 태자가 되신 백영 나리는 당신을 매우 중히 여기고 계십니다. 그건 어째서인지 아십니까. 망명했다고는 하지만 전 태자인 기슬 나리가 살아 계시기 때문입니다. 기슬 나리를 견제하기 위해서 당신이 중용되고 있으므로, 그분이 돌아가시면 당신의 비중도 가볍게 되고 맙니다. 그분이 있는 한 태자는 굽실거리면서 당신에게 의지할 것임에 틀림없습니다."

438

욕망을 억제하는 것도 군주의 몫 《회남자》

노나라의 애공이 서쪽에 궁전을 증축하려고 하자 사관들이 간했다.

"예부터 서쪽에 증축하는 것은 불길하다고 했습니다. 부디 그 분부는 거두어 주십시오."

그러나 애공은 끝까지 고집을 부려 그곳에 증축하려고 했다. 측근 신하들도 모두 말렸으나 애공은 막무가내였다. 그리고 건설을 담당하는 재절수에게 말했다.

"이 증축은 내가 일찍부터 바라고 있었던 것이다. 그런데 사관들은 옛 예를 들어 불길하다고 반대하는데 그대의 생각은 어떤가?"

이에 재절수가 대답했다.

"예, 군주에게는 세 가지 금기 사항이 있습니다. 그러나 서쪽에 증축하는 것은 여기에 해당되지 않습니다."

애공은 이 말을 듣고 안심했다.

"그러면 그렇지. 그런데 그 세 가지 금기란 무엇인가?"

"예를 잃는 것이 첫째이고, 욕망을 억제하지 못하는 것이 그 둘째이고, 셋째는 신하들의 간언에 귀를 기울이지 않는 것입니다."

애공은 이 말을 듣고 한참 동안 생각에 잠기더니 마침내 증축 계획을 그만두기로 했다.

439

위나라의 허를 찔러 조나라를 구하고 친다 《사기》

기원전 353년 위나라 대군이 조나라의 수도 한단을 포위하자 조나라에서는 급히 제나라에 구원을 요청했다. 그래서 제나라의 대장군인 전기가 군대를 이끌고 조나라로 갈 준비를 하고 있는데 그의 참모 손빈이 말리며 말했다.

"어지럽게 얽히고 설킨 문제를 풀려면 주먹을 펴지 않고 쥐고만 있어서는 안 됩니다. 싸우는 사람을 말리려면 칼이나 창을 써서는 안 됩니다. 실을 피하고 허를 찔러 적을 위협하면 한단의 포위는 저절로 풀릴 것입니다. 조나라를 공격하느라 정예병을 총동원했기 때문에 위나라 국내에는 늙고 약한 병사만 남아 있을 것입니다. 장군은 가벼운 장비를 가지고 빠른 속도로 위나라의 수도 대량으로 진격해 요새를 점거하여 그 허를 치십시오. 적은 반드시 자기 나라를 구하려고 조나라를 포기하고 돌아올 것입니다. 이렇게 되면 우리는 단번에 한단의 포위를 풀 수 있고 또 위나라의 군대가 지친 틈을 타쉽게 섬멸할 수 있을 것입니다."

전기는 손빈의 말에 따라 그렇게 조치했다. 역시 대량이 포위되자 위나라의 군대는 급히 돌아왔다. 제나라의 군대는 위나라 군대가 계릉(桂陵)에 이르렀을 때 달려들어 크게 무찔렀다.

중국사에서 빼놓을 수 없는 전투 중 전략과 전술이 담긴 중요한 부분이다.

440
·

군신간은 친구와 다르다

진나라 2세 황제 때 학정에 대한 백성들의 불만이 폭발하여 '진승(陳勝) · 오광(吳廣)의 난'이 일어났다.

진승은 하남성에 사는 하찮은 날품팔이였다.

진승이 괭이를 내던지고 동료들에게 말했다.

"내가 출세하면 서로 잊지 말자구."

그러자 동료들이 껄껄 웃으면서 말했다.

"네깟 놈이 출세한다고? 허허, 분수 좀 알아라."

"그래, 너희들이 내 속을 어떻게 알겠나. 제비가 어떻게 황새의 마음을 알겠어."

얼마 뒤에 진승은 하남에서 농민 900명과 함께 징용되어 만리장성 경비를 위해 북쪽으로 가게 되었다. 그런데 도중에 큰 비를 만나 길이 막혀서 정해진 날까지 목적지에 도달하지 못했다. 기일을 어긴 자는 이유 여하를 불문하고 사형시키는 것이 당시 진나라의 법이었다. 그래서 진승은 오광과 상의하여 동료들을 선동하여 반란을 일으켰다. 오랫동안 진나라의 악정에 시달린 백성들은 당장 그들과 호응하여 반란군의 수가 수만 명에 이르렀다. 그래서 그들은 진주(陳州)를 점령했다.

여기서 진승은 부하들의 천거로 왕위에 올랐다. 한 달 전만 해도 한낱 날품팔이였던 진승의 뜻이 이렇게 이루어진 것이다. 그때 진승의 말을 기억하고 있었던 사람은 진승 자신보다는 오히려 그를 비웃으며 상대도 하지 않던 동료 품팔이들이었다.

그들은 진승이 왕이 되었다는 소식을 듣고 자기 일인 양 기뻐했다. 그리고 그 기쁨을 당사자인 진승에게 전하려고 대표를 뽑아 진주로 가게 했다.

어느 날 수많은 신하들을 거느리고 왕궁을 나온 진승은 앞서가던 호위병의 꾸짖는 소리를 들었다. 자세히 보니 한 농부가 호위병에게 멱살을 잡힌 채 쩔쩔매며 말했다.

"이봐, 섭(涉). 날세, 나…… 나를 모르겠나?"

하면서 자기의 이름을 연신 부르고 있었다. 곰곰이 생각해 보니 그 남자는 지난날 자기와 함께 날품을 팔던 동료였다. 진승은 그 남자를 데리고 왕궁으로 돌아왔다.

그 남자는 왕궁에서 머리를 조아리는 여러 신하들과 상다리가 휘어지도록 차려진 진수성찬을 보고 어쩔 줄을 몰라했다.

"야, 이것 굉장한데. 역시 자네 왕이 되었구먼. 야, 놀랍다."

그러나 이 탄성은 단순한 칭찬의 소리가 아니라 하루아침에 출세한 진승에 대해 비꼬는 말이었다.

무식하고 사람 좋은 농부는 진승의 심중은 헤아리지도 않은 채 마치 자신이 왕이라도 된 듯 궁중을 싸돌아다니며 쓸데없는 넋두리까지 늘어놓았다.

그러자 궁중에 있는 신하들이 모두 눈살을 찌푸리며 못마땅해 했다.

"저게 도대체 뭐람! 왕의 위엄을 손상시켜도 분수가 있지……."

진승도 역시 그랬다. 그런데 얼마 뒤 그 남자의 모습이 왕궁에서 아주 사라졌다.

441

죽은 아내를 옆에 놓고 노래 부른 장자 《장자》

장자의 아내가 죽었다는 소식이 양나라의 재상 혜시에게도 알려졌다. 혜시는 부랴부랴 양나라를 떠나 장자의 집에 문상을 왔다. 그런데 뜻밖에도 장자가 방에서 두 다리를 뻗고 항아리를 두드리며 노래를 부르고 있었다. 그 항아리가 바로 장자의 아내가 뒤집어썼던 그

항아리인 줄을 혜시는 알 턱이 없었다. 또한 장자가 잠시 죽었다가 살아난 것도 혜시로서는 전혀 알지 못하고 있었다.

"아니, 자네는 아내가 죽었는데 슬퍼하지도 않고 항아리를 치면서 노래를 하다니, 그것이 사람의 도리인가? 더구나 오랫동안 정을 나누며 같이 살아온 처지가 아닌가."

그러자 장자가 태연히 말했다.

"나도 처음에는 놀랍고 슬픈 생각에 잠겼었네. 그러나 그 여자가 이 세상에 나기 이전의 근본을 생각해 보니 원래의 삶이 없었다네. 또 삶이 없었을 뿐만 아니라 형태도 없었고 형태뿐만 아니라 형체를 이루는 기(氣)도 없었네. 그 무엇이 혼돈 속에 섞여 있다가 변화가 생겨서 그것이 기가 되고(음향의 원리) 그 기가 변해 형체가 생겼고 이 형체가 변화해서 삶이 생긴 것이네. 이제 이 생이 변해 죽음으로 돌아간 것뿐일세. 이것은 춘하추동 사계절이 돌아오는 것과 같은 이치일세.

지금 아내는 천지라는 큰 방에 편히 누워 있는데 내가 시끄럽게 소리내어 운다면 나 자신이 천명을 모르는 어리석은 자가 되는 것이 아닌가. 그러니 내가 곡을 할 수 있겠나, 비통해 할 수 있겠나."

"자네는 그럼 아내를 미워했던가?"

"내가 아내를 미워할 까닭이 있겠는가."

"그렇다면 살아온 정이 있을 게 아닌가?"

"인생이란 잠깐 동안 빌려 온 존재일세. 먼지와 티끌이 모여 육체를 이루고 그 육체가 살아가는 것뿐일세. 그 육체가 죽으면 다시 먼지나 티끌로 돌아가는 것이지. 그 육체 속에 무슨 정이 있겠는가. 희로애락의 감정이란 모두 사람의 욕망에서 생기는 망상이네."

"그렇다면 자네는 어찌하여 그 욕망을 가치가 없다고 생각하는가? 생이란 결국 아무 것도 없는 먼지와 티끌로 돌아가는 것뿐이니, 살았을 때 그 욕망의 만족을 채우는 것이 가치 있지 않겠는가? 자연으로부터 주어진 확실한 것, 즉 오관(五官)을 만족하는 것이 가장 자기에게 충실하지 않겠는가. 귀가 들으려 하는 것을 마음껏 듣게 하고, 눈으로 보려 하는 것을 마음껏 보게 하고, 코로 맡으려 하는 것을 마음껏 맡게 하고, 입으로 말하려 하는 것을 마음껏 말하게 하고, 몸이 편하려 하면 마음껏 편하게 하고, 뜻을 이루고자 하면 마음껏 이루게 하는 것이 인생의 가치가 아니겠는가! 자네 말대로 잠시 빌려온 인생 안에 어떠한 가치를 창조하는 것이 우리의 의무가 아니겠는가."

"자네는 지금 욕망의 만족을 무슨 가치의 창조로 생각하지만 그 끝이 없는 욕망을 채우려고 사람은 인위적인 노력을 끝없이 해야 할 것이네. 결국 성취될 수 없는 인위적인 노력은 번뇌와 고통을 안겨 다 줄 뿐이야. 마침내는 자기 몸을 망치는 결과밖에 얻지 못하는 것이네. 사람이 배가 고프면 배를 채우는 것으로 만족하다가 배가 채워지면 부귀 영화를 바라게 되네. 그리고 부귀 영화가 얻어지면 다음에는 온 나라를 다 갖고 싶어하지. 그리고 그것이 이루어지면 또 온 천하를 소유하고 싶어지는 것이라네. 마침내 온 천하를 소유한 제왕은 더 이상 이 세상에서 바랄 것이 없게 되자 아직도 욕망의 무한함에 괴로움을 느끼며 옆에다가 항상 독약을 준비하고 살게 되는 것이네. 이 욕망으로부터 벗어나는 것만이 참된 삶을 누릴 수 있는 것이며 나아가서는 모든 인위적인 삶을 자연의 순리대로 살아가는 것이 가장 큰 행복임을 알아야 하네."

442

군왕이 취해야 할 태도 《육조》

어느 날 문왕이 태공에게 자문했다.

"군주 된 자가 정사를 관장함에 있어 무엇을 높이고 무엇을 낮추며, 무엇을 취하고 무엇을 버리며, 무엇을 금하고 무엇을 막아야 하는 것입니까?"

그러자 태공이 말했다.

"군주는 항상 주의하지 않으면 안될 여섯 가지 도적과 해로운 것
이 있다는 것을 알아야 합니다."

"그럼 그것에 대해 자세히 들려주시기 바랍니다."

그러자 태공이 말했다.

"여섯 가지 도적이란, 첫째로 신하 중에 광대한 저택과 정원을 만
들고 가무(歌舞)에 심취되어 놀아나는 자가 있으면 이 자는 왕의 덕
을 손상시킵니다. 둘째로 백성 중에 농사와 양잠(養蠶)에 힘쓰지 않
고 혈기에 의존해 호협(豪俠)한 기상이 있는 척하면서 법률과 금령
(禁令)을 어기고 관리의 지시에 따르지 않는 자가 있으면 이 자는
왕의 교화를 손상시킵니다. 셋째로 신하 중에 도당(徒黨)을 꾸며 현
인(賢人)이나 지자(智者)를 배척하고, 군주의 밝은 지혜를 막는 자
가 있으면 이 자는 왕의 권위를 손상시킵니다. 넷째로 선비 중에 그
기품이나 절의(節義)만을 뽐내 기세를 펴면서 외국의 제후와 교제하
고는 그 주군을 가벼이 여기는 자가 있으면 이 자는 왕의 위엄을 손
상시킵니다. 다섯째로 신하 중에 작위(爵位)를 가벼이 여기고 관리
를 천하게 보며 주군을 위해 위험을 무릅쓰는 일을 부끄럽게 여기는
자가 있으면 이 자는 공신(功臣)이 이룬 노고를 손상시킵니다. 여섯
째로 강대한 호족이 빈약한 자를 침략하고 능욕하는 등의 일이 있으
면, 이 자는 서민의 생업을 손상시킵니다.

백성이라고 해도 각자 생업에 힘쓰지 않는 자는 양민(良民)이 아
닙니다. 선비라고 하더라도 성신(誠信)하지 않는 자는 양사(良士)가
아닙니다. 신하라고 해도 충간(忠諫)하지 않는 자는 충신이 아닙니
다. 관리라고 하더라도 공평하고 결백하여 사람을 사랑해야 하는데
그렇지 못한 자는 관리가 아닙니다. 재상이라고 하더라도 국가를 부
하게 하고 군대를 강하게 하며 음양을 고르게 하여 기후를 순조롭게
해서 한발(旱魃)이나 냉해가 없도록 하여 천자의 마음을 편안하게
하고 여러 신하로 하여금 사악하거나 허위가 없게 하며, 평판과 실
력이 일치하고 상벌을 분명하게 하며, 만백성을 안락하게 해 주지
못하는 자는 신임할 만한 재상이 아닌 것입니다.

대저 왕자(王者)가 취해야 할 도리라는 것은, 용의 머리와 같이 높

은 곳에 있어 멀리까지 바라보고, 깊이 간파하며, 들어서 세밀하게 판단하고, 용모에는 위엄을 보이며, 그 속마음은 하늘이 높아서 다 볼 수 없는 것과 같이, 또는 호수가 깊어서 헤아릴 수 없는 것과 같이 끝까지 숨겨서 남이 눈치 채지 않게 해야 합니다. 성낼 때 성내지 않으면 간신들이 판을 칩니다. 죽여야 할 때 죽이지 않으면 큰 역적이 나오게 됩니다. 자기 나라의 병사가 다스려지지 않으면 적국이 강해지는 것입니다."

태공의 말에 문왕은 고개를 끄덕였다.

443

사직의 큰 일을 위해 수모를 참은 무휼 《회남자》

조간자는 춘추시대 말기 진(晉)나라의 육경(六卿) 가운데 한 사람이다. 그는 죽기 전에 아들인 조무휼을 후계자로 삼도록 유언을 남겼다. 그러자 신하인 동알우가 그에게 물었다.

"역대로 큰아들을 후계자로 정했습니다. 무휼은 서출이고 큰아들도 아닌데 어떻게 후계자로 세운단 말입니까?"

"내 아들들을 모두 생각해 봤소. 무휼만이 전체적 국면을 파악할 수 있는 사람이니 국가를 위해 수치를 참을 수 있을 거요."

조무휼이 뒤를 이은 후 하루는 자기 집으로 진나라의 또 다른 귀족인 지백을 초청해 술을 마시고 있었다. 지백은 술자리에서 오만방자하고 무례하게 여러 가지로 무휼을 모욕하고 따귀까지 때렸다.

분노의 불길을 억누르지 못한 신하들은 무휼이 지백을 죽이기를 바랐다. 그러자 무휼이 말했다.

"선군께서 나를 세운 것은 내가 사직을 위해 수치를 참을 수 있기 때문이라 말씀하셨소. 내가 어떻게 하찮은 일 때문에 살인을 할 수가 있겠소."

열 달이 지나자 지백은 자신의 강대함을 믿고 영지를 바치라고 강요했으나 무휼은 대꾸도 하지 않았다. 지백은 수치심으로 부아가 치밀어 병사를 무장시켜 진양에서 조무휼을 포위하고 분수(汾水)를 성안으로 끌어내어 단번에 집어삼킬 태세였다. 조무휼은 굳게 성을 지켰다.

다음해 그는 진나라의 한(韓), 위(魏) 두 귀족과 연합하여 지백의 군대를 쳐부수고 '세 집안이 진나라를 분할'하는 데 공헌했다.

444

돕겠다고 하고 지치면 친다 《한비자》

대국인 제나라로부터 공격을 받을 것이 두려워 전전긍긍하던 소국 송나라는 장손자를 초나라에 보내 구원을 요청했다. 초나라에서는 장손자를 크게 환영하면서 구원을 약속했다. 그런데 돌아오는 길에 장손자가 걱정스러운 얼굴을 하고 있는 것을 보고 마부가 물었다.

"대감께서는 초나라에서 좋은 말씀을 듣고 오시면서도 기쁘지 않으십니까?"

그러자 장손자가 대답했다.

"아니다. 우리 송나라는 소국이고 제나라는 대국이야. 그런 송나라를 돕는다면 초나라도 제나라와 적대관계가 될 것이니 모두 걱정하고 비장한 얼굴을 해야 될 텐데, 초왕은 그저 싱글거리면서 구원을 쾌히 승낙해 주었단 말이야. 신하들도 모두 태연하여 긴박감이 없었고. 틀림없이 말로만 구원한다면서 사실은 오지 않을 것 같다. 그런 줄도 모르고 우리 송나라가 구원을 기다리면서 버티면 그 동안에 제나라도 지칠 것이 아닌가. 초나라는 그걸 노리고 있는 것 같아."

장손자가 송나라로 돌아온 지 얼마 후에 제나라가 공격해 왔으나 장손자가 예측한 대로 송나라의 5개 성이 함락될 때까지도 초나라의 구원군은 오지 않았다.

제5부

·

중국인의 만만디 역사의식

501

다 내 잘못이라 한 목공 《사기》

진나라의 목공이 이웃나라에 있는 정나라를 치려고 했다. 그러자 나이 든 두 신하가 말려 일단 생각을 보류했다. 그런데 아무래도 포기할 수 없었던 목공은 몇 년 뒤에 또다시 억지로 군사를 출병시켜 정나라로 향했다.

그런데 나이 든 신하들이 생각한 대로 이 싸움은 명분이 없는 것이어서 진나라는 패배의 쓴잔을 마시고 세 사람의 장군까지 포로가 되고 말았다. 그러자 목공은 정나라와 강화를 맺고 포로가 된 장군들을 돌려받았다.

목공은 이들을 성 밖까지 마중하면서 그들의 모습을 보고는 대성통곡을 했다.

"내가 나이 든 두 신하의 충고를 듣지 않아서 이런 꼴이 되었구나. 죄는 모두 나에게 있으며 경들에게는 아무런 책임도 없다."

목공은 그들에게 사과하여 포로가 되었던 세 장군에게 포상하고 더 높은 자리에 발탁했다.

502

소신대로 일하게 밀어 준다 《여씨춘추》

공자의 제자 복자천은 노나라의 애공 밑에서 벼슬하여 지방장관이 되었다. 자천은 애공이 못된 소인배들의 말에 현혹되어 여러 가지로 간섭하는 것을 염려하여, 애공의 측근 두 사람과 함께 임지에 부임했다.

임지에 이르자 자천은 그 두 사람에게 문서를 작성하도록 명하고 자기는 곁에 앉아서 그들의 팔꿈치를 자꾸만 건드렸다. 그래서 글씨가 엉망이 되었다. 그러자 완성된 문서를 받아든 자천이 꾸짖으며 말했다.

"글씨가 이게 뭔가!"

그러자 그들이 화가 나서 당장 서울로 달려가 애공에게 그 사실을 고했다.

이 말을 들은 애공이 한숨을 지으며 말했다.

"아마 그것은 나의 잘못을 자천이 말없이 간하는 것이다. 내가 번번이 사소한 일에까지 간섭하여 오히려 일에 방해를 준 데 대한 충언임에 틀림없다."

그래서 신뢰하는 신하를 자천에게로 보내 이렇게 말하도록 일렀다.

"앞으로는 그대의 소신대로 일을 처리하라. 나는 결코 간섭하지 않을 것이다."

그래서 자천은 소신껏 정치하여 많은 실적을 올렸다.

503

강제로 불만을 막는 것은 위험하다 《재권》

위후가 대부들과 연회를 열 때 저사성자가 버선을 신은 채로 자리에 앉는 것을 보고 위후가 호통을 쳤다. 당시 왕 앞에서는 맨발로 있는 것이 예의였다. 그러자 저사성자가 변명을 했다.

"지금 다리를 다쳐서 혹시 상처를 주군께 보이면 실례가 될까 해서 이렇게 버선을 신었습니다."

그러나 위후의 화는 진정되지 않았다.

"내가 네 다리를 잘라 버리리라!"

하고 호령하는 바람에 저사성자는 그 길로 도망쳐 나왔다. 위후는 이렇게 포악하고 성질이 급해서 신하들을 혹사하고 때로는 궤변론자들을 시켜 대부들을 모욕하는 등 온갖 못된 짓을 많이 했다.

그러자 참다 못한 고관들이 반란을 일으켰다. 그때 어떤 근신이 이를 막으려 하자 위후의 총애를 받고 있는 권미가 그를 말렸다.

"귀공은 용맹하므로 한번 맞서고 싶겠지만, 이번만은 안 됩니다. 우리 군주가 너무나 횡포를 일삼았기에 모두 노하고 있는데 이것을 막는다면 불리합니다. 신하 전체의 불만이 쌓이고 쌓여 폭발한 것이니 이미 때는 늦었습니다. 승산이 없으니 어서 도망가십시오."

측근조차도 이 정도였으니 위후는 할 수 없이 나라를 떠나게 되었다. 그래서 진(晉)나라로 망명하려고 하자 권미가 말리며 말했다.

"제나라와 진나라는 우리나라를 노리고 있습니다. 위험합니다."

그래서 이번에는 노나라로 도망치려고 하자 권미가 또 말리며 말했다.

"그도 안 됩니다. 차라리 월(越)나라로 가심이 어떨지요?"

그래서 위후가 할 수 없이 월나라로 가게 되었는데 도중에서 권미가 말했다.

"신이 먼저 가서 월나라에의 망명 공작을 하겠습니다. 그리고 반란군들이 추격해 올지 모르니 보물은 신이 먼저 가지고 가는 것이 안전합니다. 제게 맡겨 주십시오."

위후의 보물을 챙겨 먼저 월나라로 가는 체한 권미는 그대로 다른 나라로 망명해 버렸다. 그토록 믿던 측근에게조차 배반당한 것은 위후의 폭정에 대한 필연적인 보복이라 할 수 있다.

504

선비는 알아주는 사람을 위해 죽는다 《여씨춘추》

제나라의 어느 마을에 북곽소라는 선비가 살고 있었다. 그는 가난하면서도 매우 고결한 반면 요령이 없어서 처세하는 데 서툴렀다. 때문에 갈수록 가난이 심해 마침내는 늙은 어머니를 부양할 수도 없게 되었다. 그래서 생각다 못해 하루는 재상 안영을 찾아가 좀 도와달라고 부탁했다.

그러자 안영이 북곽소의 인품에 대해 측근에게 물었다. 측근은 그의 인격이 고결하고 품성은 매우 고매하다고 말했다. 그래서 안영은 그를 만난 뒤 그의 인물됨을 확인하고는 약간의 금품을 건네주려고 했다. 그런데 북곽소는 돈은 거절하고 약간의 곡식만 받아가지고 돌아갔다.

얼마 뒤에 안영이 왕인 경공의 의심을 사서 다른 나라로 망명하게 되었다. 그때 그는 북곽소가 생각나서 그 집에 들러 자초지종을 이야기했다. 그러자 북곽소가 싱겁게 말했다.

"그렇습니까? 그럼 도중에 조심하십시오."

수레에 오른 안영은 한숨을 지으며 말했다.

"아아, 내가 나라에서 쫓겨나는 것도 당연하지. 내가 전혀 사람을 알아보지 못했으니……."

안영이 떠나자 북곽소가 친구에게 말했다.

"나는 일찍이 안영 대감의 인덕을 기려 일부러 찾아가 어머니의 부양료를 받은 적이 있네. 이 은혜만은 무슨 일이 있어도 갚아야겠네. 내 몸을 희생해서라도 저분의 결백을 밝혀야겠어."

그리고 나서 의관을 갖추고 칼과 상자를 친구에게 들게 한 후 왕궁까지 가서 경공의 측근을 만났다.

"안영 대감은 천하가 다 아는 현자입니다. 제후들이 감히 제나라에게 손을 뻗치지 못하는 것은 오직 안영 대감이 계셨기 때문입니다.

그런데 그런 그가 폐하의 의심을 사서 나라를 떠나게 되다니, 이 말을 들으면 제후들이 당장이라도 쳐들어올 것입니다. 나는 이 눈으로 사랑하는 제나라가 망하는 꼴을 볼 수 없으니 차라리 여기서 죽음을 택하겠습니다. 내 목을 주군께 바치고 안영 대감의 결백의 증표로 하겠습니다.”

그리고 나서 친구에게 말했다.

“자, 내 목을 그 상자에 담아 주군께 갖다 바치도록 하게.”

그리고는 칼을 뽑아 자기의 목을 쳤다. 친구는 그가 하라는 대로 그 목을 경공에게 바치고 나서 말했다.

“그는 나라와 은인을 위해 죽었습니다. 나도 내 친구를 따라 죽겠소!”

하면서 궁전 앞에서 스스로 자기의 목을 베었다.

이 소식을 들은 경공은 무척 후회했다. 당황한 그는 손수 말을 몰아 국경 근방에서 가까스로 안영을 만나 귀국하기를 간청했다. 안영은 경공의 간청에 따라 다시 재상에 올랐다.

돌아온 안영은 북곽소가 죽음으로써 자신의 결백을 호소해 준 데 대해 이렇게 탄식했다.

“아아, 슬픈 일이로구나. 못난 일이로구나. 내가 망명에까지 몰린 것도 전혀 억지가 아니었구나. 나는 도무지 사람을 못 알아봤으니……”

505
·

장자가 제자들에게 한 말 《장자》

장자가 제자들에게 이야기했다.

발이 하나뿐인 기(蘷)는 발이 많은 지네를 부러워하고, 지네는 발이 없어도 가는 뱀을 부러워하고, 뱀은 또 재빨리 불어가는 바람을 부러워하고 바람은 또 가만히 있어도 멀리 볼 수 있는 눈을 부러워하고, 눈은 또 보지 않아도 모든 걸 알 수 있는 마음을 부러워했다. 기가 지네에게 말했다.

"나는 한 발로 겨우 뜀박질해서 가지만 너는 그 많은 발을 어떻게 움직이며 가는가?"

"글쎄 나도 잘 모르겠네. 너는 사람들이 뱉는 침의 모양을 보지 못했나? 침을 내뱉으면 큰 것은 구슬같이 떨어지고 작은 것은 안개처럼 흩어지지. 이처럼 크고 작은 것이 뒤섞여 떨어지는 수효가 거의 같네. 그렇다고 침 뱉는 사람이 일부러 그런 상태를 만드는 것은 아니라네. 나도 자연으로 주어진 기능으로 움직이기 때문에 그 까닭을 모르는 것이야."

이번에는 지네가 뱀에게 물었다.

"나는 발이 많아도 발이 없는 너를 따르지 못하니 무슨 까닭인가?"

"나는 본래에 이렇게 타고났으니 별수 있겠는가? 타고난 대로 움직일 뿐이야."

이번엔 또 뱀이 바람에게 물었다.

"나는 등이나 갈빗대를 움직여 가지만 너는 그런 현상도 없이 북해에서 남해로 횡하니 잘도 달려갈 수 있는데 무슨 까닭인가?"

"물론 나는 북해에서 한번 횡하니 불면 남해도 갈 수 있지. 그런데 사람이 손가락 하나로 나를 막으면 나도 어쩔 수가 없이 막히네. 그리고 발로 나를 차도 나는 어쩔 도리가 없이 무너지지. 하지만 저 큰 나무를 꺾고 지붕을 날리는 것은 오직 나만

이 할 수 있네. 즉 나는 작은 것에는 지면서 큰 것에는 이기네. 이와 같이 큰 것을 이기는 것은 오직 성인만이 할 수 있는 것이라네."

말을 끝낸 장자가 덧붙여 말했다.

주어진 대로 사는 것이 가장 현명하고 또 큰 이익을 얻게 되는 것이다. 인간의 지혜로 살려면 남을 부러워하게 되며 남을 부러워하면 꼭 자기 몸을 망치게 되는 것이다.

506

장자가 정승 자리를 받지 않다 《장자》

관복을 입은 두 사람이 와서 물었다.
"어느 분이 장주(莊周)이십니까?"
그 중의 한 사람이 다가서며 물었다. 제자들이 장자를 가리키자 그가 장자에게 공손히 이야기했다.
"저희들은 초나라 왕이 보낸 대부(大夫)올시다. 왕의 분부를 전하러 왔습니다."
장자는 돌아보지도 않고 물었다.
"무슨 일이오?"
"수고스럽겠지만 국가의 정치를 맡아 달라는 왕의 전갈이올시다."
장자가 끝내 거절하는 바람에 대부들은 어쩔 수 없이 그냥 돌아갔다. 이를 본 장자의 아내는 어찌나 기가 막히는지 말도 못한 채 부엌으로 휑하니 들어가 버렸다. 부엌에 들어간 장자의 아내는 훌쩍훌쩍 울고 있었다. 그러자 장자 옆에 있던 한 제자가 안되었다는 생각이 들었는지 이렇게 말했다.
"왕께서 모처럼 보내신 것이니 천금만이라도 받으시지요."
그러자 장자가 마루에 몸을 걸치며 제자에게 말했다.
"전에 열자가 몹시 가난해서 어떤 사람이 정(鄭)나라 정승인 자양에게 이렇게 말했다. '열자는 도를 통달한 선비입니다. 그런데 당신 나라에서 이토록 가난하게 살고 있으니 당신은 사람들로부터 선비를 대접할 줄 모른다는 비난을 받을 것입니다.' 이 말을 듣고 난 자양은 곧 사자를 시켜 곡식을 보냈다. 그러나 열자가 사자에게 두 번 절하고 곡식을 받지 않자 사자가 하는 수 없이 곡식을 가지고 돌아갔다. 그러자 열자의 아내가 원망 어린 말투로 이렇게 말했다. '자양 선생이 자기의 허물을 깨닫고 우리에게 곡식을 보냈습니다. 그런데 당신은 그것도 받지 않으니 우리는 언제나 이렇게 굶주리고 살 운명입니까?' 그러자 열자가 웃으면서 말했다. '자양께서는 스스로 나를 안 것이 아니라 남의 말을 듣고 내게 곡식을 보낸 거요. 내가 만일 그 곡식을 받게 되면 다음번에는 또 남의 말을 듣고 나를 벌할지 누가 아오? 그래서 내가 안 받은 거요'라고 했다. 그 뒤에 과연 백성들이 난을 일으켜 자양을 죽였다."

507

개가 사냥을 하면 사람이 차지한다 《사기》

항우를 제압하고 천하를 차지한 한나라의 고조는 신하들의 공을 따져 봉후봉작봉지(封侯封爵封地)를 실시했다. 그러자 여러 신하들이 각각 자신의 공적을 내세웠기 때문에 1년이 넘어도 그 서열이 정해지지 않았다. 그래서 고조가 소하의 공적을 으뜸으로 삼아 최대의 봉지를 내리자 여러 공신들의 이론이 분분했다.

"저희들은 철갑을 두른 채 손에 무기를 들고 산야를 전전하며 온갖 고초를 겪으면서 목숨 걸고 한나라에 승리를 가져왔습니다. 그런데 소하는 이제까지 그런 고초가 없었습니다. 목숨에 위험이 없는 후방에서 오직 문필로써 진언했을 뿐입니다. 그럼에도 불구하고 공적 제일이라 하여 저희들 위에 자리한다는 것은 천부당 만부당한 일입니다.”

그러자 고조가 말했다.

“여러 신하들은 사냥을 아는가?”

“예, 알고 있습니다.”

“그럼 사냥개는 아는가?”

“예, 알고 있습니다.”

“사냥을 할 때 먹이를 쫓아 죽이는 것은 개다. 그러나 그 사냥개를 놓아서 먹이를 잡도록 하는 것은 사람이다. 너희들은 다만 뛰어다니며 먹이를 잡았을 뿐이다. 그런데 소하는 개의 끈을 풀어 먹이를 잡도록 지시했다. 그것은 사람의 공이다. 이래도 너희들은 자기들의 공이 소하의 공보다 더 크다고 하겠는가?”

이 말에 여러 신하들이 모두 잘못을 깨닫고 다시는 이론을 내세우지 않았다.

508

수양산에서 죽은 백이와 숙제의 채미가

백이와 숙제는 고죽군(孤竹君)의 아들이었다. 고죽군은 숙제에게 대를 물려주려 했다. 그러나 아버지가 죽자 숙제는 자기가 대를 잇는 건 예의가 아니라며 형 백이에게 양보하려 했다. 그러자 백이는 그것이 아버지의 유지(遺志)에 어긋난다 하여 사양하다 못해 고국을 떠나 버렸다. 그러자 숙제도 뒤를 이어 고국을 떠났다.

두 형제는 진작부터 주나라 문왕의 인덕을 존경했던 까닭에 서쪽인 주나라로 갔다. 그러나 그들이 당도했을 때 문왕은 이미 세상을 떠났고 정세도 크게 달라져 있었다.

문왕의 대를 이은 무왕이 군사를 모아 중국의 북녘을 제압하던 은나라의 주왕을 치려 했다.

무왕은 군중의 수레에다 아버지의 위패를 모시고 있었는데 백이와 숙제는 진군하려는 무왕의 말을 양 옆에서 만류하며 아뢰었다.

"부왕의 제사도 치르시지 않고 싸움터로 나서면 어찌 효자의 길이라 하겠습니까. 또한 주왕으로 말하면 당신의 왕이시니 신하의 몸으로서 왕을 죽인다면 어찌 어질다 하겠습니까."

그러나 무왕은 듣지 않고 은나라를 무찔러 천하를 제압하였다. 그래서 여러 곳의 군주들이 주나라를 종주(宗主)로 섬기는 세상이 되었으나 백이와 숙제는 무왕에게서 아무런 덕망도 찾지 못해 그를 섬기기를 부끄럽게 여겼다.

그래서 신의를 지켜 주나라의 곡식은 먹지 말자고 맹세한 두 사람은 멀리 민가를 떠나 수양산으로 숨어 들어가 고사리로 목숨을 연명하였다.

그들이 지은 〈채미가〉에는 세상을 근심하고 원망하는 회포가 보이는데, 그들은 옛날의 성왕이었던 신농(神農)·순(舜)·우(禹)의 세상을 그리워하며 마침내 굶어 죽었다고 한다.

509
·

사기가 고조되기를 기다린다 《사기》

진나라의 장군 왕전이 초나라를 공격했을 때의 일이다. 초나라 군사와 대치하게 되자 그는 성채를 쌓아 그 안에 틀어박혀 초나라 군사의 도발에 일체 대응하지 않았다. 그리고 장병들에게는 맛있는 음식을 먹여 쉬게 했다. 그런 지 5일쯤 지나서 부관에게 물었다.

"장병들은 지금 사기가 어떤가?"

"예, 먹고 자고 할 뿐입니다."

또 5일이 지나자 다시 물었다. 그러자 부관이 말했다.

"돌 던지기도 하고 뜀박질도 하며 씨름으로 몸을 강하게 단련하고 있습니다. 기운이 남아도는 것 같습니다."

그러자 왕전이 외쳤다.

"이제 됐다!"

그리고는 전 장병에게 출전 명령을 내렸다. 진나라 군사가 전의가 없는 것으로 알고 방심하고 있던 초나라 군사는 성난 파도처럼 밀어 닥친 진나라 군사에게 무참히 격파당하고 말았다.

510
·

천시와 지리와 인화가 승리의 모토다 《후한서》

진(晉)나라의 문공이 초나라의 장군 자옥이 이끄는 군사와 성복에서 대치했을 때, 문공은 싸우기를 망설였다. 그때 들에서 일하는 농부들이,

밭이나 논에는 잡초만 무성하네
오래 된 뿌리일랑 뽑아 없애고
새로운 씨앗을 뿌려나 보세.

라는 들노래를 부르는 것을 듣고, 어쩐지 마음이 내키지 않았기 때문이었다. 이때 자범이 곁에서 문공에게 격려했다.

"만약 우리가 진다고 해도 우리나라에는 북쪽에 험준한 산이 있고 남쪽에는 수량이 풍부한 강이 흐르고 있습니다. 반드시 적을 막을 수 있습니다."

백성의 노래는 천시(天時)의 지지라고 말할 수 있다.

또 진나라 신공무신이 오나라에 사신으로 가는 도중에 거(筥)나라를 지나게 되었는데, 그때 거나라 왕과 얘기를 나누었다.

"이 성은 매우 엉성한 것 같습니다."

"이런 벽지에 있는 작은 성을 누가 쳐다보겠습니까?"

"아니지요. 대국은 왜 그토록 강대한지 아십니까? 아무리 작은 나라라도 그것을 놓치지 않았기 때문입니다. 성은 나라를 지키는 중요한 방패입니다."

이는 지리(地利)가 바로 이같은 경우다.

또 문공 시대 진(晉)나라의 연합군이 약(鄀)나라 상밀이라는 곳을 포위한 일이 있다. 이 상밀을 수비하고 있던 사람은 초나라 투극이 이끄는 군사였다. 해가 져서 어둠이 깔리자 공격군은 바로 성 밑까지 접근하여 구덩이를 파고는 그곳에 소의 피를 묻고 그 위에 맹세의 문서를 넣은 뒤 구덩이를 메웠다. 성 안에 있는 군사들은 그것을 잠자코 바라보고 있었다. 그들은 적이 우리 편인 누군가와 화평을 맹세하는 것으로 생각했던 것이다.

날이 밝자 성 안에는 '배반자가 있다'는 유언비어가 퍼지기 시작하면서 그들이 앞다투어 항복했다.

이것은 천시에 대한 이야기이다. 적과 싸우려면 훌륭한 진을 쳐야 한다. 이용할 수 있는 것이라면 태양이든 강이든 무엇이든 이용해야 한다.

무장한 사람과 싸우면 전사(戰士)가 되지만 말로 싸우면 외교가 된다.

511

벌을 주고 기강을 세운 위왕 《사기》

전국시대 손자가 모시던 제나라 위왕(威王)은 '신상필벌'을 실행함으로써 국위를 크게 선양한 것으로 유명하다.

위왕은 기원전 356년에 즉위했는데, 그로부터 9년 동안 국정을 신하들에게 맡기고 일체 간섭하지 않았다. 주변에 있는 여러 나라들은 그것을 기화로 자주 국경을 침범하고 영토를 침식했다. 이때 위왕은 번번이 보고만 있었는데, 9년이 되자 스스로 사당에 나가 먼저 즉묵의 대부를 불러들여 말했다.

"그대가 즉묵의 대부가 된 뒤로 그대를 비방하는 보고가 날마다 쇄도했다. 그래서 내가 사람을 놓아 즉묵의 사정을 조사시켰더니 논밭의 개간이 잘 되고 백성들의 생활도 풍요로웠으며 관청 사무도 빈틈없이 운영되어 이 나라의 동쪽은 아무런 불평이 없었다. 그럼에도 불구하고 비방하는 소리가 많았다는 것은 그대가 나의 측근들에게 아부하여 그 이상의 욕심을 부리려고 하지 않았다는 증거이다."

그러면서 1만 호의 봉지를 하사했다. 그리고는 아(阿)의 대부를 불러 꾸짖었다.

"그대가 아의 대부가 된 뒤부터 그대를 칭찬하는 소리가 그치지를 않았다. 그래서 내가 사람을 시켜 아의 형편을 조사시켰더니 논밭은 모두 그대로 묵어 있고 백성들은 가난에 허덕이고 있었다. 그리고 일찍이 조나라가 견으로 침공해 왔을 때 구원에 나서지도 않고, 위나라가 설릉을 빼앗았을 때에도 그대는 전혀 모르고 있었다. 그럼에도 불구하고 칭찬하는 소리만 들려왔으니, 이것은 그대가 나의 측근들에게 뇌물을 바쳐 그렇게 시킨 증거이다."

그리고는 당장 삶아 죽이는 형에 처하고 그를 칭찬하던 측근들도 같은 형에 처했다.

이렇게 내부를 정리한 다음 위왕은 9년 사이에 영지를 침공한 나라들에 대해 반격을 가했다. 조나라와 위(衛)나라를 공격하고, 이어서 위(魏)나라 대군을 탁택에서 크게 깨뜨리고 위나라의 혜왕을 포위했다. 이에 놀란 혜왕은 관(산서성)을 제나라에게 준다는 조건으로 화평을 맺고, 조나라도 한때 빼앗았던 제나라 북쪽에 있는 장성을 반환했다.

그로부터 제나라 관리들은 위왕에게 심복하여 성심성의껏 직무에 임하여 제나라가 크게 융성했다. 제후들도 이 소식을 듣고, 그로부터 20년 동안은 한번도 제나라의 국경을 침공하는 일이 없었다.

512

중상도 모사도 달인의 경지 《전국책》

초나라의 강윤은 중상의 명인이었다. 《전국책》에 보면 그의 수법이 몇 가지 기록되어 있다.

"폐하, 만일 남의 일을 좋게 말하는 사람이 있다면 폐하께서는 어떻게 다루시겠습니까?"

"남을 칭찬하는 것은 군자이지. 물론 가까이할 것이오."

"그렇다면 남의 말을 나쁘게 말하는 인물이 있다면 폐하께서는 어떻게 다루시겠습니까?"

"남을 욕하는 자는 소인이지. 물론 멀리할 것이오."

여기서 강윤은 독특한 논리를 전개했다.

"그렇다면, 가령 폐하에 대하여 좋지 않은 기도를 꾀하고 있는 역신이 있다 하더라도 폐하께서는 언제까지나 모르고 계시게 될 것입니다. 왜냐하면, 폐하께서는 남의 일을 나쁘게 말하는 인물을 피하고 계십니다. 그렇다면 역신의 기도를 듣게 된 자가 있더라도 누구 한 사람 그것을 폐하께 알려드리려고 하지 않을 것입니다."

"과연 그렇구먼. 그럼 앞으로 남을 욕하는 사람의 말도 듣기로 하겠소."

그리하여 강윤이 거침없이 동료의 중상을 시작한 것은 말할 나위
도 없다.

513

성을 쌓아 인질을 찾다 《사기》

형나라 왕의 동생인 공자오가 진(秦)나라에 사신으로 갔는데, 진나
라에서 그를 인질로 잡아 버렸다. 그래서 형왕의 측근이 말했다.
"돈 백금만 주시면 제가 가서 모셔오겠습니다."
이렇게 해서 그 측근이 돈 백금을 가지고 먼저 진(晉)나라로 가서
숙향을 만나 말했다.

"지금 형나라 왕의 동생이 진나라
에 인질로 잡혀 있습니다. 여기 돈
백금이 있는데 대감께 맡기오니 만
사 선처해 주십시오."
그러자 숙향이 그 돈을 받고 진
(晉)나라 평공에게 말했다.
"진나라와의 국경에 있는 호구(壺
丘)에 성을 쌓으면 어떨지요?"
"그 말이 무슨 뜻이오?"
"예, 형나라 왕의 동생이 진나라에
인질로 잡혀 있다고 합니다. 그래서
이 두 나라는 사이가 악화되었습니
다. 그러므로 진나라는 우리나라가 호구에 성을 쌓는 데 미처 신경
을 쓰지 못할 것입니다. 만약 진나라가 성 쌓는 문제를 거론해 오면
그때는 형왕의 동생을 출국시키는 것을 조건으로 내세우면 됩니다.
이렇게 해서 형왕의 동생이 돌아오게 되면 형나라는 우리나라의 은

혜를 잊지 않을 것입니다. 그러나 끝까지 인질을 풀어 주지 않으면 두 나라의 관계는 더욱 악화되어 우리나라는 호구에 성을 쌓을 수 있을 것입니다."

그러자 평공이 당장 호구에 성을 쌓기 시작했고, 예상대로 진나라가 시비를 걸어왔다. 그래서 평공이 진왕에게 말했다.

"형왕의 동생을 출국시키면 성을 쌓지 않겠소."

진나라는 할 수 없이 형왕의 동생을 돌려보냈다. 그리고 형왕은 돈 백금을 진(晉)나라에 보내면서 그에 보답했다.

514
노래가 주는 노동의 힘 《사기》

송나라 왕은 제나라와의 싸움에서 이기자 그 기념으로 무궁(武宮)을 지었다. 그 공사장에 계라는 자가 있었는데 그는 노동 노래를 즐겨 불렀다. 그러자 그 노래가 어찌나 듣기 좋았던지 길가는 사람들이 모두 걸음을 멈추었고, 공사장의 일꾼들은 힘든 줄도 모르고 열심히 일을 했다.

왕이 이 말을 듣고 계를 불러 후한 상을 내렸다. 그러자 계가 말했다.

"소인의 스승이신 사계의 노래 솜씨는 소인이 따를 바가 못 됩니다."

그래서 왕이 사계를 불러들여 노래를 부르게 했는데 그때는 아무도 그 노래에 귀를 기울이지 않았다.

이에 실망한 왕은 공사의 진척 상황을 비교해 보았는데, 사계가 노동 노래를 불렀을 때가 계의 경우보다 갑절이나 진척되었다.

예부터 모를 심거나 힘든 밭일을 할 때 노래를 부르면서 일한 예는 많다. 그러나 기록으로 남은 것은 많지 않다.

노래의 힘이 인간 심리에 미치는 영향은 자고 이래로 척도는 없지
만 확실하다.

515

노자와 상종의 대화 《설원》

주나라의 상종이 병이 들어 임종이 가까워졌다는 말을 듣고 노자
가 문병을 갔다.
"후학들에게 뭔가 남기실 말씀은 없으신지요?"
그러자 상종이 말했다.

"내 혀가 아직 있소?"
"물론이지요. 있고 말고
요."
"그럼, 치아는 어떻소?"
"그것은 깨끗이 없어졌는
데요."
"어허, 왜 그랬을까?"
이에 노자가 대답했다.
"혀는 부드럽기 때문에
남아 있고, 치아는 단단해
서 없어진 것입니다."
그러자 상종이 빙그레 웃으면서 가라앉은 목소리로 말했다.
"그렇지요. 천하의 모든 일이 다 그렇지요. 후학들에게 남기고 싶
은 말은 바로 그것입니다."

516

·

작은 것을 주고 큰 것을 뺏다 《전국책》

지백이 위환자에게 토지를 요구했다. 이때 위환자가 거절하자 재상 임장이 말했다.

"좀 주시지 그러십니까?"

"주어야 할 까닭이 없지 않은가."

"까닭이 없는데 토지를 요구했다면 이웃나라도 지백을 두려워할 것이고 천하의 제후들도 두려워합니다. 폐하께서는 그에게 토지를 주십시오. 그렇게 하면 지백은 틀림없이 우쭐한 마음이 되어 이웃나라를 가벼이 볼 것입니다. 지백의 운명도 얼마 남지 않았습니다. 빼앗으려면 먼저 주어야 합니다. 지금 지백의 뜻을 따라 그를 나무 위에 올려놓는 것이 나중에 그를 칠 수 있는 길로 이어지는 것입니다."

위환자는 과연 그렇겠다며 지백에게 만호의 읍을 주었다. 그러자 지백이 크게 기뻐하며 그것에 맛을 붙여 이번에는 조나라에 토지를 요구했다. 그런데 이번에는 거절당하자 위나라와 한(韓)나라를 충동질하여 조나라를 공격했다. 이 싸움에서 위나라와 한나라가 서로 단합하여 지백을 배반하고 반대로 조나라와 손을 잡고 지백을 협공했다. 그래서 지백은 멸망하고 말았다.

517

·

인간사 한낱 꿈인 한단지몽 《침중기》

도사 여옹이 한단의 객주집에서 쉬고 있었다. 그때 남루한 옷을 입은 젊은이가 오더니 여옹에게 말을 걸었다. 그리고 고생스럽게 사는 신세를 한탄하였다. 젊은이의 이름은 노생이었는데 그는 여옹에게서 도자기 베개를 빌려가지고 낮잠을 잤다. 그 베개 양쪽에는 구멍이 뚫려 있었는데 자는 사이에 구멍이 차츰 커져서 노생이 그 안으로 들어갔다.

그 안에는 훌륭한 집이 있어 노생은 그 집에서 명문가인 최씨네 규수를 아내로 삼고 진사 시험에 합격하여 관리가 되고 오래잖아서 경조윤(京兆尹·수도 장관)이 되고 또 오랑캐를 무찔러 더욱 영전하였다. 그러자 재상이 시기하는 바 되어 자사로 좌천, 3년 후에는 다시 중용되어 마침내 재상이 되었다. 그로부터 10년간 어진 정치를 펴서 우러름을 받았다. 그런데 느닷없이 역적모의를 한다는 모함으로 포박을 지니 처형당할 것이 뻔했다. 그는 아내에게 말했다.

"나의 산동 집에는 적으나마 좋은 녹이 있소. 농사나 짓고 있었다면 추위와 굶주림은 면했으련만 어쩌자고 벼슬길에 올라 이 지경이 됐구려. 남루를 걸치고 한단의 길을 가던 생각이 나오. 그 시절이 그립건만 이젠 어째 볼 수도 없구려."

노생은 칼을 뽑아 자살하려 했으나 아내의 만류로 미수에 그치고, 다른 이들은 처형을 당했으나 그는 환관의 진력으로 귀양을 가는 데 그쳤다. 몇 해 후에는 천자가 그의 무죄를 깨닫고 다시 불러 연국

(燕國)의 군주로 삼았다. 아들 다섯이 저마다 고관이 되어 천하의 명문가와 통혼하여 10여 명의 손주를 얻어 매우 행복한 만년을 보내다가 세상을 떠났다.

하품을 하면서 눈을 떠 보니 한단의 객주집에서 그냥 누워 있었다. 곁에는 여옹이 앉아 있었다. 그가 잠들기 전에 객주집 주인은 조밥을 짓고 있었는데 여태 조밥이 익지 않았다. 모든 것이 그대로였다.

"아, 꿈이었구나!"

"세상 만사가 그런 거라네."

노생은 어리둥절하여 앉아 있더니 그 여옹에게 감사했다.

"영욕(榮辱)도 빈부도 죽음도 다 겪었습니다. 필시 도사께서 나의 욕망을 막아 주신 것이겠죠. 잘 알겠습니다."

노생은 여옹에게 공손히 절을하고 한단의 길로 갔다.

518

안심시킨 다음 공략한다 《한비자》

정나라 무후(武侯)가 호(胡)를 공략하기 위해서 먼저 자기의 딸을 호왕에게 출가시킨 다음에 여러 신하들에게 물었다.

"나는 어딘가를 공격해야겠는데, 어디를 쳐서 영토를 넓히는 것이 좋겠는가? 여러분의 의견을 말해 보시오."

그러자 한 신하가 말했다.

"호가 어떨지요?"

이 말에 무후가 크게 화를 내며 그 신하를 주살했다.

"그곳은 내 딸이 시집가서 살고 있는 곳이 아닌가. 그런데 그곳을 치라니 무슨 말인가?"

호왕은 이 소문을 듣고 안심한 나머지 정나라에 대한 방비를 소홀히 했다. 무후는 그 틈을 이용해 호를 공략했다.

519

뜻을 세워 밀고 나간 무령왕 《사기》

조나라의 무령왕은 나라의 존속을 위해 서방의 강대국인 진나라와 수교하였다. 그리고는 그 뜻을 받들기 위해 당시에 야만인이라고 얕보던 진나라 복장인 호복(胡服)을 조나라에서도 착용하기로 하고 신하들에게 상의했다.

"호복 착용은 우리나라의 존속을 위해서다. 그런데 세상 사람들은 틀림없이 나를 비난할 것이다. 영광스러운 중원의 복장을 버리고 야만적인 호복으로 바꾸었다고 말이다. 그것을 생각하면 내 생각이 흔들린다."

그때 신하들 대부분이 호복 착용에 반대했는데 유독 비의만은 찬성하고 나섰다.

"폐하의 뜻이 이 나라의 만세태평을 위하신 것이라면 구태여 반대할 것이 못 됩니다. 일이란 모두 의심을 품고 대하면 성공하기 어려운 것이며, 큰 공을 논하려면 여러 사람과 함께 꾀하지 않는다고 했습니다. 어리석은 자는 일이 성취되었어도 그 까닭을 아직 모르고 현명한 사람은 그 일이 아직 이루어지지 않았어도 그 본질을 아는 것입니다. 일단 단행하시려면 확신을 가지십시오."

무령왕은 이 말에 용기를 얻어 복장 개량을 단행했다. 그리고 그 결의의 굳음을 보고 백성들은 잘 따라 주었다.

부 록

·간추린 고사성어

부록

간추린 고사성어

가도사벽(家徒四壁) : 집안 형편이 어려워서 살림이라고는 벽밖에 없다는 뜻.

가렴주구(苛斂誅求) : 세금을 가혹하게 거두어들이고 빼앗아 들이는 탐관오리.

가롱성진(假弄成眞) : 처음에 장난으로 한 일이 나중에 참인 것처럼 된다는 말로 거짓이 참인 것처럼 보이는 것을 뜻하는 말.

가빈사양처(家貧思良妻) : 집안이 가난하게 되면 비로소 살림을 잘하는 아내를 생각하게 된다는 뜻.

가정맹어호(苛政猛於虎) : 가혹한 정치는 호랑이보다 더 무섭다는 의미.

간뇌도지(肝腦塗地) : 참살을 당해 간과 뇌가 땅에 으깨어졌다는 뜻으로 여지없이 패함을 이르는 말.

간담상조(肝膽相照) : 간과 쓸개를 서로 내놓고 보인다는 뜻으로, 마음을 터놓고 지내는 허물없는 친구 사이를 말함.

간목수생(幹木水生) : 바짝 마른 나무에서 물을 짜내듯이 아무것도 없는 사람에게 무엇을 내라고 무리하게 요구함을 이르는 말.

간불용발(間不容髮) : 머리털 하나 들어갈 틈이 없다는 뜻으로 조그마한 여유 또는 빈틈도 없음을 비유한 말.

간어제초(間於齊楚) : 중국 주(周)나라 말엽에 등(騰)나라가 제(齊)·초(楚)의 두 큰 나라 사이에 끼여 괴로움을 당한 데서 나온 말로, 약한 자가 강한 자들의 틈에 끼여 괴로움을 당하는 것을 이르는 말.

갈불음도천수(渴不飮盜泉水) : 공자가 산동성 사수현의 동북쪽에 있는 도천(盜泉)이란 샘을 지날 때 목이 말라 고통을 겪었지만, 천한 이름의 샘물을 마시는 것이 부끄러운 일이라 하여 마시지 않았다는 고사에서 유래한 것으로, 어떤 어려움이 있어도 부정한 일을 하지 않는다는 뜻.

감정선갈(甘井先喝) : 맛이 좋은 우물의 물은 일찍 마른다는 뜻으로 재능 있는 사람이 일찍 쇠약해진다는 말의 비유임.

강노지말(强弩之末) : 힘찬 활에서 튕겨나온 화살도 마지막에는 힘이 떨어져 비단조차 구멍을 뚫지 못한다는 뜻으로, 아무리 강한 힘도 결국에는 쇠퇴하고 만다는 의미.

강장하무약병(强將下無弱兵) : 강한 장수 밑에 약한 병사가 없다는 뜻으로 유능한 인재 밑에는 유능한 인재가 모인다는 말.

개문칠건사(開門七件事) : 사람이 먹고 사는데 필요한 나무·쌀·기름·소금·간장·식초·차 등 일곱 가지를 말한다.

객창한등(客窓寒燈) : 나그네의 숙소 창가에 비치는 싸늘한 등불, 즉 나그네의 이로운 신세를 비유한 말.

거이기(居移氣) : 사는 장소와 지위의 변화에 따라 사람의 마음이 변한다는 뜻으로 좋은 곳이나 지위에 있게 되면 정신도 고상해지고 맑아진다는 것을 의미.

거자일소(去者日疎) : 죽은 사람에 대해서는 날이 갈수록 잊어버리게 된다는 뜻으로, 멀리 떨어져 있으면 점점 사이가 멀어지게 됨을 이르는 말.

격화소양(隔靴搔痒) : 신 신고 발바닥 긁기란 뜻으로, 뜻대로 되지 않는 안타까움을 비유한 말.

견문발검(見蚊拔劍) : 모기를 보고 칼을 뺀다는 말로 보잘것없는 일에 큰 대책을 세우는 것을 비유.

견의불위 무용야(見義不爲 無勇也) : 마땅히 해야 할 일인 줄 알면서도 실행하지 않는 것은 참된 용기가 아니라는 뜻.

견토방구(見兔放拘) : 토끼를 발견한 후 사냥개를 놓아서 잡아도 늦지 않다는 뜻으로, 일이 일어나길 기다린 후 응해도 된다는 의미.

견토지쟁(犬兔之爭) : 빠른 개가 날랜 토끼를 쫓아 다섯 번이나 산을 오르고 세 번 돌다가 마침내 둘 다 죽어 농부가 주워 갔다는 고사에서 유래한 말로, 두 사람의 싸움 끝에 아무 관련 없는 제3자가 이득을 본다는 말을 일컬음.

결자해지(結者解之) : 맺은 사람이 그것을 푼다는 뜻으로 처음 시작한 사람이 그것을 해결해야 한다는 의미.

경국지색(傾國之色) : 왕이 혹하여 국정을 게을리함으로써 나라를 위태롭게 할 정도의 뛰어난 미녀를 일컫는 말.

경천동지(驚天動地) : 하늘을 놀라게 하거나 땅을 뒤흔들 만큼 큰 일을 말함.

고목사회(槁木死灰) : 외형은 마른 나무와 같고 마음은 죽은 재와 같이 되어 생기가 없음을 비유.

고장난명(孤掌難鳴) : 손바닥을 마주치지 않으면 소리가 나지 않는다는 뜻으로 서로 협력하지 않으면 일이 이루어지기 어렵다는 말.

고좌우이언타(顧左右而言他) : 양(梁)의 혜왕(惠王)이 맹자와의 대화에서 대답이 궁하게 되자 신하에게 엉뚱한 얘기를 꺼냈다는 고사에서 나온 말로, 이야기를 딴 데로 돌리고 얼버무리는 것을 뜻함.

곤궁이통(困窮而通) : 손쓸 도리가 없는 지경에 이르게 되면 오히려 활로가 생긴다는 뜻.

교각살우(矯角殺牛) : 뿔을 고치려다 소를 죽인다는 말로 결점을 고치려다 지나쳐 일을 망치게 된다는 뜻.

과맥전대취(過麥田大醉) : 밀밭을 지나가기만 해도 누룩 생각이 나서 취한다는 뜻으로 술을 마시지 못하는 사람을 조롱하는 말.

관포지교(管鮑之交) : 관중과 포숙아의 사귐이 매우 친밀하다는 뜻으로, 매우 친한 친구 사이를 말함.

구미속초(狗尾續貂) : 담비의 꼬리가 모자라 개꼬리를 잇는다는 뜻으로 훌륭한 것에 보잘 것없는 것을 잇닿음.

구화투신(救火投薪) : 불을 끄는 데 장작을 집어넣는다는 뜻으로 근본을 다스리지 않고 성급히 행동하다가 도리어 해를 크게 함을 비유.

궁구막추(窮寇莫追) : 곤경에 빠진 자를 건드리면 해를 입으니 건드리지 말라는 뜻.

극구광음(隙駒光陰) : 달려가는 말을 문틈으로 보는 것과 같이 세월이 빠름.

극기복례(克己復禮) : 가도한 욕망을 누르고 예절을 따름.

근묵자흑(近墨者黑) : 먹을 가까이 하면 검어진다는 뜻.

금구무결(金甌無缺) : 금으로 만든 단지처럼 완전하고 결점이 없음.

궁서설묘(窮鼠齧猫) : 쫓기는 쥐가 고양이를 문다는 뜻으로, 궁지에 빠진 사람을 너무 괴롭히면 도리어 해를 입게 됨.

급수공덕(給水功德) : 물을 길어 목마른 사람에게 주는 공덕으로 불교에서 사용하는 말.

나작굴서(羅雀掘鼠) : 그물을 쳐서 새를 잡고 굴을 파서 쥐를 잡는다. 궁지에 몰려 할 수 없이 모든 일을 다해 본다는 뜻.

낙미지액(落眉之厄) : 눈썹에 떨어진 액, 즉 갑자기 들어닥친 재앙을 이르는 말.

낙인후(落人後) : 남보다 뒤지는 것이나 상대에 지는 것.

낙정하석(落穽下石) : 함정에 빠진 사람을 건져 주지 않고 오히려 돌을 떨어뜨린다는 뜻으로, 어려운 처지에 있는 사람을 오히려 더 괴롭힘.

난사필작이(難事必作易) : 어려운 일은 쉬운 일에서 일어난다는 말.

남귤북지(南橘北枳) : 강남의 귤이 강북에 옮겨 심으면 탱자나무로 변한다는 뜻으로, 사람은 환경에 따라 악하게도 되고 선하게도 된다는 뜻.

남만격설(南蠻鴃舌) : 남방의 미개 민족들의 말은 때까치의 소리와 같다는 뜻으로, 알아들을 수 없는 외국 사람의 말을 멸시하여 이르는 말.

남면지위(南面之位) : 임금이 앉는 자리의 방향이 남향이었다는 데서 유래한 것으로 '임금의 자리'를 가리키는 말.

노류장화(路柳牆花) : 누구든지 꺾을 수 있는 길가의 버들과 담 밑의 꽃이라는 뜻으로, 노는 계집 또는 창부(娼婦)를 가리키는 말.

노래지희(老萊之戲) : 주(周)나라의 노래자가 칠십 세 때 어린아이의 옷을 입고 어린애 장난을 하여 늙은 부모를 기쁘게 해 드린 고사.

노마십가(駑馬十駕) : 재주가 없는 사람도 열심히 하면 훌륭한 사람에 미칠 수 있다.

노승발검(怒蠅拔劍) : 모기 보고 칼베기, 즉 작은 일로 노(怒)함을 비유한 말.

노이무공(勞而無功) : 온갖 애를 썼으나 아무런 보람이 없음.

녹사불택음(鹿死不擇音) : 아름다운 목소리를 가진 사슴도 죽게 됐을 때는 아름다운 소리를 가려낼 여유가 없다는 뜻으로, 사람도 위급한 상황이 되면 악성(惡聲)이 나온다는 말.

누란지위(累卵之危) : 높이 쌓아 올린 알이란 뜻으로, 조금만 건드려도 쓰러질 위험한 상태를 비유한 말.

눌언민행(訥言敏行) : 말은 더듬으나 실지 동작은 빠르고 능란함.

다다익선(多多益善) : 많으면 많을수록 좋다.

단사두갱(簞食豆羹) : 도시락에 담은 밥과 작은 나무그릇에 떠 놓은 국이라는 뜻으로 변변치 못한 음식을 비유한 말.

단사표음(簞食瓢飮) : 도시락에 담은 밥과 표주박에 든 물이란 뜻으로, 청빈한 생활을 이르는 말.

담대심소(膽大心小) : 문장을 짓는 데에 조심할 일로 담력을 크게 갖되 조심은 세심하게 하여야 한다는 말.

당동벌이(黨同伐異) : 일의 옳고 그름을 가리지 않고 같은 동아리끼리는 한데 뭉쳐 서로 돕고 다른 동아리는 배격함.

대마불사월(代馬不思越) : 북쪽에 있는 대군(代郡)에서 난 말은 남쪽의 월나라를 그리지 않는다는 뜻으로 고향을 그리워하지 않는다는 말.

대분망천(戴盆望天) : 동이를 이고 하늘을 바라보려고 한다는 뜻으로, 한번에 두 가지 일을 할 수 없음을 비유.

대우탄금(對牛彈琴) : 소에게 거문고 소리를 들려준다는 말로, 어리석은 자에게는 도리를 가르쳐 주어도 깨닫지 못한다는 뜻.

도리불언하자성혜(桃李不言下自成蹊) : 복숭아와 오얏은 꽃이 곱고 열매가 맛있어 찾아오는 사람이 많아 절로 길이 난다는 뜻으로, 현인군자에게는 절로 사람이 모이게 된다.

도모시용(道謀是用) : 집을 짓는 데 길가는 사람들에게 의견을 물으면 모두 달라 집을 지을 수 없다는 말로, 주관 없이 남의 말만 따르면 일을 성사시킬 수 없다는 뜻.

도방고리(道傍苦李) : 길가에서 고통을 당하며 서 있는 오얏나무, 즉 사람에게 버림을 받는다는 말의 비유.

도청도설(道聽塗說) : 아무런 근거도 없이 허망한 소문을 이르는 말이다.

도중예미(塗中曳尾) : 거북이 진흙에서 꼬리를 끌며 오래 산다는 뜻으로, 선비가 벼슬하지 않고 고향에서 가난하게 지냄을 비유.

돌불연불생연(突不燃不生煙) : 아니 땐 굴뚝에 연기 나지 않는다는 뜻으로, 소문에는 반드시 그 근원이 있다는 말이다.

동선하로(冬扇夏爐) : 겨울의 부채와 여름의 화로란 뜻으로, 때에 맞지 않아 쓸모없이 된 사물을 비유한 말.

동우각마(童牛角馬) : 뿔이 없는 송아지와 뿔이 있는 말이라는 뜻으로, 도리에 어긋남을 비유한 말.

동주상구(同舟相救) : 아는 사이거나 모르는 사이거나 다급한 경우를 함께 만났을 때는 서로 도와주게 됨을 비유함.

동호지필(董狐之筆) : 춘추시대 진(晉)나라의 사관(史官) 동호(董狐)가 직필(直筆)로 유명했는데, 여기에서 유래하여 사실을 숨기지 않고 사실대로 직필함을 일컫는 말.

등고자비(登高自卑) : 높은 곳에 올라가려면 낮은 곳에서부터 오른다는 말로, 일을 하는 데는 반드시 차례를 밟아야 한다는 말.

등루거제(登樓去梯) : 높은 누에 오르게 한 후 사다리를 치운다는 뜻으로 어려운 곳에 빠지게 함을 일컫는 말.

등용문(登龍門) : 용문에 오른다는 뜻으로, 입신 출세의 어려운 관문을 비유하여 이르는 말.

마행처우역거(馬行處牛亦去) : 말 가는 데 소 간다는 말로, 한 사람이 하는 일이면 다른 사람도 할 수 있다는 것을 의미.

막천석지(幕天席地) : 하늘을 장막으로 삼고 땅을 자리 삼는다는 뜻으로 지기(志氣)가 웅대함을 비유.

망양득우(亡羊得牛) : 양을 잃고 소를 얻는다. 즉 작은 것을 잃고 큰 것 얻음을 비유.

망자계치(亡子計齒) : 죽은 자식 나이 세기라는 말로 지나간 쓸데없는 일을 생각하여 애석해 함.

맹귀우목(盲龜遇木) : 눈먼 거북이 우연히 뜬 나무를 만났다는 뜻으로, 어려운 때 우연히 좋은 일을 당하게 됨을 이르는 말.

맹자정문(盲者正門) : 소경이 정문을 바로 찾아 들어간다는 뜻으로, 어리석은 사람이 어쩌다 이치에 들어맞는 바른 일을 함의 비유.

맹호복초(猛虎伏草) : 영웅은 일시적으로 숨어 있지만 언젠가는 세상에 드러나게 된다는 것을 의미함.

모수자천(毛遂自薦) : 조(趙)나라에서 초(楚)나라에 구원을 청할 사자를 물색할 때 모수가 스스로 자기를 천거하였다는 고사에서 유래한 말로, 자기가 자기를 추천하는 일.

묘시파리(眇視跛履) : 애꾸가 환히 보려 하고 절름발이가 먼 길을 걸으려 한다는 뜻으로 분수에 맞지 않은 일을 하면 오히려 화가 미친다는 말.

반면지분(半面之分) : 얼굴의 반만 아는 사이. 즉 약간 얼굴만 알지 그리 깊이 사귀지 않은 사이를 말함.

반문농부(班門弄斧) : 옛날 중국의 노(魯)나라에 기계를 잘 만드는 반수라는 사람을 흉내 내어 그의 집 문앞에서 도끼를 가지고 기계를 만들려고 한 어리석은 사람이 있었다는 고사에서 유래한 것으로, 자신의 실력도 헤아리지 않고 엉뚱한 일을 하려고 덤빈다는 뜻.

백인(百忍) : 중국 당(唐)나라 때 고종이 9세(世) 동안 한 가족이 함께 산 장공예에게 그 도리를 물으니 인(忍)자 100개를 써서 올렸다는 고사에서 유래한 말로 아무리 어려운 일이 있어도 참고 견뎌 냄을 이르는 말.

백수문(白首文) : 중국 후량(後梁) 주흥사가 하룻밤 사이에 만들고 머리털이 하얗게 세었다고 하는 옛일에서 온 말로 천자문을 달리 이르는 말.

백어입주(白魚入舟) : 중국 주(周)나라의 무왕이 은(殷)나라의 주왕을 치려고 강을 건널 때 백어가 배로 뛰어들어 은나라가 항복한다는 조짐을 보였다는 데서 온 말로 적이 항복함을 비유한 말.

병주고향(竝州故鄕) : 중국 당나라 가도(價島)가 병주에 오래 살다가 떠날 때 한 말로, 오래 살아서 정든 타향을 고향에 견주어 이르는 말.

복수불수(覆水不收) : 엎지른 물은 다시 거둘 수 없다는 뜻으로 여자가 한번 남편을 떠나면 다시 돌아올 수 없음을 비유.

복차지계(覆車之戒) : 앞의 수레가 엎어지는 것을 보고 뒤의 수레는 미리 경계하여 엎어지지 않도록 한다는 뜻으로, 이전 사람이 실패한 것을 거울삼아 조심하고 경계하라는 뜻.

북문지탄(北門之嘆) : 벼슬 자리에 나가기는 하였으나 뜻대로 성공하지 못하여 그 곤궁함을 한탄함.

사가망처(徙家忘妻) : 이사할 때 자기의 아내를 잊고 두고 간다는 뜻으로, 모든 사물을 잘 잊는다는 뜻.

사공명 주생중달(死孔明 走生仲達) : 삼국시대 제갈공명이 죽자 촉(蜀)나라의 군사가 후퇴하기 시작했는데 위(魏)나라의 사마중달이 이를 추격하자, 촉나라의 군대가 도리어 반격을 하여 사마중달이 놀라 도망을 쳤던 옛일에서 유래한 것으로 죽은 공명이 산 중달을 패주시켰다는 뜻.

사분오열(四分五裂) : 소진(蘇秦)이 진(秦)의 혜왕을 위해 위(魏)의 애왕(哀王)에게 연형책(蓮衡策)을 설득한 고사에서 유래한 말로, 여러 갈래로 갈기갈기 찢어짐을 의미.

사이비(似而非) : 겉으로 보기에는 비슷한 듯하나 실제로는 전혀 다르거나 아닌 것을 이르는 말.

사자후(獅子吼) : 뭇 짐승이 사자의 울부짖는 소리에 떤다는 뜻으로, 불교에서 일체를 엎드려 승부케 하는 부처님의 설법을 이르는 말.

사이후이(死而後已) : 죽은 뒤에야 그만둘 작정으로 있는 힘을 다해 힘씀을 이르는 말.

사회부연(死灰復燃) : 다 탄 재에 다시 불이 붙다란 뜻으로 세력을 잃었던 사람이 다시 세력을 잡았다는 말.

살신성인(殺身成仁) : 자신의 몸을 희생하여 인(仁)을 이룩한다는 뜻으로 곧 옳은 일을 위하여 자기 몸을 희생한다는 말.

삼종지의(三從之義) : 봉건 시대에 여자가 지켜야 할 세 가지의 도(道), 즉 어려서는 아버지를 좇고 시집가서는 남편을 좇고 남편이 죽은 뒤에는 아들을 좇아야 한다는 것.

삼인행 필유아사(三人行 必有我師) : 세 사람이 어떤 일을 같이 하면 반드시 스승으로서 배울 만한 사람이 있다는 말.

상가지구(喪家之拘) : 상가집 개처럼 여위고 기운이 없이 초라한 모양으로 기웃거리며 먹을 것만 찾아 다니는 사람을 빈정거려 이르는 말.

상궁지조(傷弓之鳥) : 한 번 화살에 맞은 새는 구부러진 나무만 봐도 놀란다는 뜻으로, 한 번 혼이 난 일로 인해 항상 의심과 두려움을 품는 것을 이르는 말.

상마지교(桑馬之交) : 뽕나무와 삼나무를 벗삼아 지내는 것을 이름. 즉 전원에 은거하여 농군들과 사귀며 지낸다는 말.

서리지탄(黍離之歎) : 나라가 망하여 옛 대궐 터에 기장이 익어 늘어진 것을 보고 탄식한 고사에서 유래한 것으로, 세상의 영고성쇠가 무상함에 대한 탄식을 이르는 말.

서절구투(鼠竊拘偸) : 쥐나 개처럼 가만히 물건을 훔친다는 뜻으로 좀도둑을 욕되게 이르는 말.

설니홍조(雪泥鴻爪) : 눈 위에 지나간 기러기의 발자취가 눈이 녹은 뒤에는 흔적없이 사라지는 것처럼 인생의 자취가 흔적이 없음을 비유한 말.

설부화용(雪膚花容) : 눈처럼 흰 살과 꽃처럼 고운 얼굴이란 뜻으로 미인의 용모를 이르는 말.

세답족백(洗踏足白) : 상전(上典)의 빨래에 종의 발꿈치가 희게 되었다는 말로 남을 위해 한 일이 자신에게도 이롭게 되었다는 뜻.

수구초심(首丘初心) : 여우가 죽을 때 머리를 제 살던 굴 쪽으로 두고 죽는다는 고사에서 유래한 '고향을 그리워하는 마음'을 비유한 말.

송무백열(松茂柏悅) : 소나무가 무성하면 잣나무가 기뻐한다는 뜻으로 남이 잘 되는 것을 기뻐함을 비유한 말이다.

수구여병(守口如瓶) : 입을 병마개 막듯이 봉한다는 뜻으로, 비밀을 잘 지켜 남에게 알리지 아니함을 이르는 말.

수지 오지자웅(誰知 烏之雌雄) : 누가 까마귀의 암수를 분간할 수 있겠는가란 뜻으로 사물의 옳고 그름을 구분하기가 어렵다는 말이다.

수청무대어(水淸無大魚) : 물이 너무 맑으면 큰 고기가 없다는 뜻으로, 사람도 지나치게 똑똑하거나 영리하면 가까이 사귀기가 어렵다는 말을 비유함.

숙맥불변(菽麥不辨) : 콩인지 보리인지 분간할 줄 모른다는 뜻으로 어리석고 못난 사람을 비유한 말.

압권(壓卷) : 책이나 예술작품, 공연물 등에서 가장 뛰어난 부분 또는 여럿 중에서 가장 뛰어난 것을 일컫는 말.

양호유환(養虎遺患) : 범을 길러서 그로 인해 훗날 화를 입게 된다는 말.

어망홍리(魚網鴻離) : 물고기를 잡으려고 쳐놓은 그물에 기러기가 걸린다는 뜻으로, 구하는 것이 아닌 딴 것을 얻을 때를 비유한 말.

어변성룡(魚變成龍) : 물고기가 변하여 용이 된다는 말로 보잘것없고 곤궁하던 사람이 부귀를 누리게 됨을 비유한 말.

어유부중(魚遊釜中) : 솥 안에서 물고기가 논다는 뜻으로 살아 있기는 해도 생명이 얼마 남지 않았음을 비유.

역자이교지(易子而敎之) : 자기 자식을 자기가 직접 가르치면 폐단이 많으므로 다른 사람의 자식을 자기가 직접 가르치고 자기의 자식을 다른 사람에게 맡겨 가르치게 함.

연안대비(燕雁代飛) : 제비가 날아올 때는 기러기는 날아가고 기러기가 올 때는 제비가 날아가 각각 다른 방향으로 간다는 뜻.

오우천월(吳牛喘月) : 오우가 더위를 두려워한 나머지 달을 해로 착각하고 헐떡인다는 뜻으로 공연한 일에 지레 겁을 먹음을 비유.

옥석구분(玉石俱焚) : 옥과 돌이 함께 불에 탄다는 뜻으로 선악의 구별이 없이 다함께 재앙을 받음을 비유한 말이다.

온고지신(溫故知新) : 옛 것을 연구하여 새로운 것을 안다는 말.

왜자간희(倭者看戱) : 난장이가 키 큰 사람 틈에서 구경한다는 뜻으로 아무것도 모르면서 남들을 따라 하는 것을 비유함.

우도할계(牛刀割鷄) : 소 잡는 칼로 닭을 잡는다는 뜻으로 작은 일을 하는 데 지나치게 큰 기구를 씀을 일컬음.

욕사무지(慾死無地) : 죽으려 해도 죽을 만한 땅이 없다는 뜻으로 매우 분하고 원통함.

운증용변(雲蒸龍變) : 물이 증발하여 구름이 되고 뱀이 변하여 용이 되어 하늘로 오른다는 뜻으로 영웅호걸이 기회를 얻어 흥성함을 비유.

월시진척(越視秦瘠) : 월나라가 그와 멀리 떨어져 있는 진(秦)나라의 땅이 걸고 메마름을 상관치 않듯이 남의 환난이나 일을 돌보지 않는 태도를 이르는 말.

융마관산북(戎馬關山北) : 토번(吐蕃)이 관중을 끊임없이 침범하여 관산(關山)의 북쪽에서는 전쟁이 끊이지 않음을 비유.

유필유방(遊必有方) : 부모가 생존해 있을 때 자식은 그 슬하에서 모셔야 하며 유학을 할지라도 일정한 곳에 머물러야 한다는 말.

이지측해(以指測海) : 손가락으로 바다의 깊이를 잰다는 말.

일룡일사(一龍一蛇) : 어떤 때는 용이 되어 하늘로 올라가고 어떤 때는 뱀이 되어 못에 숨는다는 말로 난세에는 은거하여 재능을 나타내지 않고 있다가 태평한 시대에 세상에 나와 일을 하는 것을 일컬음.

일호지액(一狐之腋) : 한 마리의 여우 겨드랑이 밑에서 뜯어낸 희고 고운 모피라는 뜻으로 진귀한 물건을 비유한 말.

일어탁수(一魚濁水) : 물고기 하나가 물을 흐리게 한다는 뜻.

임농탈경(臨農奪耕) : 농사 지을 시기에 임하여 경작자에게서 농토를 빼앗는 것, 즉 다 준비된 것을 빼앗는 것을 이르는 말.

임중불매신(林中不賣薪) : 산중에서는 땔나무를 사는 자도 파는 자도 없다는 뜻으로, 물건은 소용이 되는 곳에 있어야 함을 이름.

자막집중(子莫執中) : 전국시대에 자막이란 사람이 변통성이 없이 항상 중용만을 지켰다는 고사에서 나온 말로, 융통성이 없는 사람의 행동을 가리키는 말.

자승자박(自繩自縛) : 자기가 만든 줄로 제 몸을 옭아맨다는 뜻으로 말과 행동을 잘못하여 스스로 옭혀들어감을 비유.

장삼이사(張三李四) : 장씨의 셋째 아들과 이씨의 넷째 아들이란 뜻으로 평범한 사람을 가리키는 말.

절고진락(折槁振落) : 고목을 자르고 낙엽을 떤다는 뜻으로 매우 쉬운 일을 말함.

절풍목우(切風沐雨) : 바람으로 빗을 삼아 머리를 빗고 비로 머리를 감는다는 뜻으로 바람과 비를 무릅쓰고 고생을 돌보지 않고 큰 일을 이루기 위해 노력함을 이르는 말.

정구건즐(井臼巾櫛) : 물 긷고 절구질하고 수건과 빗을 받드는 일이라는 뜻으로 아내나 가정주부로서 응당 해야 할 일을 이르는 말.

정문금추(頂門金椎) : 쇠망치로 정수리를 두들긴다는 뜻으로 정신을 바짝 차리도록 깨우침을 이르는 말.

정문일침(頂門一鍼) : 정수리에 침을 놓는다는 뜻으로 남의 잘못을 똑바로 찌른 따금한 비판이나 지적을 말함.

정여노위(政如魯衛) : 노나라의 태조 주공과 위나라의 태조 강숙은 형제 사이인 데서 온 말로 정치가 서로 비슷함.

제갈동지(諸葛同知) : 제가 스스로 가로되 동지라 한다는 뜻으로, 말과 짓이 좀 건방지며 나잇살이나 먹고 터수도 넉넉하고 지체는 낮은 사람을 농으로 가리키는 말.

제포연연(綈袍戀戀) : 벗이 추위에 떠는 것을 동정하여 의복을 주었다는 고사에서 유래한 말로 우정이 깊음을 이르는 말.

제하분주(濟河焚舟) : 적군을 공격하러 가는 마당에 배를 타고 물을 건넌 후 그 배를 태워 버린다는 뜻으로 필사(必死)의 뜻을 나타내는 말.

조령모개(朝令暮改) : 아침에 영을 내리고 저녁에 다시 고친다는 뜻으로, 법령이나 명령이 이리저리 자주 바뀌는 것을 이르는 말.

조불려석(朝不慮夕) : 형세가 급박하거나 딱하여 저녁 일을 헤아리지 못한다는 뜻으로, 곧 당장을 걱정할 뿐이고 앞일은 돌아볼 겨를이 없음을 일컬음.

조진모초(朝秦暮楚) : 아침에는 북방의 진나라에서, 저녁에는 남방의 초나라에서 거처한다는 뜻으로 이편에 붙었다 저편에 붙었다 함을 이르는 말.

좌불수당(坐不垂堂) : 마루 끝에 앉는 것은 위험하니 앉지 않는다는 뜻으로 위험한 일에 가까이하지 않음을 이름.

좌정관천(坐井觀天) : 우물에 앉아 하늘을 쳐다보고 하늘 넓이가 그것밖에 안 되는 줄 안다는 뜻으로 견문이 무척 좁음을 이르는 말.

주마가편(走馬加鞭) : 닫는 말에도 채를 친다는 말로 더욱 잘하도록 재촉한다는 뜻.

중구삭금(衆口鑠金) : 뭇 사람의 입에 오르면 쇠같이 굳은 물건도 녹인다는 뜻으로 여러 사람의 말은 무섭다는 뜻.

지복지약(指腹之約) : 중국 후한의 광무제가 가복의 아내가 임신했다는 말을 듣고 자기 아들과 결혼시키자고 했다는 고사에서 유래한 것으로, 뱃속의 태아를 가리켜 결혼 약속을 하는 것.

지불생 무명지초(地不生 無名之草) : 땅은 이름 없는 풀을 자라게 하지 않는다는 뜻으로, 이 세상에 아무것도 쓸모없는 물건이라고는 하나도 없음을 이르는 말.

지어지앙(池魚之殃) : 화재가 나서 이를 끄려고 못의 물을 퍼내면 못에 있는 물고기가 말라 죽는다는 고사에서 유래한 말로, 아무 관계 없는 엉뚱한 것에서 재앙을 당함의 비유.

차청입실(借廳入室) : 대청을 빌려 있다가 차츰 안방으로 들어온다는 뜻으로, 처음에는 남에게 의지하고 있다가 차차 남의 권리를 침범함을 비유.

차호위호(借虎威狐) : 호랑이의 위엄을 빌린 여우란 뜻으로 남의 권세를 빌려 뽐내는 것을 비유한 말.

착음경식(鑿飲耕食) : 우물을 파서 마시며 밭을 갈아 먹는다는 뜻으로 천하가 태평하고 생활이 안락함을 비유하여 이르는 말.

창씨고씨(倉氏庫氏) : 옛날 중국에서 창씨와 고씨가 세습적으로 곳집을 맡아 보았다는 데서 온 말로 사물이 오래토록 변치 않음을 이르는 말.

창해유주(滄海遺珠) : 큰 바다 가운데 캐지 못하여 남아 있는 진주라는 뜻으로 세상에 알려지지 않음을 비유.

창해일속(滄海一粟) : 넓고 큰 바다에 한 알의 좁쌀이란 뜻으로 하찮은 물건을 비유.

처성자옥(妻城子獄) : 아내의 성과 자식의 감옥, 즉 아내와 자식에 얽매여 자유로이 활동할 수 없음을 일컬음.

초목구부(草木俱腐) : 초목과 함께 썩어 없어진다는 뜻으로 세상에 이름을 남기지 못하고 사라짐을 비유.

초미지급(焦眉之急) : 눈썹이 탈 만큼 위급한 상태란 뜻으로, 매우 위급함을 비유하여 이르는 말.

초재진용(楚材晋用) : 초나라의 목재를 진나라가 사용한다는 뜻으로 자체 안에서는 그 가치를 알아주지 못하고 남이 그것을 이용함을 이르는 말.

촉견폐일(蜀犬吠日) : 중국 촉나라는 산이 높고 안개가 짙어 해가 보이는 날이 적기 때문에 개들이 해를 보면 이상히 여겨 짖는다는 데서 나온 말로, 식견이 좁아 보통의 일을 보고도 놀라는 것이나 어진 자를 의식하고 비난하는 것을 가리키는 말이다.

추풍선(秋風扇) : 가을철의 부채란 뜻으로 철이 지나 쓸모가 없게 된 물건 또는 남자의 사랑을 잃은 여자를 비유한 말.

취적비취어(取適非取魚) : 낚시질을 하는 참뜻이 고기잡이에 있지 않고 세상 생각을 잊고자 하는 데 있다는 뜻으로, 뜻하는 바가 다른 데 있음을 이르는 말.

타산지석(他山之石) : 다른 산의 돌이라도 자기의 옥을 가는 데 도움이 된다는 뜻으로, 다른 사람의 하찮은 언행도 자신의 지덕을 닦는 데 도움이 된다는 말.

타초경사(打草驚蛇) : 풀밭을 두들겨서 뱀을 놀라게 한다는 뜻으로 무심코 한 일이 뜻밖의 결과를 가져온다는 말의 비유.

탈토지세(脫兎之勢) : 우리를 빠져 도망하는 토끼의 기세란 뜻으로 동작이 빠름을 이름.

토사호비(兎死狐悲) : 토끼의 죽음에 여우가 슬퍼한다는 뜻으로 동류의 불행을 슬퍼함을 비유한 말이다.

학구소붕(鸒鳩笑鵬) : 비둘기와 같이 작은 새가 큰 붕새를 보고 웃는다는 뜻으로, 되지 못한 소인이 위인의 업적과 행위를 비웃음을 일컬음.

함흥차사(咸興差使) : 조선조 때 태조 이성계가 정종에게 왕 자리를 물려주고 함흥으로 가버린 뒤 태종이 보낸 사신을 죽이고 혹은 잡아두어 돌려보내지 않으므로, 한번 가기만

하면 깜깜 소식이라는 옛일에서 온 것으로 심부름을 가서 돌아오지 않거나 아무 소식이 없음을 비유한 말이다.

해로동혈(偕老同穴) : 살아서는 함께 늙고 죽어서는 한 무덤에 묻힌다는 뜻으로 생사를 같이하는 부부의 사랑의 맹세를 이르는 말.

행시주육(行尸走肉) : 살아 있는 송장이요 걸어다니는 고깃덩이라는 뜻으로 배운 것이 없어 아무 쓸모 없는 사람을 이르는 말.

행운유수(行雲流水) : 떠가는 구름과 흐르는 물이라는 뜻으로 일을 거침없이 처리하거나 일정한 형체 없이 변하는 것을 비유.

혜분난비(蕙焚蘭悲) : 혜초가 불에 타면 난초가 슬퍼한다는 뜻으로 벗의 불행을 슬퍼함.

호마의북풍(胡馬依北風) : 호나라의 말은 북풍이 불 때마다 호나라를 그리워한다는 뜻으로 몹시 고향을 그리워함을 이름.

회계지치(會稽之恥) : 춘추시대 월왕 구천이 오왕 부차와 회계산에서 회전하여 생포되어 굴욕적인 강화를 맺은 고사에서 온 것으로 뼈에 사무친 치욕을 말함.

회자인구(膾炙人口) : 누구나 다 칭찬하여 널리 사람들에게 이야기된다는 말.

중국 역사 이야기 유머

초판 인쇄 · 2000년 11월 30일
초판 발행 · 2000년 12월 10일
2쇄 · 2003년 4월 10일

엮은 이 · 임유진
본문 그림 · 김행용

펴낸 이 · 임종대
펴낸 곳 · 미래문화사
등록 번호 · 제3-44호
등록 일자 · 1976년 10월 19일
ⓒ 2000, 미래문화사

주소 · 서울시 용산구 효창동 5-421
전화 · 715-4507, 713-6647
팩시밀리 · 713-4805
정가 · 9,000원

ISBN 89-7299-194-5 03820
Homepage · www.mrbooks.co.kr
E-mail · mrbooks@mrbooks.co.kr
miraebooks@korea.com